中国式农业农村现代化研究丛书

陈锡文 主编

国家出版基金项目
NATIONAL PUBLICATION FOUNDATION

乡村生态振兴及其实现路径

张俊飚 著

浙江人民出版社

图书在版编目（CIP）数据

乡村生态振兴及其实现路径 / 张俊飚著. -- 杭州 ：
浙江人民出版社，2025. 6. --（中国式农业农村现代化
研究丛书 / 陈锡文主编）. -- ISBN 978-7-213-11743-5

Ⅰ. F320.3；X321.2

中国国家版本馆CIP数据核字第2024FD1301号

乡村生态振兴及其实现路径

XIANGCUN SHENGTAI ZHENXING JI QI SHIXIAN LUJING

张俊飚　著

出版发行　浙江人民出版社（杭州市环城北路177号）
　　　　　市场部电话:(0571)85061682　85176516
责任编辑　周思逸
责任校对　姚建国
责任印务　程　琳
封面设计　王　芸
电脑制版　杭州兴邦电子印务有限公司
印　　刷　浙江新华数码印务有限公司
开　　本　710毫米×1000毫米　1/16
印　　张　16.25
字　　数　244千字
插　　页　2
版　　次　2025年6月第1版
印　　次　2025年6月第1次印刷
书　　号　ISBN 978-7-213-11743-5
定　　价　50.00元

如发现印装质量问题,影响阅读,请与市场部联系调换。

总　序

　　党的十八大以来，在以习近平同志为核心的党中央领导下，我国如期实现了全面建成小康社会这第一个百年奋斗目标，顺利开启了迈向全面建设社会主义现代化国家的新征程，由此推动中国特色社会主义进入了新时代。在这一阶段，农村打赢了脱贫攻坚战，消除了极端贫困现象，农业生产和农民收入持续增长，乡村面貌不断更新，不仅为加快推进农业农村现代化奠定了坚实基础，同时也为党和国家带领全国各族人民迈向第二个百年奋斗目标——建成社会主义现代化强国提供了有力支撑。

　　在党的十九大报告中，习近平总书记作出了实施乡村振兴战略的重大部署。提出实施这一战略，是由我国所处的发展阶段和面临的主要任务所决定的。党的十九大报告不仅深刻阐述了"中国特色社会主义进入了新时代"这个我国发展所处的新的历史方位，而且明确了新时代我国社会的主要矛盾是"人民日益增长的美好生活需要和不平衡不充分的发展之间的矛盾"。这个矛盾，集中反映在城乡关系和农村发展上。总书记指出："我国发展最大的不平衡是城乡发展不平衡，最大的不充分是农村发展不充分。"①因此，他明确表示："我在党的十九大报告中提出要实施乡村振兴战略，这是党中央从党和国家事业全局出发、着眼于实现'两个一百年'奋斗目标、顺应亿万农民对美好生活的向往作出的重大决

---

① 习近平著：《论"三农"工作》，中央文献出版社2022年版，第275页。

策。"①"实施乡村振兴战略是从解决我国社会主要矛盾出发的。"②这充分说明，只有加快解决好"城乡发展不平衡，农村发展不充分"这个我国发展中最大的不平衡、不充分问题，才能切实解决好新时代我国社会的主要矛盾。总书记还多次论述：实施乡村振兴战略的总方针是坚持农业农村优先发展，总目标是农业农村现代化，总要求是产业兴旺、生态宜居、乡风文明、治理有效、生活富裕，制度保障是建立健全城乡融合发展体制机制和政策体系，并明确指出，实施乡村振兴战略，是新时代"三农"工作的总抓手，要统筹谋划、一体推进乡村的产业振兴、人才振兴、文化振兴、生态振兴、组织振兴。总书记的这些重要论述，极大地提高了人们对实施乡村振兴战略重大现实意义和深远历史意义的认识，推动乡村振兴实现了良好开局。

在党的二十大报告中，习近平总书记在对全面推进乡村振兴进行部署时，明确提出了"加快建设农业强国"的新目标、新要求。他说："党的二十大在擘画全面建成社会主义现代化强国宏伟蓝图时，对农业农村工作进行了总体部署。概括地讲：未来5年'三农'工作要全面推进乡村振兴，到2035年基本实现农业现代化，到本世纪中叶建成农业强国。这是党中央着眼全面建成社会主义现代化强国作出的战略部署。强国必先强农，农强方能国强。没有农业强国就没有整个现代化强国；没有农业农村现代化，社会主义现代化就是不全面的。我们必须深刻领会党中央这一战略部署，把加快建设农业强国摆上建设社会主义现代化强国的重要位置。"③在总书记的论述中，"加快建设农业强国"，不仅是建设社会主义现代化强国的题中应有之义，还是确保国家安全的重要基础。总书记指出："农业还是国家安全的基础。农业保的是生命安全、生存安全，是极端重要的国家安全。当今世界，百年未有之大变局加速演进，新冠

①习近平著：《论"三农"工作》，中央文献出版社2022年版，第233页。

②习近平著：《论"三农"工作》，中央文献出版社2022年版，第235页。

③习近平：《加快建设农业强国 推进农业农村现代化》，《求是》2023年第6期。

疫情反复延宕，来自外部的打压遏制不断升级，各种不确定难预料因素明显增多。一旦农业出问题，饭碗被人拿住，看别人脸色吃饭，还谈什么现代化建设？只有农业强起来，粮食安全有完全保障，我们稳大局、应变局、开新局才有充足底气和战略主动。"①因此，加快建设农业强国，是我国在世界百年未有之大变局加速演进背景下坚定走中国式现代化道路的必然要求。

在党的二十大报告中，总书记全面论述了"中国式现代化"丰富而深刻的内涵：是人口规模巨大的现代化，是全体人民共同富裕的现代化，是物质文明和精神文明相协调的现代化，是人与自然和谐共生的现代化，是走和平发展道路的现代化。总书记还在报告中庄严宣示："从现在起，中国共产党的中心任务就是团结带领全国各族人民全面建成社会主义现代化强国、实现第二个百年奋斗目标，以中国式现代化全面推进中华民族伟大复兴。"②不难看出，"中国式现代化"的提出，必将引起广大发展中国家的共鸣和借鉴，同时，也是对已有的美西方式的现代化从理论、道路，到制度、文化等各方面的有力挑战，这就不可能不引起美西方国家的恐惧和抵制，从而在各方面加大对我国现代化进程的打压和遏制。正是因为我国的现代化进程将面对如此错综复杂的国际形势，所以，我们必须牢牢守住国家安全的底线：切实保障好14亿多人口的粮食和重要农产品持续稳定供给这个头等大事。

总书记指出："建设农业强国，基本要求是实现农业现代化。我们要建设的农业强国、实现的农业现代化，既有国外一般现代化农业强国的共同特征，更有基于自己国情的中国特色。所谓共同特征，就是要遵循农业现代化一般规律，建设供给保障强、科技装备强、经营体系强、产

① 习近平：《加快建设农业强国　推进农业农村现代化》，《求是》2023年第6期。

② 习近平：《高举中国特色社会主义伟大旗帜　为全面建设社会主义现代化国家而团结奋斗——在中国共产党第二十次全国代表大会上的报告》，人民出版社2022年版，第21页。

业韧性强、竞争能力强的农业强国。所谓中国特色，就是立足我国国情，立足人多地少的资源禀赋、农耕文明的历史底蕴、人与自然和谐共生的时代要求，走自己的路，不简单照搬国外现代化农业强国模式。"①总书记还进一步阐述了"农业强国的中国特色，我看主要应该包括以下几个方面"：一是依靠自己力量端牢饭碗，二是依托双层经营体制发展农业，三是发展生态低碳农业，四是赓续农耕文明，五是扎实推进共同富裕。②毫无疑问，建设中国特色农业强国，正如总书记所说，"农业强，首要是粮食和重要农产品供给保障能力必须强"，"只有把牢粮食安全主动权，才能把稳强国复兴主动权"。③

党中央提出实施乡村振兴战略已经6年，人们对于实施这一战略重大意义的认识仍在不断深化。我认为，如果说，"产业兴旺、生态宜居、乡风文明、治理有效、生活富裕"的总要求，就是要"建设宜居宜业和美乡村"；那么，提出"加快建设农业强国"这个新目标，则是要确保在"任何时候都必须自力更生保自己的饭碗"④。前者是民之所盼，后者是国之大者，两者不可偏废，必须相辅相成、一体推进，这才是党中央提出的乡村振兴战略的完整内涵。

乡村振兴，是一个宏大的系统工程。但说到底，乡村振兴的根本目的，就是更充分地发挥好乡村所特有的功能。什么是乡村所特有的功能？就是那些城镇不具备、只有乡村才具有，却又是整个国家发展所不可或缺的功能。《中华人民共和国乡村振兴促进法》明确规定："充分发挥乡村在保障农产品供给和粮食安全、保护生态环境、传承发展中华民族优秀传统文化等方面的特有功能。"保障农产品供给和粮食安全，是只有乡村才具备的功能；国土面积的绝大部分是乡村，保护生态环境的主体必然是乡村；"乡村文明是中华民族文明史的主体，村庄是这种文明的载

---

①②③④ 习近平：《加快建设农业强国　推进农业农村现代化》，《求是》2023年第6期。

体，耕读文明是我们的软实力"①。在守护和传承中华民族优秀传统文化的过程中，乡村显然具有重大责任。在国家现代化建设的进程中，必须摈弃"重城轻乡"的偏见。乡村和城镇具有不同的功能，但它们都是国家现代化建设不可或缺的。就像人一样，人有五脏六腑、四肢五官，它们各有各的功能，缺一不可；五脏六腑完备、四肢五官完整，才是健康的人，否则就是病人、残疾人。一个国家也是如此，只有使城镇和乡村各自所特有的功能都得到充分发挥，国家的现代化进程才能是健康的、完整的，否则就是残缺的、不完整的。党中央关于乡村振兴所提出的总要求中，产业兴旺、生态宜居、乡风文明，针对的就是要发挥好乡村的特有功能；实现乡村振兴的主体是农民，而治理有效、生活富裕，则是调动广大农民主动、积极参与乡村振兴的遵循和激励。充分调动广大农民群众的主动性和积极性，围绕发挥好乡村特有功能实施乡村振兴战略，才能加快推进农业农村现代化，在这个基础上，才能把我国建成农业强国。

浙江人民出版社组织了一批在各自研究领域中都颇有建树的知名专家，从实施乡村振兴战略所涉及的各个方面，来撰写、出版的这套关于加快推进我国农业农村现代化的丛书，将在政策解读、理论创新、经验总结和途径探索等各方面，为全面推进乡村振兴、加快在农业农村现代化基础上的农业强国建设作出积极贡献。

陈锡文

2023 年 10 月

---

① 习近平著：《论"三农"工作》，中央文献出版社 2022 年版，第 64 页。

目　录

第一章

乡村生态振兴的
现实依据与研究概览

第一节　研究背景与意义

一、研究背景

生态环境作为经济社会可持续发展的基本前提，关乎人类福祉和未来发展。随着经济全球化进程的深化、政治多极化的演变以及社会信息化的推进，资源与生态环境问题已日益成为制约全球各国发展的重要问题之一。作为世界上最大的发展中国家，中国历来重视环境问题，切实推进保障民生与保护环境相协调，最大程度地实现人与自然和谐共生。早在2003年8月，时任浙江省委书记习近平在《环境保护要靠自觉自为》一文中，就深刻指出："'只要金山银山，不管绿水青山'，只要经济，只重发展，不考虑环境，不考虑长远，'吃了祖宗饭，断了子孙路'而不自知，这是认识的第一阶段；虽然意识到环境的重要性，但只考虑自己的小环境、小家园而不顾他人，以邻为壑，有的甚至将自己的经济利益建立在对他人环境的损害上，这是认识的第二阶段；真正认识到生态问题无边界，认识到人类只有一个地球，地球是我们的共同家园，保护环境是全人类的共同责任，生态建设成为自觉行动，这是认识的第三阶段。"[1]此后，习近平总书记不断深化和完善关于生态环境建设的战略思想，并于2005年在浙江安吉考察时，首次提出了"绿水青山就是金山银山"理念。2017年党的十九大报告提出"坚持人与自然和谐共生"和"实施乡村振兴战略"等重大任务。2018年中央一号文件明确了实施乡村振兴战略的目标任务，具体包括：到2020年，农村生态环境明显好转；到2035年，基本实现美丽宜居乡村；到2050年，乡村全面振兴，农业强、农村美、农民富全面实现。

---

[1] 习近平著：《之江新语》，浙江人民出版社2007年版，第13页。

战略任务的确立以及发展目标的实现，需要持续的理念强化与政策推动。为此，党的二十大报告中，强调了"人与自然是生命共同体"，指出要"像保护眼睛一样保护自然和生态环境"以及要"站在人与自然和谐共生的高度谋划发展"。而为了推进美丽中国建设和生态文明事业发展，党的二十届三中全会强调了要"加快经济社会发展全面绿色转型"，提出了要运用"千万工程"经验来推动乡村全面振兴的具体路径。据此，2024年的中央一号文件就更加明确地指出"要学习运用'千万工程'蕴含的发展理念、工作方法和推进机制，把推进乡村全面振兴作为新时代新征程'三农'工作的总抓手"，通过铆足干劲、苦干实干，力求在乡村全面振兴上不断取得新成效。可见，加大乡村生态环境建设，加快乡村生态振兴发展，一直以来都是党和国家高度关注的重大事项，对乡村民生保障和乡村经济社会永续健康发展至关重要。

然而由于发展阶段、发展理念、发展方式等方面的影响，我国农村目前仍然存在着较为严峻的环境问题，主要体现在农药化肥大量施用、农村生活垃圾治理与污水处理能力较差等使农业环境污染较为严重。在化肥农药的使用方面（见表1-1），2000—2020年，尽管我国农药与化肥的用量总体呈现出先增后减的趋势，但2020年相比于2000年，总用量还是增加不少，其增幅分别达到2.64%、26.63%，由此引发了土壤板结、地力衰退、土壤有机质含量下降以及面源污染等影响农业生产与发展的一系列环境问题，对农业生产、居民生活产生不利影响。农村生活垃圾处理中存在的分布面大、结构复杂、有害成分含量逐步上升且地域间情况差异较大等诸多问题，也导致了较为严重的农村环境污染。如我国每年农村生活垃圾产生量约为2亿吨，仅63.3%的生活垃圾实现了集中堆放（于法稳，2019）；而在进行垃圾处理时，设施匮乏与地区差异（王爱琴等，2016）、运营机制不完善等诸多障碍仍然存在，对乡村生态环境形成较大危害。在生活污水方面，农村大部分生活污水都在没有经过任何处理的情况下而直接对外排放，导致了地表水、地下水及河道的严重污染，出现了恶臭熏天的不良情况。再加上土地弃耕、作物秸秆与生活废物随

表1-1　2000—2020年我国农药、化肥使用量一览表

单位：万吨

年　份	2000年	2005年	2010年	2015年	2020年
农药用量	127.95	145.99	175.82	178.30	131.33
化肥用量	4146.41	4766.22	5561.68	6022.60	5250.65

资料来源：历年《中国统计年鉴》。

意丢弃、人畜粪便资源闲置等乡村资源的较大程度浪费，都在相当程度上影响着乡村生态环境与经济社会发展。

上述问题的存在，直接导致了农村土地、水与空气环境的严重污染，不仅威胁着农村居民的健康生活，也严重阻碍了农村经济社会的可持续发展。因此，加大乡村生态治理，推进乡村生态振兴，已显得十分必要，必须予以高度重视。推进乡村生态振兴，必须从乡村实际情况出发，要按照绿色发展的理念，加强对农村环境问题的整治，建设并完善农村生活基础设施，加快推进农业废弃物循环利用，促使生态宜居与和美乡村稳步发展。党的二十大报告提出了"中国式现代化"，并将人与自然和谐共生的现代化纳入其中，蕴含着尊重自然、顺应自然、保护自然的生态文明理念，也彰显了在发展中保护和在保护中发展的和谐观。由此可见，不断加快生态环境建设和加大生态环境保护，切实推动乡村生态振兴，已经成为我国当前和未来乡村全面振兴的重要任务。

那么，我国乡村生态振兴的现状和进展到底如何？当前乡村生态振兴还存在哪些问题、有哪些典型模式？我国乡村生态振兴的社会经济层面上的成效如何以及如何衡量？未来发展过程中如何进一步推进乡村生态振兴？凡此等等，我们都需要予以全面系统的深入研究和科学回答。因此，本研究基于对国内外研究文献和乡村生态发展相关理论的综合梳理，结合我国乡村生态振兴的具体现状，旨在构建乡村生态振兴评价指标体系。在此基础上，本研究通过采用科学合理的方法对我国乡村生态振兴发展水平予以评估评价，参考国内外的典型案例及其成功实践，拟对我国乡村生态振兴的发展模式进行总结与归纳，据此提出实现我国乡

村生态振兴发展目标的可行路径与未来需要实施的对策举措，为制定相关政策提供参考。

二、研究意义

实施乡村振兴战略，全面推进乡村振兴，是解决我国"三农"问题和实现农业农村现代化的重大举措。乡村生态振兴作为乡村振兴战略的重要组成部分，为实现乡村生态良好发展提供了关键抓手和路径选择，对农业农村绿色健康发展、乡村生态文明建设具有重大的理论与实践意义。

（一）理论意义

1. 按照马克思主义生态观、习近平生态文明思想以及生态经济学等相关理论，在全面理解和精准把控思想精髓的基础上，充分阐释理论要义，为乡村生态振兴提供认识论和方法论的科学指南，进一步丰富了乡村生态振兴的理论内涵。

2. 在构建乡村生态振兴的指标体系时，聚焦于乡村生态振兴的价值取向和评价标准，强调乡村生态振兴必须以人民为中心，注重经济效益、社会效益和生态效益的相互统一，从农民收入、农村环境、农业产业、乡村治理等方面选取指标，构建了乡村生态振兴的评价指标体系并对生态振兴的社会经济成效进行了综合评价，拓展了乡村生态振兴的研究边界。

（二）实践意义

当前条件下，我国乡村生态环境问题依然严峻。如何扭转这一局势，加大乡村环境建设和构建和美乡村良好氛围，这需要对我国乡村生态环境以及如何实现生态振兴等问题展开系统性的深入研究，以探寻未来的生态振兴之道。这些探索将具有重要的实践意义。

1. 为实现乡村生态振兴提供有效指导。本研究从农民收入、农村环境、乡村治理等方面出发，构建了一套科学合理的乡村生态振兴评价指标体系。通过评价结果，我们能够充分认识和掌握我国乡村生态振兴所处阶段，总结典型特征，这对合理评价我国乡村生态振兴进程具有重要的指导意义。此外，乡村生态振兴评价指标体系作为评估乡村生态振兴程度的重要手段与方法，能及时帮助我们发现乡村生态振兴存在的相关问题，为乡村生态环境保护提供科学依据和政策建议。

2. 有助于全面了解国内外的实践做法。本研究通过对国内外乡村生态振兴的实践做法进行梳理和对典型案例进行分析，从中归纳和总结其乡村生态振兴的一般性规律，并在此基础上，进一步探索和构建乡村生态振兴的普适性模式和发展路径，为切实推进我国乡村生态宜居、不断提升人民环境福利水平探寻可行之策。

3. 有助于加快推进我国生态文明建设进程。本研究通过对乡村生态振兴社会经济效益的综合评价，在充分了解当前进展和存在主要问题的基础上，展望了未来乡村生态振兴的发展趋势，进一步结合相关实践案例，提出了实现我国乡村生态振兴的整体思路，这种以乡村生态振兴为基点的系统性研究和政策性实施方案，将助推我国生态文明建设进程。

第二节　研究目的与主要内容

一、研究目的

基于对现有文献与实践做法的系统分析与全面总结，本研究旨在为我国乡村生态振兴提供方法论指导和实践路径参考。一方面，结合对乡村生态振兴相关理论的系统分析和全面梳理，总结归纳出一般规律性的基本认知，以便对我国实施乡村生态振兴工作的方法论发挥指导作用；另一方面，从我国乡村生态振兴发展现状、社会经济效益水平等出发，分析和总结我国乡村生态振兴过程中面临的主要困难和取得成效的内在原因，以便其在未来我国乡村生态振兴发展路径选择与关键举措确定等方面发挥重要的参考作用。具体而言，主要研究目的如下：

一是构建合理化、标准化、科学化、系统化的指标体系，对我国乡村生态振兴进行全方位评价，并就其社会经济效益展开实证分析，以期对我国乡村生态振兴未来工作顺畅推进和效果提升提供有益指导。

二是结合我国乡村振兴战略特征和内容特点，围绕乡村生态振兴与未来发展，探索和构建有利于推进乡村生态全面振兴的新模式新机制。

三是参考国内外乡村生态振兴的典型案例与实践做法，分析和总结其运行规律与成功经验，为我国乡村生态振兴的政策设计提供更多可借鉴的思路与路径参考。

二、研究的主要内容

本研究在探究推进乡村生态振兴重要性的基础上，结合马克思主义生态观、习近平生态文明思想以及生态经济学等相关理论，参考乡村生态振兴的价值取向和评价标准，从收入、环境、农业发展等多个维度出发，纳入包括农民收入、农村环境以及乡村治理等多方面指标，构建了科学合理的评价指标体系，系统评估了我国乡村生态振兴的社会经济效益水平。在此基础上，本研究探索了我国乡村生态振兴的发展特点与实践模式。与此同时，借助国外乡村生态振兴的典型做法，提出了实现乡村生态振兴的政策思路与路径方向，以期全方位推动我国乡村生态振兴事业发展，助力中国式农业农村现代化建设。具体而言，本研究主要由"乡村生态振兴的基本内涵与理论遵循""乡村生态振兴的现实基础""乡村生态振兴的社会经济效益评价""乡村生态振兴的发展演化与主要模式"以及"实现乡村生态振兴的政策思路与路径方向"等章组成，依次回答了"是什么""为什么""怎么样""会如何"和"如何做"等主要问题。具体内容如下：

（一）乡村生态振兴的基本内涵与理论遵循

该部分内容重点阐述了本研究的理论基础，用来回答"是什么"的问题。主要阐述了乡村生态振兴的特征和内涵，以及乡村生态振兴与乡村产业、人才、文化、组织等之间的关系和协同效应。系统回顾和梳理了马克思主义生态观、习近平生态文明思想以及生态经济学等相关理论，以期为乡村生态振兴提供认识论、方法论、根本遵循和科学指南，为后续章节的研究开展奠定理论基础。

（二）乡村生态振兴的现实基础

该部分内容重点阐述了我国乡村生态振兴的发展现状，用来回答"是什么"的问题。本部分内容将重点分析我国乡村生态振兴发展的总体现状以及区域之间的差异性，在此基础上，对乡村生态振兴的相关影响因素进行深入剖析。

（三）乡村生态振兴的评价及其社会经济效益评估

该部分内容主要在确立乡村生态振兴评价思路与方法的基础上，对乡村生态振兴的社会经济效益进行评估，以回答"怎么样"的问题。主要从乡村生态振兴的价值取向和评价标准出发，通过纳入农民收入、农村环境、农业产业、乡村治理等方面内容，对乡村生态振兴指标体系进行了构建，并据此对乡村生态振兴的社会经济效益展开定量分析，以客观把握我国乡村生态振兴与生态环境建设的实际情况。

（四）乡村生态振兴的发展演化与主要模式

该部分内容主要从历史发展的维度出发，对乡村生态振兴的实践演进及其内在特征展开分析，进而对当前各地实现生态振兴过程中所积累和形成的典型做法进行系统归纳，梳理出不同地区和不同环境条件下实现乡村生态振兴的典型模式。

（五）国外乡村生态振兴的实践案例与参考价值

该部分内容主要通过对日本、韩国等国外乡村生态振兴的典型案例和实践做法进行分析，梳理归纳出一般性的规律认知，为推动我国乡村生态振兴的实践提供启示和参考，主要回答"学什么"的问题。本部分内容在分析典型案例与实践做法的基础上，进一步总结其实践中的一般规律，为提升我国乡村生态振兴发展水平提供参考。

（六）实现乡村生态振兴的政策思路与路径方向

该部分内容主要回答如何构建推进乡村生态振兴的政策框架以及未来的发展路径问题，回答"如何做"的问题。将在乡村生态振兴的政策思路、主体协同机制、生态产品价值实现机制以及生产方式转换机制等方面，进行深入研究与分析思考，提出我国乡村生态振兴的未来路径与发展举措。

第三节　国内外研究现状与文献梳理

一、国内研究现状与文献梳理

中国是农业大国，党和政府一直高度重视"三农"问题。而作为经济社会发展的重要基石，乡村生态环境对一个国家的文明发展进程和经济社会水平具有重要影响。自"乡村振兴战略"提出以来，国内众多学者从不同维度和不同视角出发，对乡村振兴战略的重大意义、实现路径、支撑政策等进行了大量研究，取得了丰富的研究成果，但有关乡村生态振兴的研究文献则相对较少。仅有的一些文献，也主要集中在对其内涵、生成逻辑、存在困境、效果评估以及发展路径五个方面的分析与阐述。

（一）乡村生态振兴的内涵

目前，对于乡村生态振兴的内涵，学者们还尚未达成一个统一的定论。回顾相关研究，我们发现主要存在以下几种观点：一是从实现目标层面进行界定。如在张平、王曦晨（2022）的研究中，他们强调了乡村生态振兴是一种全方位的发展和振兴，其核心理念包括以人民为中心的全面推进、以绿色发展理念为指引的科学指导，重视乡村内部的价值实现。而马晓旭、华宇佳（2021）的研究则认为乡村生态振兴是指在提升人们生态文明素养的基础上，注重人与自然关系的协调发展。二是从主要实施的内容进行界定。如在落志筠（2020）的研究中，重点指出了乡村生态振兴的内容主要包括保护与改善乡村生态环境、改善乡村人居环境以及推进包括农业等的绿色产业发展。雷明、于莎莎（2022）则认为乡村生态振兴的内涵可以概括为完善乡村污染治理体系和各产业生态监管体系，强调了要将生态环境治理与产业经济发展关联在一起。三是从本质特征出发进行内涵抽象。如颜奇英、王国聘（2021）在研究中，对乡村生态振兴的内涵进行了高度抽象与概括，认为其本质在于如何处理好生态环境保护与乡村经济发展之间的关系，也就是如何将"绿水青山就是金山银山"的理念落到实处。

（二）乡村生态振兴的生成逻辑

在对乡村生态振兴生成逻辑的研究中，国内学者主要从理论逻辑、现实意义、历史演进等方面入手，展开了较为系统的思想阐释与理论分析。阳盼盼（2019）从理论逻辑与历史演进出发，聚焦乡村价值功能和乡村环境的演化，阐述了在经济社会发展过程中，推进乡村生态振兴的必然性。李繁荣（2021）则从现实意义的角度出发，提出乡村生态振兴能够促进乡村产业振兴和文化振兴，由此我们需要不断强化乡村生态功能、改善乡村环境、营造人与自然和谐共生的生态宜居乡村，进一步推动乡村生活功能和文化传承功能的不断优化。赵金科、李娜（2020）从乡村生态振兴的现实意义以及生态振兴与生态安全之间的内在逻辑出发，认为乡村生态振兴对改善乡村生态环境和完善乡村经济社会发展环境基础具有重要意义。张平、王曦晨（2022）从理论逻辑、历史逻辑与实践逻辑三个方面出发，展示了乡村生态振兴发展的必然结果，并指出乡村生态振兴应顺应中国式现代化道路中的乡村发展规律，加快补齐"三农"短板，从而将乡村生态振兴置放在一个更大的范围和更广的视野中加以阐述。

（三）乡村生态振兴的现实困境

尽管我国在实施乡村振兴战略的过程中，围绕"五大振兴"展开了一系列工作，尤其在乡村生态振兴方面取得了一系列的积极成效，但深入分析乡村现实情境，我们不难发现依然存在诸多困境。一是资源环境问题较为突出。宋洪远等（2016）将乡村生态领域面临的环境问题划分为耕地质量、水资源质量、污染转移、农业生产化学品增加、农业生产排放、农村生活废弃物排放及农民健康风险等八类问题，各自表现特征不同、水平不一，但整体问题依然突出。二是农民生态观念薄弱。由于农村居民文化层次总体偏低，且农村基层的生态教育工作相对薄弱，尚未形成良好的生态意识（高吉喜等，2018），农民无论是在垃圾分类（唐洪松，2020）、化肥减量农药减施还是其他生态技术采用等方面，其行为参与水平的广度与深度都不高。三是乡村生态振兴的长效机制尚未建立。朱斌斌、冯彦明（2019）在研究中，分析并揭示了乡村生态系统自我调节能力与乡村发展需要之间不够协调、工业文明的发展逻辑始终影响着乡村发展的路径选择与生产生活方式变革的问题。四是法治保障不完善。我国乡村生态振兴面临着乡村生态保护的立法缺失、乡村污染治理机制缺位和乡村环境执法机构缺少等问题，还面临着激励机制相对缺乏、治理机制不够健全和工业环境侵权救济机制不够完善等体制和机制方面的严峻挑战（许胜晴，2021）。

（四）乡村生态振兴效果评估

当前，国内学者对乡村生态振兴评价指标体系的研究较少。因此，考虑到乡村生态振兴在历史逻辑上经历了新农村建设等实践环节，且乡村生态环境建设作为乡村生态振兴的重要内容，本部分将依循时间轨迹与实践逻辑，重点梳理和剖析新农村建设、乡村振兴以及乡村生态环境的评价指标体系构建与实践运用问题。

1. 新农村建设评价指标体系

自党的十六届五中全会提出"新农村建设"后，国内许多学者研究和构建了乡村发展的指标体系。这些研究通常可以分为两个方面。一是从城乡统筹的角度出发，对新农村发展水平进行评价指标体系的构建。如王富喜（2009）从建设社会主义新农村是减小城乡之间差距、实现城乡统筹发展的目标出发，构建了人口素质、生活质量、社会与经济发展、环境状况等方面的指标体系。二是聚焦于乡村内部的要素单元，对乡村的发展水平进行评价分析。如刘慧（2002）主要从发展水平、产业结构、发展潜力、市场化与对外交流以及发展速度等方面出发，进行了指标体系设计与构建工作。李立清、李明贤（2007）通过对我国各地新农村建设常用指标体系的对比分析，借助层次分析法（AHP），从生产发展、村容整洁、生活宽裕、乡风文明和管理民主五个方面，构建了一个包含50个二级评价指标的社会主义新农村建设评价指标体系，实现了对既有评价指标体系的补充完善。

2. 乡村振兴评价指标体系

关于乡村振兴指标体系的构建，国内学者大都围绕乡村振兴的内涵与目标要求展开，即主要从产业兴旺、生态宜居、乡风文明、治理有效和生活富裕五个维度构建指标体系。例如，在吕承超、崔悦（2021）的研究中，他们从农业发展、产业融合、村庄绿化、教育发展、养老以及乡村治理等多个方面构建评价指标，系统测算了我国乡村振兴的发展水平。张挺等（2018）则考虑了经济、产业、环境、基础设施、教育、卫生以及制度体系等多个维度的分析内容；陈秧分等（2018）基于多功能理论视角，将农村的功能分解为生产功能、生态与闲暇功能、文化传承功能、社会稳定功能和主体发展功能，依据特征对应选取了25项二级指标，建立了相应的指标体系。

3. 乡村生态环境评价指标体系

对于乡村生态环境指标体系的研究，张颖聪（2011）主要从农村资源环境、农村生产环境、农村生活环境三个方面出发，通过运用主成分分析法（PCA）和数据包络分析法（DEA），系统评价了我国乡村生态环境发展状况。王晓君等（2017）构建了包含人口、农业经济增长对农村生态环境施加的压力、耕地和水资源的承载压力、病虫害灾害发生面积、农业产出能力以及粮食安全保障能力等22个评价指标的农村生态环境质量评价指标体系。要全面改善整个乡村生态环境，则乡村生态振兴在关注乡村经济社会发展的同时，更偏向于对包括生态资源的情况、人与自然关系等的乡村生产与生活自然环境的重视与关注。为此，马晓旭、华宇佳（2021）通过运用环境评价（PSR），构建了包含压力、状态、响应三大子系统和24项指标的评价指标体系，对江苏、浙江和安徽三省的乡村生态振兴成效进行了评价分析，得出了一些有价值的研究结论。

（五）乡村生态振兴的路径分析

对于乡村生态振兴的路径，许多学者从不同视角入手进行了分析研究。如高红贵、赵路（2019）基于马克思主义生态观和习近平生态文明思想，指出了促进乡村生态和产业融合、形成绿色生产生活方式、整治优化人居生态环境是切实推进乡村生态振兴的三个重点工作。张俊飚、王学婷（2021）则从制度、产业和理念层面入手，提出了不断完善乡村生态振兴制度体系、倡导消费绿色化、培育并做大做强农村生态产业、建设和美化乡村生态宜居环境。这一路径设计既具有方向指引性，又具有实践操作性。吴正海、范建刚（2021）则强调了绿色发展理念的引领，提出要统筹兼顾生态治理和产业发展，这才是谋求乡村生态振兴的根本之策。闵师等（2019）则认为推动乡村生态振兴要协调各类资源、强化落实各种措施、加强整治农村突出环境问题、推进农村人居环境整治与农村厕所革命落实、保障基础生活设施的供给。基于"后扶贫时代"现实情境和面对"十四五"规划及未来发展工作，于法稳（2021）认为农村生态环境治理应加强思路转变，不断创新理念和方式方法，统筹推进农村生态建设、环境保护和污染治理，改善农村生态环境质量。鉴于生态环境的准公共产品属性，多元主体的参与至关重要，为此，欧阳静（2018）提出了乡村生态振兴离不开乡村社会中的各类主体共同参与，只有培养出具有生态意识和生态文明建设能力的主人，尤其是具有乡村主体性的农户农民，逐步培育并转变为"生态人"，才能增强乡村生态振兴的顺畅性和实践推进的有效性。

二、国外研究现状与文献梳理

虽然乡村生态振兴是中国情境下的现实话语，国外的学者较少开展针对性的研究工作，但围绕生态环境保护以及乡村发展与建设方面的研究却成果丰硕，这些成果可以为"乡村生态振兴"的研究开展提供一定的素材与参考价值。因此，本研究将对生态环境保护意识觉醒和实践考察、乡村发展的评价以及乡村发展建设实践等方面的研究进行梳理归纳。

（一）生态环境保护意识的觉醒

关于生态环境意识的形成问题，西方国家的环境政治思维范式先后经历了从"生态危机"向"生态现代化"和"可持续发展"的转变过程。早在20世纪60年代，美国海洋生物学家蕾切尔·卡森（Rachel Carson，1962）在其出版的《寂静的春天》（*Silent Spring*）一书中，就阐述了滥用化学农药对环境和人类的危害性，并就人与自然如何和谐相处的问题进行了探讨，为西方环境保护主义的发展奠定了一定基础。1972年，芭芭拉·沃德（Barbara Ward）和勒内·杜博斯（Rene Dubos）出版了《只有一个地球》（*Only One Earth*），主张从可持续发展角度来认识人与自然环境的关系问题；同年，德内拉·梅多斯等（Donella Meadows et al., 1972）在《增长的极限》（*Limits to Growth*）中，也明确提出了"持续增长"和"均衡发展"的概念。这些都先后成了代表着西方社会重新认识与深刻反思人类环境危机的标志性文本，也成为引起西方发达国家后期发展理念转变的关键性动因。特别是1987年，世界环境与发展委员会（WCED）发布的报告——《我们共同的未来》（*Our Common Future*），报告指出并强调了将"可持续发展"作为人类共同的发展准则，使得可持续发展理念逐步发展成为指导人类生态环境建设的基本指针。

"生态现代化"的概念最早由德国学者胡伯在20世纪80年代提出（Huber，2000）。其核心在于通过发挥生态优势来加快推进现代化建设进程，进而实现经济发展与环境保护的双赢效果（Janicke，1985）。也就是要不断加大和推进科技创新，实现生态改进，使创新的动力更多来源于为生态环境提供有效服务（Martin，2008）。从可持续性理论的演进过程看，"生态现代化"先后经历了由"增长"到"发展"，再到"可持续"的阶段性转变。从起因来看，自第二次世界大战以后，许多国家将经济增长当作首要任务，使经济增长成为世界各国的核心问题。而当经济增长与经济规模达到相当程度且加速消耗资源，其后果是带来了一系列的环境破坏。在这样的情境下，人类开始担心增长导向下的资源耗竭和生态环境恶化问题，提出了具有宏观意识、对多元因素和多维视野统筹考虑的"发展"概念，并由此衍生出"可持续发展"概念。农业部门对自然环境要素高度依赖，对可持续发展更加重视，因此也是实现可持续发展目标的关键部门（Conway，1997）。这一重要部门需要充分和可持续的自然资源供给，需要我们对水土和生物多样性资源严加保护，以缓解并适应气候变化，进而实现健康发展（McNeely & Scherr，2003）。

（二）生态环境问题的诱因分析

生态环境问题的诱因具有多面性，涉及制度、人口、技术、经济等多个方面。如佩珀（Pepper，1993）和埃尔克曼（Erkman，1997）认为，在西方文化中，人被当作自然的统治者，这是导致生态危机的深层原因。保证环境的可持续性和尽可能减轻环境污染，需要更好的制度质量（Asongu & Odhiambo，2019）。又如保罗（Paul，1968）从人与资源的关系出发，认为世界人口的增长在给自然生态带来极大压力的同时，势必会反过来影响人类自身发展，也就是人口增长最终会导致人与生态环境之间的紧张关系。此外，也有研究指出，对环境问题的考察也被认为与贫困相关，农村贫困会导致生态退化，生态退化又会进一步加速贫困（Finco，2009）。

（三）乡村发展评价

国外对乡村发展的评价研究，主要以"乡村性"为主。如英国乡村地理学家克洛克等（Cloke et al.，1977）最早通过人口、就业、交通、区位等16项指标数据，构建得到了乡村性指数（Rurality Index），并将乡村划分为完全乡村、完全非乡村、中等程度乡村、中等程度非乡村以及城市五个类型。哈林顿（Harrington，1998）、伍兹（Woods，2005）等进一步对乡村性的内涵、指标体系、评价方法等进行了补充。之后，众多研究者利用该指数分别对西班牙（Ocana-Riola & Sanchez-Cantalejo，2005）、美国（Waldorf，2006）、土耳其（Gülümser et al.，2009）、塞尔维亚（Bogdanov et al.，2008）、尼日利亚（Madu，2010）等国家的乡村发展水平进行了评估。随着乡村的不断发展与演化，乡村的生态、休闲、美学等价值开始逐渐进入乡村发展的评价研究中（Cortes-Vazquez，2017）。乌尔曼（Ullman，1954）提出的"乡村舒适性"逐渐走入研究者的视野，戈埃（Goe，2005）将历史文化、气候、土地、水等方面的相关指标纳入乡村舒适性评价体系之中，对乡村发展的评价逐渐从社会调查研究向人的感知领域拓展，从单一指标向多元体系跨越，同时在评价方法上趋于多样化，包括优劣解距离法（TOPSIS）、层次分析法、多重线性加权、模糊评价法、加权主成分分析等。

（四）乡村发展与建设的实践

为全方位、更系统、多层次了解国外乡村建设与发展的相关经验，本研究将从乡村发展的具体模式与各国乡村发展典型案例两个维度对文献进行梳理。关于乡村发展模式，主要有外生的城市化拉动模式和内生的乡村渐进式发展模式。在1970年之前，城市化是世界大部分地区农村发展的主要模式，但随着时间的推移，这种模式的缺陷逐渐暴露出来。1980年以后，人们开始注意到了单纯外部拉动的负面作用，思考起了构建内生性模式，即通过农村内部组织，充分利用当地的自然、经济和社会资源，推动农村发展。然而，如果没有外部的资金、资本等方面的支持，农村发展也将会变得困难和缺乏效率（Ray，1999）。于是在1990年后，外生与内生混合的农村发展模式出现并变得普遍，强调了区域内外的资源应该结合起来，以实现对农村区域发展的共同促进。在乡村发展的实践案例上，随着20世纪80年代可持续发展理论的逐步形成与深化，大多数国家开始根据这一理论来制定乡村发展的相关政策。其中，英国的中心村、日本的造村运动、韩国的生态村以及德国的能源村等都具有一定的代表性，成了国外众多学者研究的目标和对象，也为我国乡村发展提供了一定的参考与借鉴意义。

三、文献述评

回顾相关研究我们可以发现，当前国内外学者对生态环境的相关理论、环境问题的成因分析等方面的认识较为系统。其中，国内研究者对于乡村生态振兴的内涵、困境以及实现路径等方面进行了大量研究，国外学者则主要对生态环境相关理论以及乡村建设等方面进行了探讨。这些已经形成的大量成果，为本研究的开展提供了坚实基础。尽管前人的研究成果非常丰富，但仍存在一些可以拓展的空间。主要体现在以下几个方面：

第一，现有文献中对于乡村生态振兴的评价指标体系研究较少，尚未形成统一的框架。当前研究主要对乡村振兴、乡村生态环境以及新农村建设等方面进行了指标体系的构建，但是较少涉及对乡村生态振兴评价的直接研究。而乡村生态振兴的评价是一个多维度、多目标、多任务的系统工程，遵循生态学、环境学、经济学等原理，需要充分考虑乡村建设、乡村生态、乡村环境和乡村发展等各个方面，其指标体系的构建和综合评价方法的选择还存在很大的探索空间。

第二，当前所提及的乡村生态振兴案例虽范围较广，但深度不足，鲜有对国内外乡村生态振兴发展的具体模式、特点以及存在问题等进行全方位的系统梳理与归纳总结的研究，这就使得对相关案例进行全面与系统分析，进一步探讨与挖掘其内在的一般性规律，对我国乡村生态振兴实践路径形成可供参考的有益资料，十分必要。

第三，关于乡村生态振兴现状的分析研究较多，但对未来乡村生态振兴目标实现的战略构想与路径设计略显不足。

第四节　研究方法与边际贡献

一、研究方法

（一）案例分析法

本研究通过对国内外乡村生态振兴的典型案例和实践做法的深入分析，在了解其特点、剖解其问题、明晰其影响、探究其机理的基础上，归纳和总结出借鉴价值与可能的启示，以便为切实推进我国乡村生态振兴、促进乡村生态良好发展与农民生活富裕提供实践指导。

（二）实地调查法

本研究通过实地考察与实践调研的方式，在了解乡村生态现实发展情境的基础上，梳理、分析和归纳我国乡村生态振兴的现实逻辑、运行机理与发展模式，致力于搭建理论与实践的桥梁，以体现本研究的务实特性。

（三）理论和实证分析相结合的方法

本研究借助马克思主义生态观、习近平生态文明思想以及生态经济学等相关理论，通过构建乡村生态振兴指标体系，运用计量与实证研究方法，对乡村生态振兴的社会经济效益等展开了全方位评估评价，以便对乡村生态振兴的真实效果予以量化考察，体现研究的定量特征。

二、研究的创新与边际贡献

一是聚焦环境、社会效益构建乡村生态振兴综合评价指标体系，为乡村生态振兴评价提供有益参考。已有研究对我国乡村生态振兴的分析多侧重于理论、存在的问题及对策措施等方面，缺少对相关指标体系构建及评价的设想。已有涉及乡村振兴与发展的指标体系构建的研究也过多强调了乡村经济，而有关乡村生态方面的指标体系又大都聚焦于环境层面，指标体系框架较为散乱。本研究基于乡村生态振兴的基本内涵，借助乡村生态振兴的相关理论，从农民收入、农村环境等方面入手，进行了综合的指标体系构建与设计，并展开了相关的评价分析，具有一定的新颖性。

二是立足于乡村生态振兴评价结果，对未来乡村生态振兴发展特点、模式进行了系统性梳理与归纳。既有研究主要立足于对现有情况的评价，缺乏对未来模式的探索；部分涉及生态环境方面的文献，也仅对未来发展的某一侧面进行了测度分析，但对乡村生态振兴特点与模式分析缺乏宏观层面上的总结。而本研究试图通过乡村生态振兴的评价结果，对我国未来乡村生态振兴特征等进行提炼，以期为未来发展政策的制定提供方向指引。

三是基于国内外乡村生态振兴实践做法与典型案例，结合我国乡村生态振兴发展现实状况，对我国乡村生态振兴的实施路径与对策举措进行了设计。对大量研究进行梳理和对国内外乡村生态振兴案例的深入分析，在总结归纳各个实践案例特点和运行规律的基础上，提出了有利于推进我国乡村生态振兴政策制定的建设性意见。

第二章

乡村生态振兴的
基本内涵与理论遵循

保护生态环境就是保护生产力，改善生态环境就是发展生产力。乡村生态振兴是实现乡村振兴战略的重要内容，也是实现农业强、农村美和农民富的核心要件，对于推动农业农村发展和生态文明建设具有重要意义。本章将从乡村振兴、生态文明建设和乡村生态振兴的概念内涵出发，分析乡村生态振兴和乡村振兴之间的内在关系，并对相关的基础研究理论进行梳理和分析论述。

第一节　乡村生态振兴的基本内涵

要深入探讨乡村生态振兴，首先需要明确乡村生态振兴及其相关的核心概念，只有在厘清概念、明确内涵的基础上，我们才能深化对乡村生态振兴的全面和系统性认识。因此，本节将对乡村生态振兴的概念进行界定。

一、乡村振兴

在继承中国共产党历代领导人关于农村建设思想的基础上，立足于中华民族伟大复兴，根据我国的具体国情和历史任务，习近平总书记在党的十九大报告中全面阐述了实施乡村振兴战略的伟大构想，提出了"产业兴旺、生态宜居、乡风文明、治理有效、生活富裕"的目标要求，并把乡村振兴战略作为决胜全面建成小康社会、全面建设社会主义现代化国家的重大历史任务，同时也明确强调了实施乡村振兴战略是新时代"三农"工作的总抓手。2020年3月，习近平总书记在浙江考察时提出，要在推动乡村全面振兴上下更大功夫，推动乡村经济、乡村法治、乡村文化、乡村治理、乡村生态、乡村党建全面强起来，为乡村振兴战略实施的着力点指明了方向。习近平总书记在党的二十大报告中，从"全面建设社会主义现代化国家"的战略高度出发，进一步提出了要全面推进乡村振兴的任务要求，强调了扎实推动乡村产业、人才、文化、生态、组织振兴对支撑农业强国建设的重大意义。这也为新时期的农业农村经济社会发展工作提供了明确指引和根本遵循。

从字面意思来看，"振兴"意为"大力发展，使其兴盛起来"。从乡村振兴的角度来看，就是将"振兴"的着力点集中在乡村地区，即以"乡村区域"为对象，通过运用各种政策，实施各类举措，大力推进乡村经济社会发展繁荣。因此，加大对包括产业、人才、文化、生态和组织等的统筹用力和方向聚焦，是实现乡村全面振兴的重要途径，需要一体规划、协同推进和协调发展。

综观我国乡村振兴战略从提出到实施的全过程，从突破关键节点到系统全面促进，从理论构建顶层设计到具体措施逐步推行，我国乡村振兴战略的实施力度越来越大、步伐越来越快、步子越来越稳、机制也越来越完善（刘天添，2022）。目前，我国乡村振兴的制度架构和政策体系已经初步建立，相关工作已初见成效，并明确了要在2035年取得决定性进展的奋斗目标。"十四五"规划中，明确强调今后要持续推进乡村全面振兴，并指出了我国经济社会工作未来重点要转向"坚持农业农村优先发展，全面推进乡村振兴"。因此，探讨如何通过乡村生态振兴来助推乡村全面振兴工作落实落地落细，具有重要的时代价值。

二、生态文明建设

"生态"一词可以追溯至古希腊时期，通常可理解为在一定自然环境下，生物生存或发展的状态以及生物之间、生物与环境之间的密切关系，有时也指生物本身的生理特性和生活习性。"文明"一词则有多种含义与解释，但通常情况下，可以理解为一种社会或文化形成的发展状态，也包含从过去发展到当下的状态与过程。"生态文明"这一概念作为学术用语，国内学术界大都将其理解为一种人、自然和社会之间相处的一般规律，是人在利用自然和改造自然的过程中来保护自然，实现人与自然和谐共存、可持续发展的一种发展状态。当前经济社会发展方式已经从以高投入、高污染为特征的模式逐步转向资源节约与环境保护并重、经济社会发展与环境承载力相适应的模式（许胜晴，2021）。人类文明在经过了原始文明、农业文明和工业文明的发展之后，也面临着前所未有的生态危机。因此，推进新的文明形态的形成，加快构建和建设生态文明，成为人类走向未来更高发展阶段的必然追求。在生态文明时代，人们更加注重人与自然的关系，更加强调尊重自然、保护自然，改善与自然之间的关系。这反映出人类思维方式已经从过去的简单将自然环境作为客体，强调重在对自然资源的开发和利用，忽视人与自然之间的互动关系，逐步转变为要尊重自然、保护自然，注重人与自然的和谐共生、协调发展。由此，"生态兴则文明兴，生态衰则文明衰"也就充分地勾画并揭示了"生态"与"文明"之间的关系，反映了生态文明的重大价值和对人类未来发展方向的重要指引。

2012年，党的十八大报告作出了"大力推进生态文明建设"的战略决策，并从十个方面描绘了生态文明建设的宏伟蓝图。此后，党中央提出了建设生态文明和保护生态环境的一系列新思想新论断新要求，为我国建设生态文明新时代明确了方向。事实上，良好的生态环境会使人类文明永续，也会使得人类文明更加繁荣。

农村作为重要的地域空间，也是人类发展的起源地和走向未来的落脚点。由此，加大乡村生态文明建设是加强生态文明建设的题中之义。随着经济社会的发展，农村不仅是农民生活和劳动的聚集地，还承担着提供绿色生态屏障、培育居民生态价值观念和传承人类文明的重要功能。但由于各种复杂性因素的作用，过去一段时期，农村生态环境遭到破坏，并严重影响到了乡村的持续发展。为此，加强农村生态文明建设，就需要充分考虑农村的主体与客体条件，需要结合对农民生态发展意识的培养、农村生态基础的改善与修复、农村环境的治理与提升、农业农村的绿色建设等相关内容，着力打造良好的农村生态环境格局，实现人与自然和谐共生，进而推动农村精神文明和物质文明的协调发展。

三、乡村生态振兴

改革开放以来，中国特色社会主义事业蓬勃发展，现代化建设成效显著，但同时也逐渐暴露出资源消耗加大、生态环境恶化和"三农"发展落后等短板问题。农村作为改革开放的起源地，农业作为最基础的产业，农民作为最庞大的群体，更加需要我们加大推进生态文明建设和绿色发展。与城市相比，乡村在生态环境方面具有先天优势，我们要不断挖掘乡村优秀生态资源价值，使其成为乡村生态振兴的重要抓手。目前，我国已经完成脱贫攻坚、全面建成小康社会的阶段性目标，面向未来将更加注重多元目标，采取统筹性措施来实现协调性发展。因此，从解决短板问题入手，就需要我们将重点转移到关注并解决乡村生态问题、改善人与自然的关系以实现人与自然的和谐共生。

在"新发展阶段、新发展理念、新发展格局"这一新时代新形势的特征下，加快农村经济社会发展方式向绿色生态转型，切实推进生态振兴，成为我国农业农村谋求新发展和跨上新台阶的重要切入点。具体来说，乡村生态振兴涵盖了农村人居环境的整体提升和总体改善、农业农村绿色发展、乡村生态保护与修复三个方面，这三者分别是乡村生态振兴的迫切需求、经济基础与根本大计（朱斌斌和冯彦明，2019）。因此，乡村生态振兴是在新时代背景下，全面促进乡村生态转型发展的重大战略。乡村的发展不应仅停留在生态文明的精神构建和生态环境建设的物质搭建上，更需要将乡村生态的系列问题纳入乡村振兴战略全局中整体谋划，包括乡村产业的绿色转型、乡村生态理念的培育培养、乡村生态环境的治理修复、乡村生活方式与思维的转变、乡村生态基础设施的完善等，以建设生态良好、和谐共生的现代化美丽乡村（刘天添，2022）。

四、乡村振兴、生态文明建设与乡村生态振兴的内在关系

乡村生态振兴为实施乡村振兴提供了生态保障前提和生态环境基础，同时乡村振兴又为乡村生态振兴的推进指明了方向，两者之间存在着内在统一的关系。

（一）乡村生态振兴是乡村振兴战略的重要内容和基础前提

现代乡村的发展不能仅通过简单的经济指标来判断，单一地发展经济，不仅不能形成可持续的增长效果，也无法形成长效的发展机制。党的十九大报告提出了乡村振兴战略的总体要求，包括"产业兴旺、生态宜居、乡风文明、治理有效、生活富裕"五个方面，赋予了极其丰富的

内涵，涵盖了乡村发展的各个方面。也就是说，如果仅仅实现某一层面的振兴，是难以支撑我国的农业农村现代化的，而是要促进包括产业、人才、文化、生态与组织的全面振兴，其中乡村生态振兴是乡村振兴推进过程中的关键环节，与乡村振兴联系最为紧密。随着人们日益增长的对美好生活的需要，实现乡村人与自然的和谐共生，打造良好的生态环境，是乡村振兴战略在生态领域的具体目标。

同时，良好的生态环境是人类社会赖以生存的基础和保障，没有良好的生态，人类及其所处的社会都将难以发展，开展乡村生态振兴是实现乡村全面振兴的前提。以绿色发展为引领，严守生态红线，推进农业农村绿色发展，加快推进乡村生态振兴，让良好的生态成为乡村全面振兴的有力支撑，以生态振兴助力乡村振兴。从乡村振兴的内容来看，乡村生态振兴有利于延伸、优化农产品供应链，提升农产品价值，为乡村产业振兴提供了有力的生态支持；从理论设计到政策实施，乡村生态振兴为乡村人才振兴提供了更多优质岗位和机遇，也提供了发展的新空间新平台；提升农民绿色生态意识，推动生产生活方式绿色转型，为乡村文化振兴注入生态价值观和生态文化。与此同时，政府、农民、社会、市场等多元主体的积极参与，统筹发挥资金、人力、技术和制度等资源潜力，能够为乡村组织振兴提出新的组织形态和新的目标要求。因此，乡村生态振兴是实现乡村振兴的重要内容、重要基础、重要支撑，是新时代实现乡村振兴的重要路径之一，具有鲜明的时代特色和深远的价值意义。

（二）实现乡村振兴是乡村生态振兴的最终目标

建设生态宜居和美乡村，是乡村振兴的重要内容，也是乡村生态振兴终极目标的重要体现。在整体推进乡村全面振兴的背景下，为弥补经济社会发展短板，加快推进和实现农业农村现代化，必须将乡村生态振兴作为其中的关键环节。在农村地区，依据乡村生态资源，按照乡村生态振兴各项目标，坚持绿色发展理念，改善人居环境，推进乡村自然资源生态价值转换，"实现绿水青山与金山银山相得益彰"[1]。扎实做好乡村生态环境保护工作，使乡村变得更美，生态变得更好，以乡村生态振兴推动乡村产业、人才、文化和组织振兴，进而实现乡村全面振兴的效果。从演进路径看，我们可以通过打造绿色生态产业，推动乡村产业振兴目标的实现；通过良好的生态和宜居宜业的环境，吸引并留住优质人才，实现乡村人才振兴；通过营造和谐的绿色文化氛围，让其与传统文化和生态文化相互融合，实现乡村文化振兴目标；通过提升组织治理能力，构建风清气正的基层组织，切实提高组织效率和管理效能，实现乡村组织振兴目标。因此，为了全面推进乡村振兴，我们必须坚持以乡村生态振兴为支撑，建设适应现代生活、体现乡土风貌、山清水秀、天蓝地绿的和美乡村。

第二节　乡村生态振兴的主要特征

我国乡村生态问题具有积累性和复杂性的特点，要推进和实现乡村生态振兴，任务艰巨并任重道远。只有明确乡村生态振兴的特征，才能有针对性地制定科学有效的政策方案、建设举措，稳步推进乡村生态振兴。本节将从系统论和协同论的视角出发，分析乡村生态振兴的系统性、复杂性、动态性和协同性。

一、乡村生态振兴的系统性

乡村生态振兴不仅是生态的全面振兴，更是将绿色发展的理念贯穿乡村"生产、生活、生态"各环节，形成有机联系、相互促进的绿色发展共同体。因此，乡村生态振兴是一个系统性的庞大工程，需要综合考虑乡村内外各个方面的相互关系，系统推进自然生态、生活生态、生产

---

[1] 鲁阳：《围绕"五个振兴"全面推进乡村振兴》，人民网，2022年12月27日。

生态三大领域。从现实场景来看，乡村区域中的生物及其生存环境所构成的综合系统是乡村生态振兴的关键领域，包括森林、水域、草地、耕地等生态系统（邓玲和顾金土，2021）。农村生态系统健康、农业资源高效利用、农业环境污染治理和农民居住环境改善是乡村生态振兴的四大目标，要统筹规划包含土壤生态修复和质量保护、河流湖泊治理、农业废弃物资源化处理、畜禽粪污循环利用、农村人居环境建设等方面的生态建设。在生产生态方面，经济基础是实施乡村生态振兴的重要保障，而生态资源与生态环境则在以往高投入高产出的生产方式下遭到了一定程度的破坏与透支。因此，现阶段应以农业供给侧结构性改革为主线，加快构建现代农村绿色产业体系，从过度依赖资源消耗和要素投入的生产方式逐步转变为绿色、低碳、生态、可持续的发展状态。

要长期、可持续地实现乡村生态振兴，就必须将之融入乡村的整体振兴之中，推进整个乡村系统内部各个组成部分之间的相互协调与互相支持，这是实现乡村生态振兴的内在要求，而不可构建独立的个性化单一体系；也必须综合考虑土地资源、水资源、气候条件、生态环境、农业生产、农民生活等多个要素之间的关联性，以形成一个良好的生态循环系统。同时，应因地制宜，系统谋划包括农业生产和农民生活等方面的生态环境建设，科学设计具有理论与实践意义的乡村生态振兴实施方案，建立健全以生态价值观为准则的生态文化体系和以产业生态化与生态产业化为主体的生态经济体系，促使乡村生态振兴可落地可实施。[1]此外，在良好生态环境的基础上，发展新型的农村旅游业、休闲康养业等生态产业，不断强化生态服务、开发生态产品，将生态价值转化为经济价值，实现农村经济发展和生态环境保护的协同共进。

---

[1] 庄国泰：《努力使良好生态环境成为乡村振兴的重要支撑》，人民网，2019年4月3日。

二、乡村生态振兴的复杂性

改革开放以来，在工业化城镇化快速发展的过程中，积累并形成起来的乡村生态问题，是由生态理念的缺失引发的。要实现乡村生态振兴，必然涉及复杂的内容和多重环节，涉及众多利益主体和各种相互关联的因素。在过去的发展过程中，由于体制机制方面的原因，我国城乡以及不同区域在经济、教育、医疗等各方面出现了较大的不平衡性，加上地理位置、气候、社会经济发展水平、文化传统等因素的多样性，各地生态环境及人居环境也展现出不平衡的发展态势，进而对乡村生态振兴任务实施与目标实现构成了巨大压力。例如，贫困往往伴随着生态环境问题，在生态环境脆弱区域，人民的生产生活都会受到极大限制，贫困问题极易发生。因此，在脱贫攻坚和防止大规模返贫等方面，生态环境与生态系统因子就发挥了基础性的作用。近年来，已经有许多地方通过将生态优势转化为经济发展优势，使绿水青山变成了金山银山，进而助推了经济发展，促使了和美乡村目标的达成。由此，乡村生态振兴的复杂性要求决策者和实施者必须具备跨学科的综合能力，能够处理各种复杂情况并制定综合性的政策措施。

从近年来尤其是党的十八大以来的环境治理效果看，我国乡村生态环境虽然已经有了较大程度的改善，但由于生态环境问题慢慢地累积且具有复杂性，要实现乡村生态振兴，仍需付出不懈的努力，科学选择可行路径并制定有效措施，立足当地资源禀赋，建立与之相匹配的生态经济体系。如制定地方生态振兴发展规划，需要各层次的生态环境建设方案，稳步推进乡村生态振兴。同时，在乡村生态振兴过程中，一方面，要打破地域、行业、部门和生态元素类别的界限，根据生态环境保护和修复的实际情况，统筹开展治理工作；另一方面，聚焦生态保护和治理中的重难点问题，有针对性地开展治理和保护工作。

三、乡村生态振兴的动态性

乡村生态振兴绝非一蹴而就，而是一个动态的演变过程。尤其是我国地域广阔，南北差异较大，为适应不断变化的环境和需求，乡村的经济社会发展、生态环境状况、政策法规等都会随着时间的推移而发生变化。人们对生态环境保护与修复的工作是随着乡村生态振兴的实践而不断深化的，是通过对"人与自然关系"的认知判断、"绿水青山就是金山银山"的价值判断和"山水林田湖草沙一体化保护和系统治理"的实践后，才逐步完成生态振兴各个发展阶段的目标。如在当下严格的环境保护政策下，推进"绿水青山"向"金山银山"有效转化的体制机制还不够完善，有时为了实现"绿水青山"的生态利益会影响"金山银山"，导致一些生产经营主体遭受了一定的经济损失。因此，我们要通过科技创新与制度创新等各种手段，实现"绿水青山"向"金山银山"的有效转化，逐步探索并形成适合各个地区乡村生态振兴的可行方案。

乡村生态振兴的过程中，要建立健全和不断完善乡村生态振兴的体制机制，进一步加强农村生态环境的制度建设，促进乡村生产生活环境逐步改善，不断提高生态保护、治理和修复的能力和水平。同时，随着科技的发展和创新的推动，乡村生态振兴也需要与时俱进，引入新的技术手段，推进乡村生态经济的健康、可持续发展。

四、乡村生态振兴的协同性

乡村生态振兴需要政府、企业、农民、社会组织等不同利益相关者形成合力，共同参与和合作，以推动并顺利完成乡村生态振兴的主要目标。当前，我国乡村生态振兴主要由政府主导和具体实施，而面对乡村生态环境的准公共物品特征，当相应的激励或惩罚机制不完善时，生态环境极易遭到破坏，相关的服务也可能供给不足。因此，代表公共利益的政府虽然成了乡村生态振兴的发起者和主导者，但还是会面临各种约束，如政府财力等。为此，仅依靠政府实施乡村生态振兴战略是远远不够的。必须吸纳多元主体，加强多方沟通与合作，通过"政府主导、农民主体、社会参与、市场运作"等协同协力机制的构建，形成政策配套、资源共享、责任分工的可行模式，为推进和实现乡村生态振兴创造良好的环境条件。

在乡村生态振兴实施的过程中，农民是最直接的利益相关主体，其思想观念和行为习惯都直接影响着乡村生态建设效果，对实现乡村生态振兴也起着至关重要的作用。这就需要我们注重对农村社区居民的引导，倡导并激励居民的积极参与，通过教育宣传和技能培训等方式，提升其生态文明意识，鼓励其在不同维度、不同环节上参与到乡村生态振兴的工作过程。此外，在发挥各种正式制度的同时，可以考虑发挥非正式规制的作用，如将乡村生态保护纳入村规民约中。作为非正式的环境规制，村规民约充分发挥了农民对生态建设的有效作用。利用农业的碳汇功能，发挥市场机制的作用，促使乡村生态振兴与市场的有机结合，引导农业生态功能价值的实现。同时，乡村生态振兴还需要与城市的发展相协调，按照城乡一体化发展思维，破解乡村生态振兴的治理难点，全面推进绿水青山的经济效益、社会效益与生态效益的高水平实现。

第三节　实现乡村生态振兴的理论遵循

相较于其他空间，乡村地区的优势在于拥有丰富的生态环境资源。由此，尊重自然、顺应自然和保护自然，坚持人与自然和谐共生，推进乡村生态环境和乡村经济协调发展，是乡村生态振兴过程中需要考虑的重要目标。但当前人们对生态环境的具体行为和在生态振兴的具体实践上，极大地受到了自然生态以及人与自然关系思想的影响（杨美勤，2019）。乡村生态振兴的理念并不是凭空而来的，而是结合我国国情和实践需要提出的，为我们提供了方法指导。由此，进一步梳理和挖掘乡村生态振兴的理论逻辑，有利于为我国乡村生态振兴的实践工作提供基础支撑与理论指导。

一、马克思、恩格斯的生态思想

在 19 世纪中期，受工业文明时代的资本与利益驱动，资本家们为了不断提高产量，对自然资源进行无休止地掠夺，生态环境破坏开始出现，环境问题逐渐显露。相比之下，由于城市规模相对较小，城乡二元结构的发展趋向并不明显，乡村生态问题并不突出，没有得到人们的较多关注。虽然马克思、恩格斯没有专门论述乡村生态问题的著作，但他们敏锐地注意到了不合理的生产发展方式往往容易引起生态环境的破坏，并前瞻性地认识到这种生产方式必然会引起人与自然的矛盾。因此，他们开始思考人、自然和土地之间的联系，他们的思想体系中蕴含了丰富的乡村生态思想，其著作、手稿中也存在许多关于乡村生态的论述。马克思和恩格斯认为资本主义扩张性、掠夺性的生产方式使得人与自然关系日益紧张，同时，马克思在批判资本主义无节制榨取自然生产力的农业生产方式时，提出了"合理的农业"论，认为农业生产应当寻求经济规律和自然规律的均衡。[1]通过梳理，马克思和恩格斯的生态思想可以概括为两点：

一是劳动是人类与自然互动的桥梁，是联结人与自然的纽带。人们通过劳动与自然环境建立起紧密的关系。马克思、恩格斯的自然观与以往形而上学的自然观有所不同，是以实践为基础的人化自然观（张帆和王丹，2022），也就是说，自然界不仅包括天然自然界，还包括人参与其中的人化了的自然界，即人创造、占有和"再生产"的自然界。与此同时，人化自然观还认为，实践应被视为人与自然之间的中介，人可以通过实践来调整与自然之间的关系。自然环境会因为人的生产劳动实践而发生变化，因此人的主观能动性决定了自然环境的好坏。基于马克思、恩格斯的思想，人并不是自然界的主宰者，要实现人类的长久发展，就

---

[1]《马克思恩格斯文集》第 7 卷，人民出版社 2009 年版，第 137 页。

必须维持人与自然之间的平衡关系，处理好人与自然的协调关系。因此，所有的劳动和生产活动都离不开自然，人类要始终依赖自然，通过运用合理的劳动方式，顺应自然的规律，充分发挥主观能动性，平衡人与自然之间的关系，进而实现人与自然的和谐共生。

二是社会的发展和自然的发展是相互联系的有机统一体。马克思曾说："被抽象地理解的，自为的，被确定为与人分隔开来的自然界，对人来说也是无。"①由此可知，如果脱离了自然，任何事物都将无法独立存在，且自然界是运动的、动态的整体，如果仅仅以静止的眼光看待自然界的万物，我们将很容易受到误导而破坏自然。马克思在《1844年经济学哲学手稿》中写道："自然界，就它自身不是人的身体而言，是人的无机的身体。人靠自然界生活。"②可以看出，马克思认为自然界虽然不是人的身体，但人本身就是自然界的一部分，要依靠自然界生存与生活，需要从自然界直接或间接地获取各种生产生活资料，自然界也可以看作人的"无机的身体"。因此，人的生存是离不开自然界的，自然界与人是相互影响、互相促进的一个整体。另外，恩格斯也曾在《自然辩证法》中强调："我们决不像征服者统治异族人那样支配自然界，决不像站在自然界之外的人似的去支配自然界——相反，我们连同我们的肉、血和头脑都是属于自然界和存在于自然界之中的……"③这说明了人与自然界存在着天然统一的关系，是不以人的意志为转移的，也不会随着时间、空间的变化而改变。并且，人也并不属于自然界的支配者，人虽然可以通过实践从自然界直接或间接地获取生存物资，但人是自然界的一部分，不是万物的主宰，不能无所顾忌地改造自然界，而要与自然界和谐共生。

---

① 《马克思恩格斯全集》第3卷，人民出版社2002年版，第335页。
② 《马克思恩格斯全集》第3卷，人民出版社2002年版，第272页。
③ 恩格斯著：《自然辩证法》，人民出版社2018年版，第313—314页。

二、中国传统文化中的生态思想

在中华民族上下五千年的发展历程中，祖先们在这片土地上繁衍生息，中华文化在生产生活实践中应运而生，同时形成了丰富的思想体系。古代的农业生产力低下，农业的生产发展与自然环境存在着密切相关性。因此，许多古人在对生态密切关注和深入思考后，逐渐衍生出"天人合一""道法自然"等思想，这些思想在一定程度上为当今的乡村生态振兴提供了理论基础。

（一）儒家"天人合一"的生态思想

儒家哲学思想的根本是人以及人与天之间的关系问题，其核心宗旨是仁爱，"天"亦即自然。早在春秋战国时期，许多儒家先贤就已经意识到了"天"的强大力量，因此对天都充满了敬畏。孔子在《论语·季氏》中写到"君子有三畏"，其中就包含"畏天命"，意味着人类不可随意违背和亵渎自然规律，要尊重自然、敬畏自然和顺应自然。即所谓"天行有常，不为尧存，不为桀亡"。汉代董仲舒在《春秋繁露》中提出"天亦有喜怒之气、哀乐之心，与人相副。以类合之，天人一也"，而张载则在《正蒙·乾称篇》中进一步明确提出了"天人合一"的思想。该思想在古代社会一直占据着主流地位，指明人类的孕育者是天，如果天不复存在，那么人类也将不会存在，强调天和人是命运共同体，也就是人与自然是命运共同体，必须和谐相处（刘天添，2022）。同时，荀子在《荀子·天论》中指出"孰与物畜而制之？……孰与制天命而用之？……孰与应时而使之？……孰与骋能而化之？……孰与理物而勿失之也"，强调人类在天人关系中的主体地位的同时，还进一步强调了人类保护自然资源、维持循环发展和生态平衡的生态责任。

在农业生产方面，《淮南子·本经训》中提出"四时者，春生夏长，秋收冬藏，取予有节"，描述了作物在一年四季中生长收获的一般规律，并指明人类不能从自然界中无节制地获取物质资源。"不违农时，谷不可胜食也；数罟不入洿池，鱼鳖不可胜食也；斧斤以时入山林，材木不可胜用也。"这句话出自《孟子·梁惠王上》，指明了人类要依据农作物生长规律耕种养殖、不过度消耗自然资源，才能有效保障农业产量，进而促进乡村经济的发展与繁荣稳定。《荀子·天论》中提出"强本而节用，则天不能贫"，其中"强本"意为发展农业生产，"节用"意为节约物质消费，如果加强农业生产，厉行节约，那么上天也不能使人类贫困。这些浅显的道理均反映了人类与自然界的关系，也就是在实现自身发展的过程中，必须尊重自然规律而不可违背自然规律。

（二）道家"道法自然"的生态思想

道家对"人与物之关系"也有着深刻的理解，在中国传统文化中亦具有重要地位。该思想包含着"道法自然""无为而治"的生态认知，强调了人与环境、人与自然之间的关系问题。道家学说的创始人——老子在《道德经》中提出"人法地，地法天，天法道，道法自然"，认为世间万物皆起源于"道"，提出人与自然之间应该是一种相互学习的关系，而非彼此征服的关系，强调要对天地之道保持敬畏的态度，尊重自然、顺应自然。在《庄子·齐物论》中，庄子也指出"天地与我并生，而万物与我为一"，认为人和天是一个统一的整体世界，万物与人是一个命运共同体，人是自然的一部分，应当与自然和谐共生，保护自然界中与人类命运相连的所有物种与物体。同时，道家还主张"无为而治"，该思想建立在"道法自然"的基础之上。"无为"并不是"不去作为"，而是强调了不要过多地干预自然运行规律，要在充分发挥人的自我能动性的情况下，适度地有所作为，但这种作为是"以道治理天下"。"无为而治"是一种生态节制思维，告诫人类在乡村生态振兴的过程中要掌握好分寸，不能过度依赖自然（刘天添，2022）。总体上，道家从人与自然关系的角度来论述生态思想，认为只有遵循"无为而治"和"道法自然"的规律，才能使社会安定和谐、自然运行有序。因此，在乡村生态振兴和各类措施运用的过程中，我们也要形成尊重自然规律和按照自然规律办事的基本规范。

三、中华人民共和国成立后生态文明思想的发展与形成

(一) 改革开放之前生态文明思想的逐步形成

中华人民共和国成立以后，各行各业的"百废待兴"成了新中国初期经济社会发展的真实写照。当时的中国在强调加快发展和增加更多产出的同时，也强调了对自然资源的节约利用，虽然那时候的乡村生态更多的是一种自然生态，但需要人工的有效干预和合理建设，需要对生态环境建设与农村发展高度重视。如针对荒山荒地改造和生态环境建设，毛泽东同志在20世纪50年代中期就提出了要"在一切宅旁、村旁、路旁、水旁，以及荒地上荒山上，即在一切可能的地方，均要按规格种起树来，实行绿化"①。由此很快地推动了"大地园林化"的绿化运动。又如为了处理好经济发展与资源节约问题，强调了在建设社会主义的过程中，既要"多"与"快"，还要"好"与"省"，才能形成经济社会发展的良好效果。此外，在《论十大关系》的报告中，毛泽东同志高屋建瓴地提出了要合理使用自然资源，并将节约自然资源上升到国家战略的高度，明确指出："天上的空气，地上的森林，地下的宝藏，都是建设社会主义所需要的重要因素，而一切物质因素只有通过人的因素，才能加以开发利用。"②同时，在资源的综合与循环利用上，毛泽东同志强调了对生产过程中所形成的"废水、废液、废气"资源的合理利用，通过再资源化的方式，使之最大程度发挥效能。为此，他号召各个部门要充分利用各种废物，如废水、废液、废气，并用打麻将的形式，形象地说明了这些资源实际上都不是真正废弃和无用的资源，而是"上家不要，下家

---

① 《毛泽东文集》第6卷，人民出版社1999年版，第509页。
② 《毛泽东文集》第7卷，人民出版社1999年版，第34页。

就要"①的好资源和有用资源，只是由于放错了地方而显得似乎没有什么价值和用途。

虽然毛泽东同志并没有明确地提出生态文明建设的概念，却多次从不同维度对生态环境的建设问题进行了论述。如关于水利问题的认识，他十分形象地用"水利是农业的命脉"一句话，就清楚说明了水利事业发展对农业产业的重要性，并与水土保持工作联系起来，提出了"一定要把淮河治好"和"要把黄河的事情办好"等一系列具体要求与针对性指示。在植树造林问题上，他发出了"绿化祖国"的伟大号召，进一步明确指出要"绿化荒山和村庄……我看特别是北方的荒山应当绿化"②，甚至倡导要发挥愚公移山的精神，在一定的时间内，"基本上消灭荒地荒山"③。要求在"一切能够植树造林的地方都要努力植树造林，逐步绿化我们的国家，美化我国人民劳动、工作、学习和生活的环境"④。这种对农村生态环境建设的不断要求和指示指导，一定程度上改善了农村面貌，对经济建设和社会发展发挥了重要的支撑作用，成为我党和我国社会主义生态文明建设的理论资源。

（二）改革开放后生态文明思想的不断丰富

面对计划经济体制的长期束缚和城乡二元结构的约束，供给短缺成了经济社会发展的基本特征。为了改变这一状况，1978年12月召开的中共十一届三中全会，做出了把全党工作的重点转移到社会主义现代化建设上来的战略决策，从此拉开了我国改革开放的序幕。在改革开放初期，为了加快推进经济发展，尽快增加社会供给，以物质产品产出为导向的

---

① 中共中央文献研究室编：《毛泽东年谱（1949—1976）》第4卷，中央文献出版社2013年版，第373页。

② 《毛泽东文集》第6卷，人民出版社1999年版，第475页。

③ 《毛泽东文集》第6卷，人民出版社1999年版，第509页。

④ 中共中央文献研究室、国家林业局编：《毛泽东论林业（新编本）》，中央文献出版社2003年版，第77页。

发展举措，成了所有政策的核心要点。但与此同时，随着经济发展与社会运行秩序的正常化，为了应对巨大的人口压力和资源约束，加大生态环境保护并以法制化思维来促进各项措施的实施，也成了国家环境治理的重要方面。为此，在邓小平同志的全力推进下，20世纪80年代，我国陆续出台了《森林法》《草原法》和《环境保护法》等一系列重大法律法规，1978年启动了"三北"防护林建设工程，1981年12月第五届全国人民代表大会第四次会议通过了《关于开展全民义务植树运动的决议》，确立了每年3月12日为全国植树节的重大事项。为了彰显以植树造林为重点的生态环境建设的重要性，邓小平同志特别强调了"植树造林，绿化祖国，是建设社会主义，造福子孙后代的伟大事业，要坚持二十年，坚持一百年，坚持一千年，要一代一代永远干下去"[1]，并于1991年为全民义务植树10周年题词："绿化祖国，造福万代。"这种对植树造林的高度重视极大促进了我国绿化事业发展，尤其对根治我国"三北"地区的风沙危害和水土流失发挥了重大作用。

进入到20世纪90年代后，随着经济快速增长，我国对资源环境的消耗的加剧，经济、资源、环境与社会之间的矛盾日益突出，加上国际可持续发展理念的形成，为了强化资源保护与生态环境建设，推进人口、资源、环境与经济的协调发展，1994年中国政府率先在世界上制定并颁布了《中国21世纪议程》，首次把可持续发展战略纳入我国经济和社会发展的长远规划中，使之成为国家发展政策制定的基本指针。1996年，江泽民同志提出"经济发展，必须与人口、资源、环境统筹考虑……决不能走浪费资源和先污染后治理的路子"[2]，阐述了生态环境保护与经济社会发展之间关系协调处理的重要性。1997年，江泽民同志在党的第十五次全国代表大会上正式确立了"在现代化建设中必须实施可持续发展战

---

[1] 中共中央文献研究室编：《邓小平年谱（1975—1997）》下卷，中央文献出版社2004年版，第895页。

[2]《江泽民文选》第1卷，人民出版社2006年版，第532页。

略"，不仅要正确处理好经济发展与人口、资源、环境之间的关系问题，还要坚持资源开发与节约并举，不断提高资源利用效率，切实改善生态环境。面对农村经济社会发展问题，江泽民同志提出要推进农村全面进步，指出"没有农村的全面进步，就不可能有我国社会的全面进步"①，主张开展爱国卫生运动，关注农村卫生问题，并将改水改厕放在重点位置。与此同时，江泽民同志还提出了要加强农村污染防治，改善农村生态环境，"积极推广生态农业和有机农业，保护农村饮用水源地"②，通过不断完善农村基础设施建设，促使农业生产条件和生态环境持续改善。这种"实现经济建设和生态环境协调发展"的重要论断与远见卓识，集中体现了江泽民同志的生态思想。

进入21世纪后，随着我国加入WTO，改革开放持续深入推进，经济建设与社会发展也取得重大成就，但粗放型的生产方式并没有彻底改变，给生态环境造成了巨大压力。为此，重视生态环境建设，推进经济发展方式转变，便成为化解资源环境与发展之间矛盾的重要举措。在2004年3月的中央人口资源环境工作座谈会上，胡锦涛同志指出："可持续发展，就是要促进人与自然的和谐，实现经济发展和人口、资源、环境相协调，坚持走生产发展、生活富裕、生态良好的文明发展道路，保证一代接一代地永续发展。"③他强调了经济社会建设与生态环境建设的相互协调。在党的十七大报告中，胡锦涛同志明确提出了"生态文明"这一概念，指出要"建设生态文明，基本形成节约能源资源和保护生态环境的产业结构、增长方式、消费模式"④。这显示了生态文明建设在

① 《江泽民文选》第1卷，人民出版社2006年版，第259页。

② 《江泽民文选》第3卷，人民出版社2006年版，第466页。

③ 中共中央文献研究室编：《十六大以来重要文献选编》上，中央文献出版社2005年版，第850页。

④ 中共中央文献研究室编：《十七大以来重要文献选编》上，中央文献出版社2009年版，第16页。

③ 中共中央文献研究室编：《十六大以来重要文献选编》上，中央文献出版社2005年版，第760—769页。

我国经济社会发展中的极度重要性，也反映了坚持以人为本和实现全面协调可持续发展对指导社会主义现代化建设事业的指引性。与此同时，胡锦涛同志也十分关注和重视"三农"问题，并提出以城带乡、以工促农、城乡互动、协调发展，强调了统筹城乡发展、区域发展、经济社会发展、人与自然和谐发展的重要性。①针对新时期的我国农村建设问题，在党的十六届五中全会上，胡锦涛同志明确提出了"扎实推进社会主义新农村建设"，并赋予了"生产发展、生活宽裕、乡风文明、村容整洁、管理民主"的基本内涵。②在具体措施上，加强农村环境整治，加快改善人居环境，促使人与自然和谐共生、环境面貌持续向好，经济社会各项事业繁荣发展。胡锦涛同志关于生态文明建设的一些要求与指示，对国家进入新发展阶段后的经济社会发展政策的制定及发展理念的形成具有重要的指导意义。

（三）党的十八大以来生态文明思想的逐步完善

伴随着国内外发展环境的变化，我国进入新发展阶段，必须注重高质量发展，更加需要对生态环境问题高度重视。为此，党的十八大报告中提出了将生态文明建设纳入经济、政治、文化、社会体系之中，进行"五位一体"的总体布局，不断开拓生产发展、生活富裕、生态良好的文明发展道路，并将其提升到关系中华民族永续发展的战略高度，从"优化国土空间开发格局、全面促进资源节约、加大自然生态系统和环境保护力度、加强生态文明制度建设"四个维度，对"大力推进生态文明建设"进行了具体部署。此后，围绕生态文明建设问题，紧紧结合中国发展现实情境，习近平总书记总揽全局，对生态文明思想理论和生态文明建设的制度体系提出了一系列高屋建瓴的重要论述，逐步形成和完善了习近平生态文明思想，集中表现为"十个坚持"：坚持党对生态文明建设的全面领导，坚持生态兴则文明兴，坚持人与自然和谐共生，坚持绿水

④《胡锦涛文选》第2卷，人民出版社2016年版，第412页。

青山就是金山银山，坚持良好生态环境是最普惠的民生福祉，坚持绿色发展是发展观的深刻革命，坚持统筹山水林田湖草沙系统治理，坚持用最严格制度最严密法治保护生态环境，坚持把建设美丽中国转化为全体人民自觉行动，坚持共谋全球生态文明建设之路。这些观点既具有哲学高度，又具有学理深度，还具有经济社会发展的民生温度，更具有对马克思主义生产力理论继承与发展方面的重大贡献。尤其是关于"保护生态环境就是保护生产力，改善生态环境就是发展生产力"的重要论述，这种富有中国智慧的，将解放和发展生产力同保护和改善生态环境有机结合的生态文明理念，充分显示了对马克思主义生产力理论的创新性发展。此外，关于"山水林田湖是一个生命共同体，人的命脉在田，田的命脉在水，水的命脉在山，山的命脉在土，土的命脉在树"①的论述，则从系统观的角度，强调了山水林田湖的综合治理与整体规划，必须具有系统思维，而不可以用"头痛医头，脚痛医脚"的割裂处置办法。为了加大理论对实践的工作指导，以习近平同志为核心的党中央对生态文明建设体制机制改革也给予了前所未有的高度重视，不仅制定实施了史上最严格的《环境保护法》，也进一步修订完善了《大气污染防治法》《水污染防治法》等一系列法律法规，并新出台了《环境保护税法》《土壤污染防治法》《长江保护法》等新的法律制度，确立了生态文明建设的制度化、法制化思路。与此同时，为了更加科学地构建生态文明建设的体制机制，2014年以来，党中央与国务院不仅出台了《关于加快推进生态文明建设的意见》《生态文明体制改革总体方案》《党政领导干部生态环境损害责任追究办法（试行）》以及《生态文明建设目标评价考核办法》等制度文件，还通过机构改革，调整优化了政府相关部门的管理职能，挂牌成立了自然资源部和生态环境部，专门负责和实施自然资源保护、生态环境建设以及人与自然和谐共生的发展管理工作。

---

① 中共中央文献研究室编：《习近平关于社会主义生态文明建设论述摘编》，中央文献出版社2017年版，第47页。

面对涉及大范围的生态环境问题，体制机制的搭建和战略举措的实施，更加需要明确的重点方向。在城乡二元结构的背景下，虽然改革开放以来的经济社会发展成果令人瞩目，但发展不平衡不充分的问题仍更为突出，不管是经济社会层面，还是生态环境维度，人口数量最多的广大农村，成了城乡二元结构中容易被人们忽视的对象。长此以往的矛盾积累，也由此成为我国社会主义现代化建设的重要短板。面对这种情况，党的十九大确立了实施乡村振兴战略的英明决策，明确了生态振兴在乡村振兴中的重要地位，不仅要产业兴旺和生活富裕，还要生态宜居与乡风文明，通过有效推行一系列的绿色发展方式和生活方式，促使农业农村经济社会发展面貌全面改观，农业农村发展的各项短板全部补齐，确保国家长治久安的战略后院更加巩固。对此，习近平同志在2020年的中央农村工作会议上指出，要"坚持把解决好'三农'问题作为全党工作重中之重，举全党全社会之力推动乡村振兴"，明确要求"加强农村生态文明建设"和"走乡村绿色发展之路"，并给出了具体性的行进方向与实施策略，要求"以钉钉子精神推进农业面源污染防治，抓好化肥农药减量、白色污染治理、畜禽粪便和秸秆资源化利用，加强土壤污染、地下水超采、水土流失等治理和修复"①以及"要发动农民参与人居环境治理，大家动手搞清洁、搞绿化、搞建设、搞管护，形成持续推进机制"②。

习近平生态文明思想和习近平同志关于"三农"工作的重要论述，充分体现了中国共产党对生态文明建设客观规律的准确把握、对"三农"工作的高度重视和对乡村生态振兴的战略指引，为新时代中国式农业农村现代化道路与和美乡村建设指明了前进方向。

---

① 习近平著：《论"三农"工作》，中央文献出版社2022年版，第13页。
② 习近平著：《论"三农"工作》，中央文献出版社2022年版，第284页。

四、生态经济理论

1966 年，美国经济学家博尔丁（Boulding）在思考了地球承载极限问题后，首次提出了生态经济的概念。生态经济理论的核心是生态系统和经济系统的协调发展，生态系统包含经济系统，而经济系统的演变和发展取决于生态系统，两者是有机结合的生态经济实体。一个良好的、稳定的生态系统是维持经济体系可持续发展的必然要求。其中，生态系统是维持生命的包裹体，是一个近似的封闭系统，该系统的物质循环相对封闭、能量流动相对开放；而经济形态是生态系统的子系统，是一个开放的系统，其通过物质和能量进出与生态系统相连接（曹立和徐晓婧，2022）。人类的经济活动不能过度影响生态系统，需在最大限度满足人类对经济系统需求的同时维持生态系统的稳定发展。鉴于此，在我国乡村生态振兴的过程中，我们需要因地制宜地根据各地环境资源禀赋、地理位置和气候条件等，以推动乡村第一、第二、第三产业融合为着力点，降低经济发展的生态代价和社会成本，进而更好地将生态优势转化为经济优势，让自然资源变成自然资本，通过资本增殖，促使财富增长与经济发展。

生态经济学是一门研究人类经济活动与生态系统之间相互制约与相互作用的经济学科学，是社会科学中的经济科学。其核心要点是以生态经济问题为导向，探究生态经济系统的运行规律；其宗旨是实现生态与经济系统的良性互动和人与自然的和谐发展。人类只有一个地球，地球是我们共同的家园。在地球这个有限且封闭的系统内，人类经济社会的发展，必须要关注到地球的容量与承载力，这是决定人类能否得以存续的关键所在。伴随着经济的过快增长和人口的快速增加，如果我们不能有效和妥善地处理好人类经济发展与地球生态环境之间的协调问题，未来，整个生态系统的崩溃将难以避免，由此对人类自身的毁灭性打击也将无法规避。因此，我们必须加大对生态经济理论的系统性研究，运用经济学的方式来构建一个循环开放的生态系统，建立健全生态经济系统的运行体系，促使人与自然和谐共生、地球美好家园安全有序。

第三章

乡村生态振兴的现实基础

乡村生态振兴是全面推进乡村振兴的重要内容。由中共中央、国务院共同发布的《乡村振兴战略规划（2018—2022年）》，明确提出了乡村生态振兴的目标与任务，其中包括推进农业绿色发展、持续改善农村人居环境以及加强乡村生态保护与修复等。这些举措旨在实现乡村自然资源、人居环境和生态系统的协调可持续发展。深入分析乡村生态环境建设现状及其影响的关键因素，将有助于我们准确把握当前我国乡村生态振兴的进展情况以及关键的掣肘问题，为制定更加有效的乡村生态振兴政策提供有益的参考。

第一节　乡村生态环境建设的现实基础

本节从农业绿色生产、农村人居环境和乡村生态保护与修复三个维度，分析我国乡村生态振兴的现状。

一、农业绿色生产发展的现实状况

近年来，我国积极推进农业绿色转型，在农业投入品减量、畜禽粪污资源化利用、秸秆禁烧和综合利用、农业灌溉用水节约使用和耕地保护利用等方面取得良好进展，农业绿色生产水平持续提高。

（一）农业投入品减量

化肥和农药是保障农作物生长的重要农用物资。20世纪50年代，我国在农业生产中开始推广使用化肥和农药，但这一时期的农业化肥和农药用量仍处于低位水平。20世纪70年代末80年代初，农民生产积极性因农业经营体制变革得到明显改善，化肥和农药等化学农资得到大规模推广应用。农业化肥施用强度自1989年起开始超过225kg／hm²的国际安全上限。化肥和农药的长期过度施用，不可避免地会给土壤、水源和大气造成严重污染，进而引发一系列农产品质量和安全问题。农业化肥农药减量增效由此成为我国农业绿色发展的关键举措。为此，2015年农业部启动实施"到2020年化肥使用量零增长行动"和"到2020年农药使用量零增长行动"，《"十四五"全国农业绿色发展规划》将化肥、农药减量增效作为农业绿色发展的预期性指标。

近年来，全国化肥、农药总投入量呈持续下降态势。2000—2021年，我国化肥投入量总体呈现出"先增后降"的变化趋势（见图3-1）。化肥施用量由2000年的4146.41万吨增长到2015年的6022.6万吨，年均增长率约为2.52%。2015年开始实施化肥使用量零增长行动，化肥施用量达

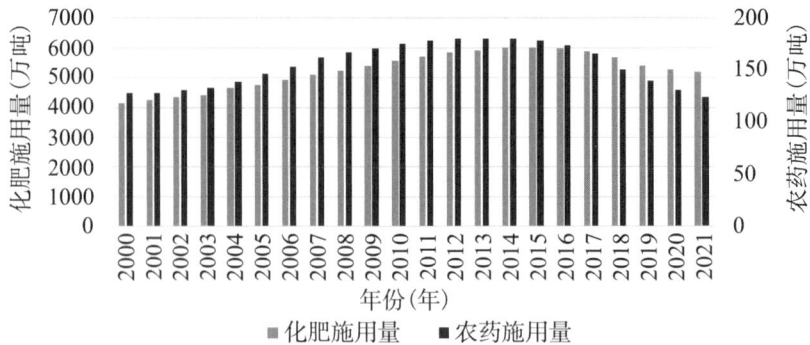

图3-1 2000—2021年我国化肥、农药施用量变化情况

资料来源：2001—2022年《中国农村统计年鉴》。

到峰值后，呈现出拐点式下降的态势。2015—2021年连续7年的中央一号文件均强调加强农业面源污染防治，继续深入开展农业化肥减量行动。得益于各项政策的有序推进，2021年化肥施用量较2015年下降13.8%，年均降幅达2.45%。

同化肥用量变化趋势一致，我国农药施用量在2000—2021年同样呈现"先增后降"的变化趋势（见图3-1）。2000—2014年，我国农药施用量由128万吨增长到180.7万吨，年均增长率为2.49%。自2014年开始，我国农药施用量连续7年负增长，由180.7万吨降至123.9万吨，年均降幅达5.25%。在实现农药化肥使用量零增长目标的基础上，2022年农业农村部部署并启动了新一轮的化肥农药减量化行动方案，进一步推进化肥农药减量增效，促使农业绿色低碳发展和切实增强服务国家"碳达峰碳中和"战略目标的有效功能。

化肥施用结构得到优化。从图3-2可以看出，2000年氮肥、磷肥、钾肥和复合肥施用量占比分别为52.13%、16.65%、9.08%和22.14%。2015年化肥施用总量达到峰值时，各类化肥施用量占比分别为39.22%、14.00%、10.66%和36.12%。经历2015—2021年化肥减量施用时期，2021年氮肥、磷肥、钾肥和复合肥施用量占比分别为33.62%、12.08%、10.11%和44.19%。其间，氮肥施用量占比降幅最大，控磷增钾效果明显，且复合化肥用量占比有所增加。这表明，农业化肥施用结构得到进

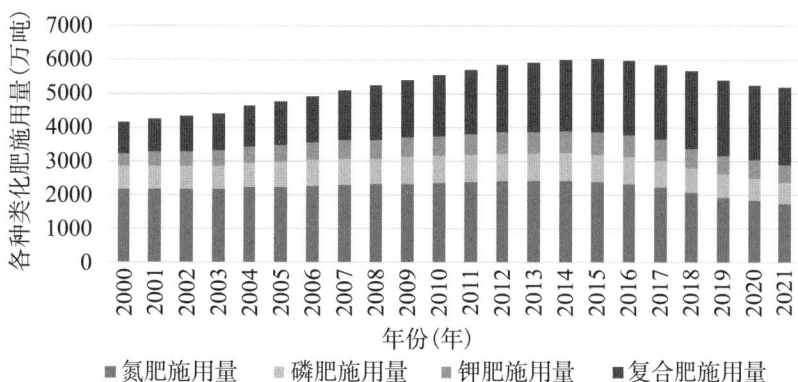

图3-2 2000—2021年我国不同类型化肥施用量变化

资料来源：2001—2022年《中国农村统计年鉴》。

一步优化，因为相较于单一化肥，复合肥能够提供更加多元的营养元素，满足大多数作物生长所需的营养成分，从而提高农业化肥施用效率（陈宏坤和王志刚，2018）。

农作物病虫防控方式得到有效改进。一方面，市场上的农药品种类别不断丰富，同时在品种的结构上也不断优化。《2023年中国农业农村发展趋势报告》显示，农业生产过程中的低毒微毒农药施用占比已高达85%，且高活性和环保型农药的市场份额也在逐步扩大。另一方面，2022年全国农技中心首次开展绿色防控"双百创建"活动，通过组织创建100个农作物病虫害绿色防控示范县，遴选确定100个绿色防控技术示范推广基地，引领和带动农业绿色防控。截至2022年，全国范围内应用绿色技术进行病虫害防控的农作物面积达到11.84亿亩，绿色防控覆盖率超过50%。

（二）畜禽粪污资源化利用

我国畜牧业持续稳定发展，养殖规模不断扩大。据国家统计局数据，2021年全国畜牧业总值达到3.99万亿元，占农林牧渔业总产值的51%，规模化养殖率达到70%。畜牧业的快速发展在保障居民肉、蛋、奶等高质量农产品供给与消费需求的同时，也产生了大量养殖垃圾和畜禽粪便

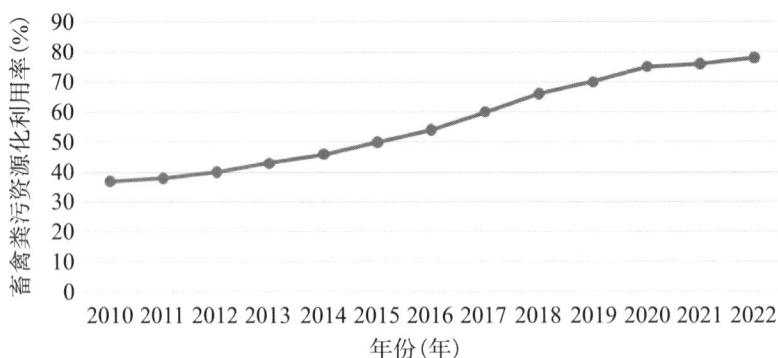

图3-3　2010—2022年我国畜禽养殖废弃物资源化利用率变化

资料来源：2010—2022年《中国生态环境状况公报》。

等废弃物，成为农村环境治理中的一大难题。因此，推进畜禽养殖废弃物处理和资源化利用，保持养殖生产过程的清洁化，积极提高有机肥对化肥的有效替代率，对实现乡村振兴意义重大。

畜禽粪肥还田利用和资源化利用是我国养殖废弃物处理的两类代表性模式。其中，畜禽粪污资源化利用被认为是最为经济有效的一种方式，可进一步细分为肥料化、饲料化和能源化三种类型。"十三五"期间中央财政累计投入资金296亿元，实施整县制推进畜禽粪污资源化利用项目，先后支持了723个项目县整县推进粪污资源化利用，实现畜牧大县全覆盖。从图3-3可以看出，我国畜禽养殖废弃物资源化利用率呈现明显上升趋势，2022年畜禽养殖废弃物资源化利用率达到78%，较2010年提高了41%。此外，项目重点支持规模养殖场建设和提升粪污处理利用配套设施，截至2020年底，全国范围内13.3万家大型畜禽规模养殖场已全部配套畜禽粪污处理设施装备。

畜禽粪污的资源化利用离不开技术的支撑。为此，各地区因地制宜，积极开展粪水还田、堆肥发酵、厌氧发酵、贮存发酵等关键技术攻关与设备研发工作，并大力推广粪污还田和堆肥利用等典型处理技术。根据表3-1，两次全国污染普查所覆盖的畜禽养殖规模由4.41亿头猪当量提高到8.14亿头猪当量，增长近1倍。值得注意的是，在养殖规模不断扩大的基础上，畜禽养殖业排放的化学需氧量、总氮和总磷却出现不同程度的

表3-1　2007年和2017年我国畜禽养殖规模及污染排放情况对比

类别	2007年	2017年
覆盖的养殖规模	4.41亿头猪当量	8.14亿头猪当量
化学需氧量	1268.26万吨	1000.53万吨
总氮	102.48万吨	59.63万吨
总磷	16.04万吨	11.97万吨

资料来源：《第一次全国污染源普查公报》和《第二次全国污染源普查公报》。

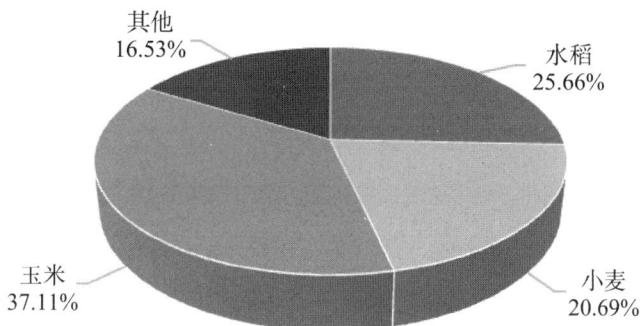

图3-4　2021年我国各类作物秸秆产生量占比情况

资料来源：《全国农作物秸秆综合利用情况报告》。

下降，降幅分别为21.11%、41.81%和25.37%。这意味着我国畜禽养殖业呈现绿色低碳发展态势，在废弃物资源化利用方面取得了较为明显的成效。

（三）秸秆禁烧和综合利用

农作物秸秆是农业生产的副产物，是经植物叶绿素吸收大气中的二氧化碳，通过植物生理作用最后合成形成的植物有机体，是重要的农业资源。近年来，随着我国粮食生产连年丰收，农作物秸秆产生量也在逐年增加。全国秸秆资源台账（下文简称"台账"）显示，2021年全国秸秆产生量达到8.65亿吨，其中水稻、小麦和玉米三大粮食作物的秸秆产生量分别为2.22亿吨、1.79亿吨和3.21亿吨，合计占比超过80%（见图3-4）。

我国农户传统秸秆焚烧习惯根深蒂固，在过去农作物产出效率较低

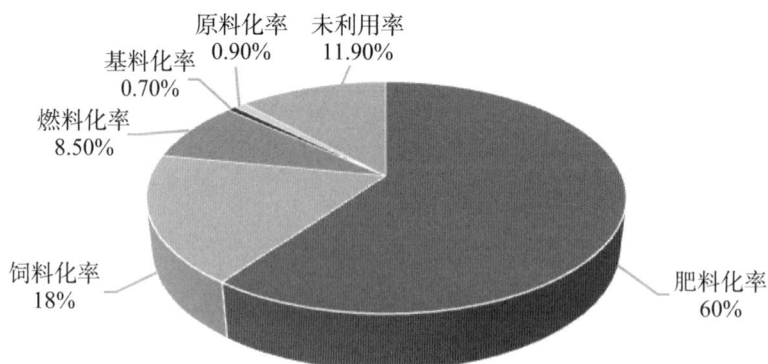

图 3-5　2021年我国秸秆综合利用方式占比情况

资料来源:《全国农作物秸秆综合利用情况报告》。

的情况下,秸秆资源规模相对较少,农户将十分有限的秸秆资源用于炊饮燃料等,对环境污染的负面影响相对有限。但当今的作物秸秆生产规模巨大,清洁能源又改变了农户用能方式,由此如果大量随意燃烧秸秆,不仅会对土壤和空气质量造成影响,还可能引发火灾,威胁到人身安全,最终演化为乡村生态环境治理难题。农业部于1997年5月和6月连续颁布两项关于严禁焚烧秸秆的通知,随后全国各地陆续颁布和实施秸秆禁烧政策。从卫星遥感监测到的秸秆火点来看,"十三五"期间,全国秸秆露天焚烧火点数下降了30%以上。

虽然依靠政策法规对秸秆焚烧进行执法和监督有一定的效果,但真正实现秸秆零焚烧的关键还在于提高秸秆综合利用能力。2016年农业部和财政部启动了秸秆综合利用项目,累计投入资金140.5亿元。《全国农作物秸秆综合利用情况报告》显示,秸秆综合利用项目成效显著,农作物秸秆利用率不断提升。截至2022年,我国农作物秸秆利用量提高到了6.62亿吨,综合利用率进一步提升至89.8%。

从秸秆综合利用方式来看,我国已经形成"农用为主、五化并举"的利用格局。"五化"具体是指秸秆肥料化、饲料化、燃料化、原料化和基料化。按照2021年秸秆利用率进行排序,秸秆肥料化利用率最高,达到60%;而秸秆基料化利用率最低,仅为0.7%(见图3-5)。一方面,我国秸秆还田的生态效益逐步显现。农户通过将秸秆还田，为耕地补充丰富的有机质和氮、磷、钾等微量元素，同时增强土壤保水保墒能力。根据农业农村部生态总站在全国主要农区的监测数据，秸秆还田平均提高土壤有机质含量5%—7%。耕地质量得到显著提升，有效保障了农作物产量的稳步提高，平均增幅在2%—4.5%。另一方面，我国秸秆离田的经济和生态效能不断提升。台账显示，依靠政策支持和市场推动，我国秸秆离田利用率逐步提升，在2021年达到了33.4%。秸秆的农业资源属性被进一步发掘，尤其在畜牧业方面的利用深度和广度不断扩大。2021年农作物秸秆饲料化利用量达到1.32亿吨，利用率达18%，产生的饲料能够为约2亿只羊单位提供日常所需。秸秆能源化利用方面，平均燃料化的秸秆数量在6000万吨左右，可替代3000多万吨的标准煤消费，最终有效降低二氧化碳排放量7000多万吨。农作物秸秆还可以作为食用菌基质、板材以及制浆造纸，基料化和原料化利用量达到1208万吨。

（四）农业资源保护与节约利用

1. 农业灌溉用水节约使用

我国水资源总量丰富，但人均占有量相对较少。2020年我国人均水资源占有量为2100立方米，仅为世界人均水平的28%。但我国是农业大国，农业是水资源用水大户。2021年《中国水资源公报》显示，农业用水达3644.3亿立方米，占全国用水总量的61.5%。然而，我国农村长期采用传统畦灌、大水漫灌等粗放型灌溉方式，导致灌溉过程中地表蒸发和地下渗透情况严重，农业用水实际利用率较低。

农业高度依赖水资源，而当今的水资源严重短缺与农业水资源低效利用存在着较大冲突与矛盾。为此，2012年国务院办公厅印发了《国家农业节水纲要（2012—2020年）》，要求加强水资源高效利用，实现农业灌溉用水总量控制和定额管理，加大对渠道防渗、管道输水、喷灌和微灌等节水灌溉技术的推广利用。从图3-6可以看出，农田灌溉水有效利用系数由2010年的0.501提升到2021年的0.568，农田灌溉用水效益得到一

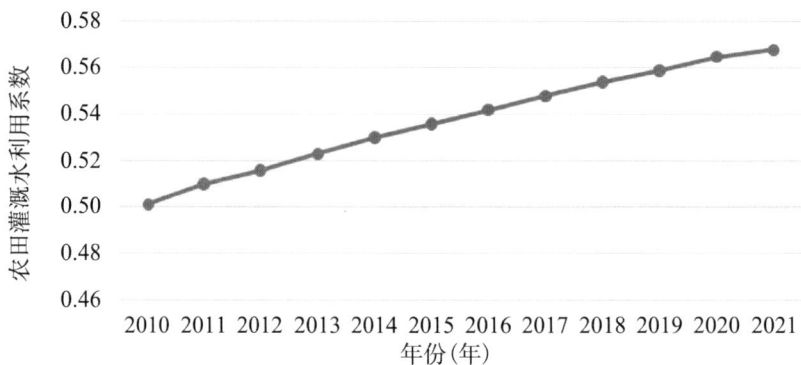

图3-6 2010—2021年我国农田灌溉水利用系数变化

资料来源：2010—2021年《中国水资源公报》。

定程度的提高。

为了进一步促进农业节约用水，加大农业水利基础设施建设成为重要的必然之举。为此，国家连续颁布多项政策文件，始终要求将节水灌溉作为农业可持续发展的重要任务，因地制宜开展区域规模化高效节水灌溉行动，推广适应性节水灌溉技术。随着国家政策支持和农民意识的提高，我国农业节水灌溉面积迅速扩大。从图3-7可以看出，2000—2020年，我国节水灌溉面积由2000年的1638.9万公顷增长到2020年的3779.6万公顷，年均增长率为4.27%。节水灌溉面积占有效灌溉面积的比率也在逐年提高，由2000年的3.05%增长到2020年的5.46%。可以发现，有效灌溉面积虽也呈现明显上升趋势，但节水灌溉面积的年均增长率高于有效灌溉面积的年均增长率，致使节水灌溉面积比率呈现增长趋势。这进一步表明经过大规模水利设施建设，我国农业在应用节水灌溉技术方面效果显著。

农业节水灌溉的大范围实施依赖于节水技术水平的提高和节水灌溉设备的应用。可以说，节水灌溉设备作为物化性的节水技术，为我国节水灌溉的全面推进提供了基础动力，有效提高了水资源利用效率，缓解了水资源短缺矛盾。得益于各省（区、市）灌溉排灌机械补贴政策的推行（主要补贴喷灌机和少量的微灌设备），高效排灌机械获得推广与应用。从图3-8可以看出，2000—2020年我国节水灌溉类机械的拥有量呈

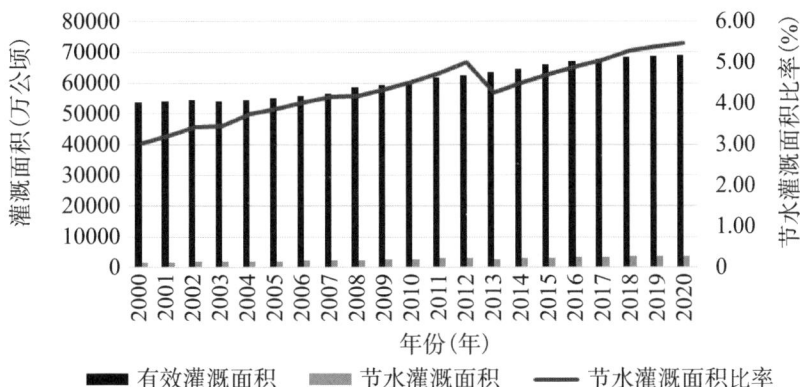

图3-7　2000—2020年我国节水灌溉面积及其比率变动

资料来源：2001—2021年《中国农村统计年鉴》。

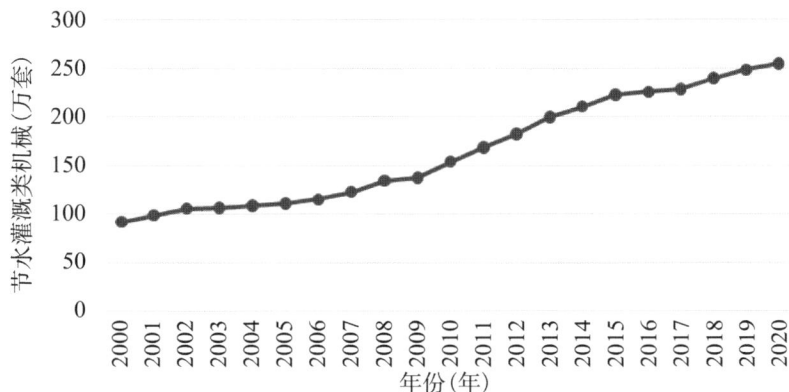

图3-8　2000—2020年我国节水灌溉类机械拥有量变化

资料来源：2001—2021年《中国农村统计年鉴》。

现明显的上升趋势。2020年节水灌溉类机械拥有量达到254.9万套，较2010年提高了163万套，年均增长率达到了5.23%。

在国家各项政策鼓励和资金持续投入下，喷灌、微灌和低压管灌已经成为主流的高效节水灌溉模式。从表3-2中可以看出，近10年间我国喷灌、微灌和低压管灌面积显著提高。其中，低压管灌面积占比最大，这一灌溉技术是利用管道代替沟渠，减少灌溉用水的渗漏损失，具有建设投资成本较低的优势，相比漫灌方式可以节水15%—30%。低压管灌面积由2010年的668万公顷增长到2019年的1104.33万公顷，年均增长率

表3-2　2010年和2019年我国各类节水灌溉技术的灌溉面积对比

类别	2010年	2019年
喷灌面积	302.54万公顷	454.98万公顷
微灌面积	211.57万公顷	704.78万公顷
低压管灌面积	668.00万公顷	1104.33万公顷

资料来源：2011年和2020年《中国环境统计年鉴》。

为5.74%。喷灌技术通过水泵增压将灌溉水运送到喷头实现田间喷洒灌溉，在节省人力的同时，可节水30%—50%。喷灌面积由2010年的302.54万公顷提升到2019年的454.98万公顷，年均增长率达到4.64%。微灌技术直接将水滴入农作物根部附近土壤，在节水的同时更能实现水肥一体化，灌溉效果较佳，节水效率达到50%—80%。2019年的微灌面积达704.78万公顷，相较于2010年增加了493.21万公顷，年均增长率为14.31%。可见，随着国家政策支持和灌溉技术水平的提升，我国微灌面积增长迅速，开展高效节水的目标已转向增产增效的经济效应与生态、社会效应并重。

2. 耕地保护利用成效显著

耕地是农业之本，是保障国家粮食安全和生态安全重要的基础性生产要素。我国历来高度重视耕地保护问题，尤其是党的十八大以来，通过强调农业的多功能性，实现了对耕地功能的有效拓展，从耕地的经济价值延伸到了耕地的生态功能，也由此而逐步形成了兼顾数量、质量和生态"三位一体"的耕地综合保护制度，并取得显著成效。

耕地数量保护方面，坚守耕地红线。根据第三次全国国土调查数据，2021年我国的耕地总量为19.18亿亩，超额完成国务院2020年提出的耕地保有量18.65亿亩的保护目标任务，牢牢守住了耕地红线。其中永久基本农田15.5亿亩，有效完成了农业农村部15.46亿亩永久基本农田保护目标（见表3-3）。

耕地质量保护方面，扎实推进土地整治工作。根据2019年的数据（见表3-4），农业农村部以全国20.33亿亩耕地为评价基数，按照质量等

表3-3　现阶段我国耕地保护利用的成效

指标	耕地数量			耕地质量		
	耕地总量	永久基本农田	质量等级	高标准农田	黑土地保护	轮作休耕
成效	19.18亿亩	15.5亿亩	4.76等	10亿亩	8300万亩	6900万亩

注：耕地数量指标为2021年的数据，耕地质量等级为2019年的数据，耕地质量保护项目为2022年的数据。

资料来源：根据自然资源部、农业农村部以及相关公报整理。

表3-4　2014年和2019年我国耕地质量等级面积及其比例对比

质量等级	2014年		2019年	
	面积（亿亩）	比例（%）	面积（亿亩）	比例（%）
一等地	0.92	5.1	1.38	6.82
二等地	1.43	7.8	2.01	9.94
三等地	2.63	14.4	2.93	14.48
四等地	3.04	16.7	3.50	17.30
五等地	2.89	15.8	3.41	16.86
六等地	2.25	12.3	2.56	12.65
七等地	1.89	10.3	1.82	9.00
八等地	1.39	7.6	1.31	6.48
九等地	1.06	5.8	0.70	3.46
十等地	0.76	4.2	0.61	3.01

资料来源：2014年农业部和2019年农业农村部《全国耕地质量等级情况公报》。

级从高到低划分为10个等级，并完成了对耕地质量等级的调查评价。结果显示，2019年我国平均耕地质量等级达到4.76等，比2014年提高了0.35个等级。具体而言，2014年评价为一等至三等的耕地面积为4.98亿亩，占总耕地面积的27.3%；到了2019年，评价为一等至三等的耕地面积增长到6.32亿亩，占总耕地面积之比增至31.24%。另外，2014年评价为四等至六等的耕地面积为8.18亿亩，占总耕地面积之比为44.8%；到了2019年，同等级的耕地面积增加到9.47亿亩，占总耕地面积之比增至46.81%。同时，评价为七等至十等的耕地面积有所下降，由2014年的5.1亿亩减少到2019年的4.44亿亩，占总耕地面积之比也由27.9%降至21.95%。

这些数据表明，经过5年的耕地综合治理和农药化肥"双减"项目，我国耕地质量得到了显著提升。具体到耕地质量保护项目上，截至2022年底，我国已经累计建成10亿亩高产稳产的高标准农田，占耕地总量的50%以上；东北四省实施黑土地保护性耕作面积8300万亩，超额完成了8000万亩的任务面积；耕地轮作休耕工作深入推进，实施面积扩大到6900多万亩。这些数据进一步证实了我国在耕地质量保护方面的积极措施和显著成效。

二、农村人居环境建设与发展现状

改善和提升农村人居环境，是农民福祉的重要保障，更是乡村生态振兴的内在要求。因此，我国逐步增强了对农村人居环境治理的重视程度，集中体现在政策指导和资金投入两个方面。农村环境治理具体项目则聚焦于农村厕所革命、生活污水治理、农村垃圾治理和村容村貌提升，为乡村生态振兴提供重要支撑。

（一）农村生活垃圾处理

1. 农村生活垃圾产生量

随着农村经济的不断发展和居民生活质量的提升，包括厨余垃圾、可回收垃圾和有害垃圾等生活垃圾也逐年增加。近年来，农村居民的收入和消费水平不断提升，生活垃圾的数量和结构也日益复杂化，处理难度不断增加。2007年卫生部联合全国爱卫会对全国657个县6590个村进行了环境卫生调查，计算得出了农村人均生活垃圾日产量为0.9千克，由此估算出每年全国农村生活垃圾产生量约为3亿吨。又据《全国农村环境污染防治规划纲要（2007—2020年）》的估算数据，我国农村生活垃圾年产量约为2.8亿吨。两者之间的相似度达到了93%以上。而伴随着居民生活水平的不断提高，工业化生活用品不仅用量增多，而且品种丰富，导致农村生活垃圾数量仍呈持续增长态势，结构也更加复杂多样，对农村人居环境的威胁日益严重。

表3-5 2016年和2021年我国农村生活垃圾处理投入和处理情况对比

类别	垃圾处理投入（亿元）		生活垃圾处理率（%）		无害化处理率（%）	
	2016年	2021年	2016年	2021年	2016年	2021年
建制镇级	78.67	114.34	86.03	91.12	46.94	75.84
乡级	8.38	12.03	70.37	81.78	17.03	56.60
村级	110.33	196.03	65.00	>90.00	—	—

注：根据国家乡村振兴局的相关公告数据对此表2021年村级生活垃圾处理率缺失值进行补充。

资料来源：2016年、2021年《中国城乡建设统计年鉴》。

2. 农村生活垃圾处理成效

农村生活垃圾处理是指通过物理、化学或者生物的方法，使生活垃圾排放达到不危害人体健康和污染周围环境的效果，即无公害处理。我国农村传统的垃圾处理方式主要包括将厨余垃圾转化为饲料或还田，以及将废品进行回收处理等。在早期，农村地区并未设立专门的卫生环境管理机构和部门，导致生活垃圾被随意丢弃或就地填埋。然而，自20世纪80年代开始，我国在农村地区进行了环保项目的投资和建设，逐步提升了农村地区的环保基础设施建设和运营水平。2015年中央一号文件明确提出农村垃圾治理，同年11月住建部等十部门联合发布《关于全面推进农村垃圾治理的指导意见》，农村垃圾治理工作开始大力推进。从表3-5中可以看出，我国农村垃圾处理投入资金由2016年的197.38亿元增加到2021年的322.4亿元，年均增长率为10.31%。

我国对农村垃圾处理的资金投入力度持续加大，尤其对村级垃圾处理的资金投入增加幅度明显。2016年，建制镇、乡和村的垃圾处理投入资金分别为78.67亿元、8.38亿元和110.33亿元；而到了2021年，投入资金分别增加到114.34亿元、12.03亿元和196.03亿元。村级层面的投入额度不仅增长明显，2016—2021年，建制镇、乡和村的垃圾处理投入资金分别以7.77%、7.5%和12.18%的年均增长率增加；而且在乡村垃圾处理投入中的占比也在增大，由2016年的56%增加到2021年的61%。这反映了国家对村级这个末梢单元的垃圾处理重视程度不断提高的良好态势。

从农村生活垃圾的处理情况来看，我国农村逐步建立起垃圾收集、转运和处理的完善环卫机制。建制镇、乡和村的生活垃圾处理率分别由2016年的86.03%、70.37%和65%提升到2021年的91.12%、81.78%和90%以上，年均增长率分别为1.16%、3.05%和6.72%以上。其中，村级生活垃圾处理率增速最快，经过5年的发展处理能力已经超过了乡级，这足以见得国家对行政村垃圾治理的重视程度。2016—2021年农村生活垃圾无害化处理水平明显提升。建制镇和乡的生活垃圾无害化处理率分别由2016年的46.94%和17.03%提升到2021年的75.84%和56.6%，年均增长率分别为10.07%和27.15%。其中，乡级垃圾无害化处理率的增速也远高于建制镇级，这表明我国农村生活垃圾焚烧处理的市场正向乡级以下下沉。

（二）农村厕所革命

农村厕所革命是改善农村人居环境的关键措施。2018年中共中央办公厅、国务院办公厅发布了《农村人居环境整治三年行动方案》，明确提出改造农村户用厕所是农村人居环境整治中的重要任务。在各项政策的共同作用下，我国农村地区卫生厕所的缺乏情况得到了一定程度缓解，有效控制了农村地区流行疾病的传播。数据显示，我国农村累计使用卫生厕所的户数从2004年的13192万户增加到了2017年的21701万户，年均增长率达到了3.9%（见图3-9）。同时，农村卫生厕所的普及率也由53.1%提升到了81.7%。据国家乡村振兴局的统计，自2018年以来，我国已累计改造农村厕所4000多万户。通过农村厕所革命的扎实推进，农民的生活环境条件得到了有效改善，生活环境质量也得到了显著提高。

（三）农村生活污水治理

在我国的生态环境建设中，农村居民居住分布的广袤性使得农村生活污水处理一直是一个亟待解决的难点问题。由于历史原因和地理条件

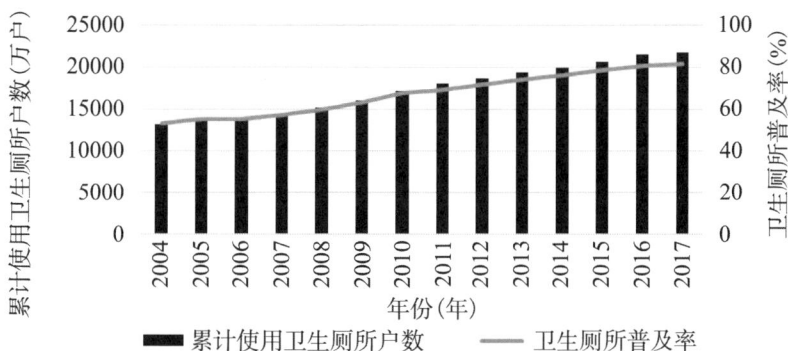

图3-9 2004—2017年我国农村卫生厕所使用及普及情况

注：由于数据限制，2018年及以后的改厕部分指标缺失数据。

资料来源：2005—2018年《中国农村统计年鉴》。

表3-6 2011年和2021年我国农村污水产生量及其变化情况对比

类别	2011年（亿立方米）		2021年（亿立方米）		年均增长率（%）
	低限（60%）	高限（90%）	低限（60%）	高限（90%）	
农村生活污水	71.77	107.66	119.93	179.9	5.27

资料来源：根据2011年和2021年《中国城乡建设统计年鉴》计算得到。

的限制，许多农村地区缺乏必要的污水处理设施，导致生活污水随意排放，严重影响了农村地区的生态环境。有效的农村生活污水处理，可以显著提升农村地区的生态环境质量，对进一步推动乡村生态振兴具有重大意义。

1. 农村生活污水产生量

农村生活污水主要指农村居民在日常生活中产生的各类污水，包括冲厕、村庄公共厕所污水及洗涤、洗浴和厨房排水等。农村生活污水的排放较为分散，且排水量会随时间和季节变化呈现出间歇式排放、瞬时变化较大等特点，难以准确地量化和计算。本研究参照2010年住房和城乡建设部发布的《分地区农村生活污水处理技术指南》，按照农村生活用水总量的60%—90%的范围进行估算，以得出大致的污水总量。具体结果已在表3-6中详细列出。

表3-7 2013年、2016年和2021年我国农村污水处理厂及处理能力对比

类别	污水处理厂（个）			污水处理能力（万立方米/日）		
	2013年	2016年	2021年	2013年	2016年	2021年
建制镇级	2060	3409	13462	1114.80	1422.77	2932.71
乡级	220	441	2199	54.12	25.70	122.04
合计	2280	3850	15661	1168.92	1448.47	3054.75

注：年鉴中没有对村级污水处理厂级处理能力的统计。
资料来源：2013年、2016年和2021年《中国城乡建设统计年鉴》。

根据表3-6的数据，2021年我国农村生活污水产生量介于119.93亿立方米至179.9亿立方米之间。对比2011年的数据，我国农村污水产生量的低限由71.77亿立方米增加到119.93亿立方米，高限则由107.66亿立方米增加到179.9亿立方米。2011—2021年，农村生活污水的总增长率为67.11%，年均增长率为5.27%。

2. 农村生活污水治理成效

农村生活污水处理有助于补齐生态环境建设短板，在我国美丽乡村建设中发挥着重要作用。由此，我国设立专项资金以推动农村生活污水处理设施的建设，以提升污水治理能力。2021年，我国在这方面的投入已达693.20亿元，人均污水处理设施建设投入为81.16元，占同年城镇人均污水处理设施投入资金的38.99%。尽管在"十三五"期间，我国农村生活污水的处理量整体上提升了3.5%，取得了一定成效，但治理能力偏低和进度缓慢等问题仍然存在。

根据表3-7，近年来我国农村污水处理设施数量有所增长。2013年我国污水处理厂的数量为2280个，日均污水处理能力为1168.92万立方米。经过连续8年的投资建设与持续发展，至2021年我国污水处理厂的数量已经增长至15661个，日均污水处理能力提升至3054.75万立方米，年均增长率分别为27.24%和12.76%。

从分类与级别来看，以乡镇为单元的污水处理厂数量以及处理能力则增长较快，在2013—2021年均呈现显著增长态势。在处理厂数量方面，

表3-8 2013年、2016年和2021年我国农村处理生活污水的比例对比

类别	2013年	2016年	2021年
建制镇级	18.9%	28.02%	67.96%
乡级	5.1%	9.04%	36.94%
村级	9.1%	20%	——

注：村级层面的生活污水治理比例数据只统计到了2016年。
资料来源：2013年、2016年和2021年《中国城乡建设统计年鉴》。

建制镇的污水处理厂由2013年的2060个增长至2021年的13462个，年均增长率达26.45%；乡级的污水处理厂由2013年的220个增长至2021年的2199个，年均增长率高达33.34%。在处理能力方面，建制镇的污水处理能力从2013年的1114.80万立方米／日提升至2021年的2932.71万立方米／日，年均增长率达12.85%。相比之下，乡级的污水处理能力在同期内的年均增长率则为10.7%。尽管建制镇在污水处理厂数量和处理能力上均高于乡级，但在增速方面却存在差异。乡级的污水处理厂增速高于建制镇，但处理能力的增速却低于建制镇。这表明我国在乡级生活污水治理方面的投资力度正在加大，但在处理能力建设方面仍需进一步提升。

从污水治理效果看，整体水平呈现不断提高态势，尤其是农村地区的污水处理比例增长较为迅速。从表3-8中可以看出，建制镇、乡和村的生活污水处理比例均呈现出明显的上升趋势。在2013年，建制镇、乡和村对生活污水处理的比例分别为18.9%、5.1%和9.1%，到2016年生活污水的处理比例分别增加到了28.02%、9.04%和20%，年均增长率分别为14.03%、21.02%和30.02%，其中村级生活污水处理比例的增长速度表现最为突出。2016年以后，国家进一步加大了对农村环境综合整治的力度，建制镇和乡对生活污水的处理比例大幅增加。2021年建制镇和乡对生活污水的处理比例增加到了67.96%和36.94%，2016—2021年年均增长率分别为19.39%和32.52%，较前一时期均有提升。

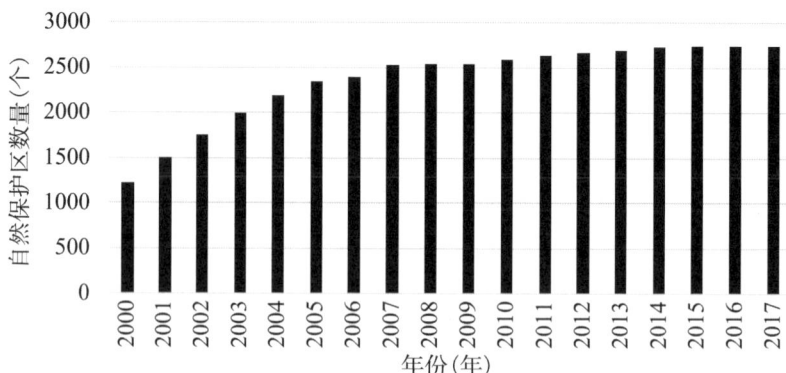

图3-10　2000—2017年我国乡村自然保护区数量变化

资料来源：2001—2018年《中国农村统计年鉴》。

三、乡村生态保护与修复现状

近年来，我国已逐步启动了乡村生态保护与修复的重大工程项目，旨在通过修复和保护生态环境，增加生态产品的供给力度，进一步发挥生态系统对于改善乡村生产和生活环境的正向外部性。

（一）乡村自然保护区建设成效

乡村自然保护区作为生态建设的核心载体，对于保护与修复乡村生态系统以及助推乡村生态振兴具有举足轻重的地位。根据图3-10可以清晰地看到，我国农村自然保护区的数量在整体上呈现增长趋势。2000—2007年，其数量迅速增长，由1227个跃升至2531个，年均增长率达10.9%。随后其增速逐渐放缓，由2007年的2531个增加到2017年的2750个，年均增长率降低至0.83%。

伴随着乡村自然保护区数量的逐渐增加，我国自然保护区总面积也在不断扩大，面积从2000年的9821万公顷扩大到2007年的15188万公顷，年均增长率为6.43%（见图3-11）。同时，自然保护区总面积占辖区面积比重也从9.9%提升至15.2%。2007—2017年，自然保护区总面积在小范围内波动，但整体保持稳定，占辖区面积比重（年鉴中仅统计到

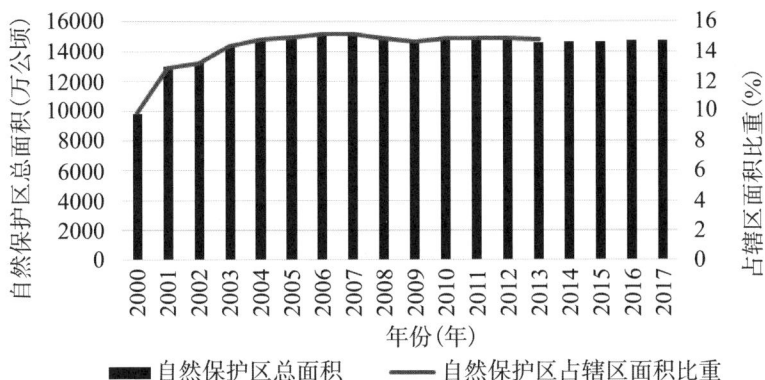

图3-11　2000—2017年我国乡村自然保护区总面积及占辖区面积比重变化

资料来源：2001—2018年《中国农村统计年鉴》。

2013年）也维持在15%左右。自然保护区和乡村生态振兴拥有相同的发展目标，即人与自然和谐共生。这一共同目标不仅妥善解决了永久基本农田、人工商品林和城中村等历史遗留问题，更为广大人民群众提供了高质量的生态产品。

（二）防护林工程和水土水流治理成效

森林系统具有强大的生态功能，不仅能够清洁空气，而且在树木生长的过程中，还能够涵养土壤和水源，为生物提供良好的栖息场所，促进实现区域生态平衡，为乡村振兴提供生态功能。我国是全球水土流失问题最为严重的国家之一，水土流失面广、量大且侵蚀严重。根据第一次全国水利普查的数据，我国现有的水土流失面积达到294.91万平方千米，占国土总面积的30%以上。此外，人为开发建设引发的水土流失问题也日益突出。为维护和恢复乡村生态系统，我国已在全国范围内启动了绿化行动，特别是在"三北"地区和长江流域，相关部门正在积极推进大规模的防护林建设。

我国重点防护林工程，包括"三北"及长江等重点防护林工程，旨在提升西北、华北和东北地区和长江、珠江和淮河等重要江河流域的生态防护功能。根据第五期评估结果，截至2020年，"三北"地区累计完

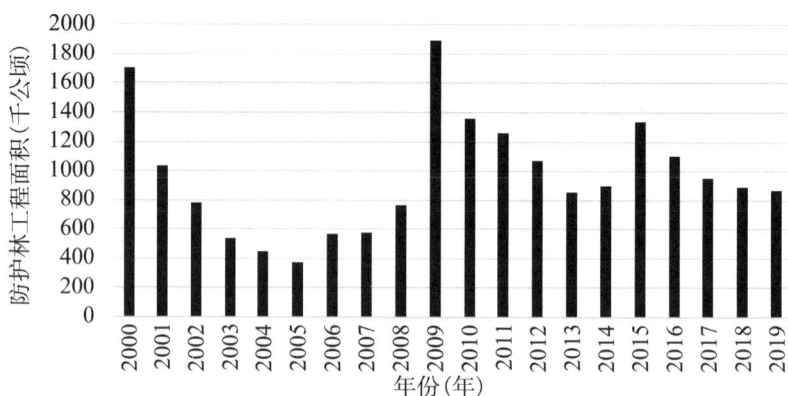

图3-12　2000—2019年我国"三北"和长江等重点防护林工程面积变化

资料来源：2001—2020年《中国农村统计年鉴》。

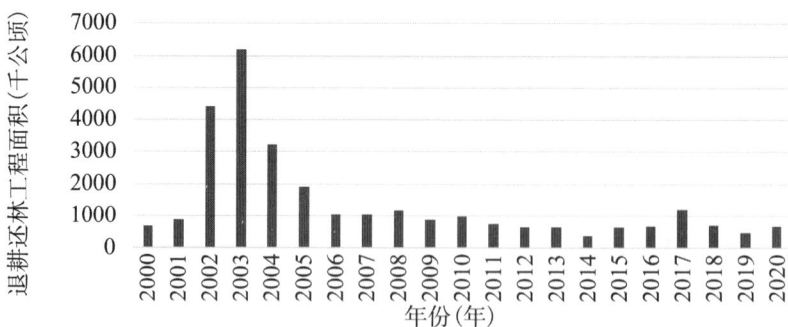

图3-13　2000—2020年我国退耕还林工程面积变化

资料来源：2001—2021年《中国农村统计年鉴》。

成营造林保存面积3174.29万公顷。随着防护林面积的不断扩大，该地区生态系统得到较好的修复和保护，生态环境质量水平也不断提高，长期困扰当地的风沙灾害得到了有效控制。在工程区内，有超过45%的可治理沙化土地面积得到了初步治理，超过61%的水土流失面积得到了有效控制。

退耕还林是1998年全国大范围发生洪涝灾害后，国家提出并实施的一项旨在防止水土流失的重大生态工程，工程重点是将易造成水土流失的坡耕地有计划地停止耕种，因地制宜地退耕还林还草，达到保护和改善生态环境的目的。《中国退耕还林还草二十年（1999—2019）》报告显

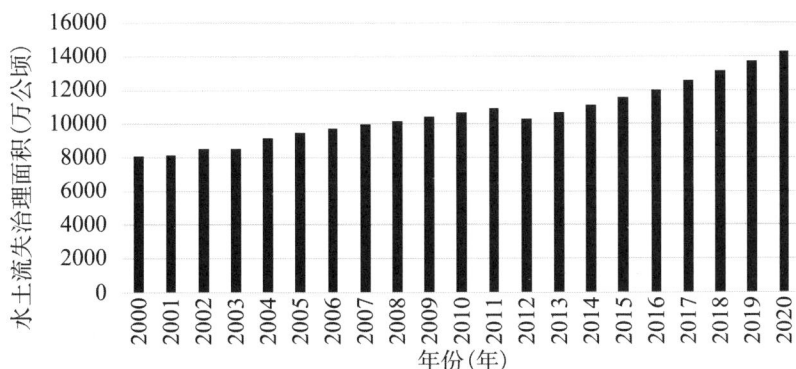

图3-14　2000—2020年我国水土流失治理面积变化

资料来源：2001—2021年《中国农村统计年鉴》。

示，我国已在全国范围内的25个省（区、市）的2435个县（含县级单位）广泛开展退耕还林还草工程，累计投入财政资金高达5174亿元。从已建成的工程成果来看，退耕还林还草的面积达到5.15亿亩，成林面积在全球同期增绿面积中占比超过4%，这一工程已成为我国生态文明建设历史上的一个标志性工程。

从水土流失治理面积来看，2000—2020年，我国乡村水土流失治理面积呈现明显的增长趋势（见图3-14）。在该时期内，水土流失治理面积由8096万公顷增加到14312.2万公顷，年均增长率达到2.89%。特别是自党的十八大以来，以生态文明建设为核心的环境治理全面推进，我国水土保持工作也开始向纵深拓展，治理面积不断增加、治理成效显著。水土流失治理有效改善了农业生产条件和农村人居环境，为乡村生态振兴提供了有力支持。

第二节　乡村生态振兴的区域差异

前述章节对我国乡村生态振兴的总体现状进行了深入剖析。考虑到我国幅员辽阔，各地区自然资源禀赋、农业发展方式和经济发展存在显

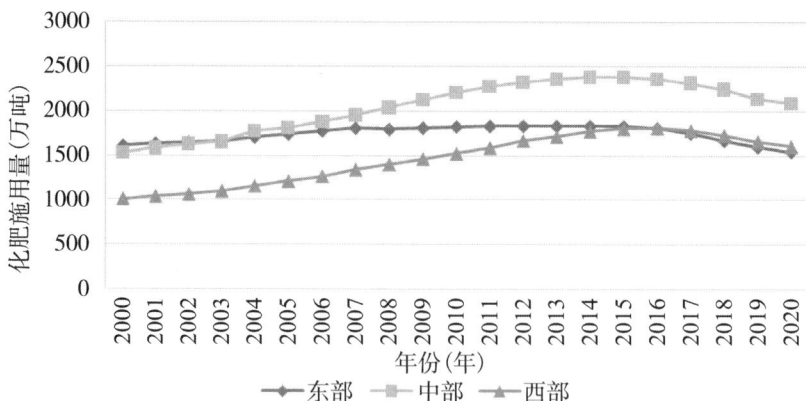

图 3-15　2000—2020 年我国东部、中部和西部农用化肥施用量变化情况

资料来源：2001—2021 年《中国农村统计年鉴》。

著差异，乡村生态振兴的发展水平也因此而异。本节将进一步从农业绿色生产、农村人居环境和乡村生态保护与修复三个角度，分析我国乡村生态振兴的区域差异。

一、农业绿色生产的区域差异

本部分将分别从东部、中部和西部地区分析农业投入品减量使用的区域差异。同时，根据畜禽养殖分布情况，将我国分为六大地区，包括东北平原区、中部平原区、南方丘陵区、南方水网区、西部干旱区和西南山区，并针对畜禽粪污资源化利用的区域差异进行深入探讨。最后，从华北地区、东北地区、长江中下游地区、西南地区、西北地区和华南地区等多个区域，分析秸秆焚烧和综合利用的区域差异。

（一）农业生产过程清洁化的区域差异

1. 农业投入品减量使用的区域差异

进入 21 世纪以来，我国农业发展成效显著，农产品供给能力不断提升。与此同时，投入品数量也表现出相应的变化趋势，但伴随科技进步和政策调整，呈现出了不同的阶段特点。从图 3-15 中可以看出，2000—2020 年，我国东部、中部和西部地区的农用化肥施用量上，由前期的较快增长，调整为后期的逐步下降。分阶段来看，2000—2014年东部和中部地区的化肥施用量分别由1608.4万吨和1529.6万吨增加到1835.3万吨和2384.4万吨，年均增长率分别为0.88%和3%。2000—2016年西部地区的化肥施用量由1008.8万吨增加到1813.3万吨，年均增长率为3.73%。在此增长期间，西部地区的施用量增长率最高，其次是中部地区，而东部地区的增速最低。2016年西部地区的农业化肥施用量首次超过东部地区，而中部地区的化肥施用量始终位于三大地区之首。

自2014年起，我国东部和中部地区的化肥施用量呈逐年减少趋势，分别由1835.3万吨和2384.4万吨减少到1546.1万吨和2094.6万吨，年均降幅分别为2.82%和2.14%。就西部地区而言，其化肥减量施用的时间节点相对稍晚，但从2016年开始，也呈现出明显的减量趋势，由1813.3万吨减少到1610.2万吨，年均降幅为2.93%。由此可见，从2014年开始，我国东部和中部地区的化肥减量施用效果开始显现，而西部地区的化肥减量行动起步相对较晚，但降幅却是三个地区中最高的。

现代化学农药是防止和防治农作物病虫害发生的重要生产资料，一定程度上也代表了农业科技进步结果。但如果农药使用不合理不科学，则会呈现出负向效果，尤其是会对土壤生态系统乃至人的健康造成不利影响。从总体使用情况来看，我国的农药用量在东部、中部和西部地区均呈现"先增后降"的趋势（见图3-16）。东部地区的农药施用量从2000年的57.47万吨增长到2011年的68.8万吨，年均增长率为1.65%。中部地区的农药施用量从2000年的50.03万吨增长到2012年的76.95万吨，年均增长率为3.65%。西部地区的农药施用量由2000年的20.46万吨增长到2016年的38.23万吨，年均增长率为3.99%。在我国农药施用量的增长时期，东部地区的施用量增速最低，西部地区的增速最高。东部地区的农药减量施用效果较早显现，用量从2011年的68.8万吨减少到2020年的46.85万吨，年均降幅达到4.18%。中部地区的农药施用量从2012年的76.95万吨减少到2020年的56.56万吨，年均降幅为3.78%。西部地区的农药减量施用行动起步较晚，从2016年的38.23万吨减少到2020年的27.93万吨，

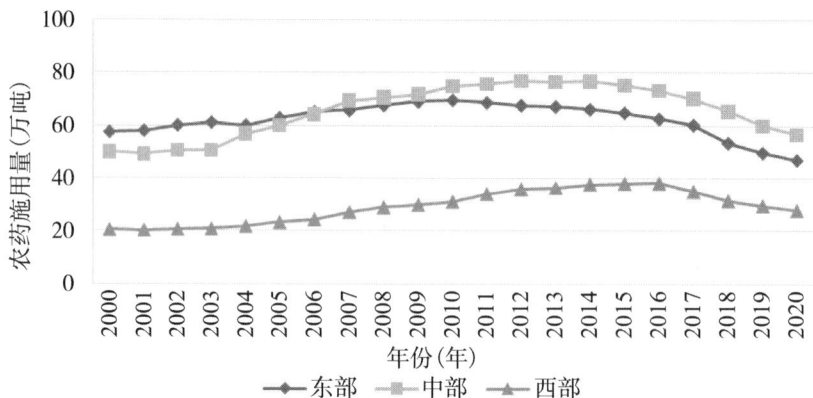

图3-16 2000—2020年我国东部、中部和西部农药施用量变化情况

资料来源：2001—2021年《中国农村统计年鉴》。

年均降幅达到7.33%。对比全国三大地区农药减量施用的效果可以发现，东部地区的效果最早显现，西部地区的效果最晚开始显现，但年均降幅最大。

2. 畜禽粪污资源化利用的区域差异

受到区域自然条件、农业发展方式以及经济社会发展水平等多种因素的影响，我国畜禽粪污资源化利用情况在各个地区的表现不尽一致。本研究借鉴代思汝的做法，根据畜禽养殖的分布情况，将我国分为六大区域：东北平原区、中部平原区、南方丘陵区、南方水网区、西部干旱区和西南山区，进而探析我国畜禽粪污资源化利用的区域性特征与空间性差异。

东北平原区，涵盖辽宁、吉林、黑龙江以及内蒙古东部，畜禽粪污以肥料化利用为主，同时粪便生产有机肥的比例较高。这一现象主要源于该区域的连片种植规模大，且种植季节短，从而有利于粪污有机肥的储存和运输。

中部平原区包括北京、天津、河北、河南、山西、山东和安徽北部，该区域在畜禽粪污的再利用中，向有机肥方面的转化占据了相对较高的比例，位居全国前列。这主要是因为该区域拥有众多大型规模养殖场，粪污生产相对集中，运输成本相对低廉，且农作物主产区也具有有机肥的消费需求。

位于湖南南部、广东、海南、江西和安徽南部的南方丘陵区，畜禽粪污的主要处理方式是肥料化利用，具体通过储存农用的模式来实现。该区域之所以采用储存农用的方式处理畜禽粪便，原因在于南方丘陵地区普遍高温，为畜禽粪便提供了厌氧发酵的适宜温度，使得粪便在存储过程中就能够完成发酵。此外，南方丘陵地区的种植间隔相对较短，将畜禽粪便储存农用的利用成本更低。

我国南方水网区包括浙江、福建、江苏、上海、湖北和湖南北部，该区域的畜禽粪污资源主要以肥料化利用为主。

西部干旱区包括陕西、甘肃、云南、新疆、宁夏和内蒙古西部，由于其地理环境并不适宜规模化畜禽养殖场的布建，其粪污资源处理模式主要以就近农用为主。

在西南山区，包括四川、重庆、广西、贵州和湖南西部，畜禽粪污同样以肥料化利用为主。该区域的畜禽养殖粪便处理主要通过采取堆储发酵方式，让粪便作为有机肥用于还田，进而为提高土壤肥力提供原料来源。

3. 秸秆焚烧和综合利用的区域差异

农作物秸秆的产生量具有明显的地域特征。由于地形地貌、资源条件和农作物布局以及农业经济活动强度的不同，秸秆产生量在各个地区之间存在着一定程度的差异（见图3-17）。根据2021年的全国台账统计数据，华北、东北、长江中下游、西南、西北和华南等区域的农作物秸秆产生量分别占全国总产生量的27.18%、24.47%、24.35%、9.19%、8.87%和5.95%。这些比例反映出不同地区农业生产和资源利用的特色，以及秸秆资源的区域分布状况。

从农作物秸秆的综合利用看，粉碎还田是我国各地区的普遍做法，也是秸秆利用的主要方式，起到了能量来源于土壤，然后再还田于土壤的物质循环效果。从各个地区的情况看，直接还田率存在明显差异，反映出了农作物秸秆综合利用的区域性差异（见图3-17）。在全国范围内，

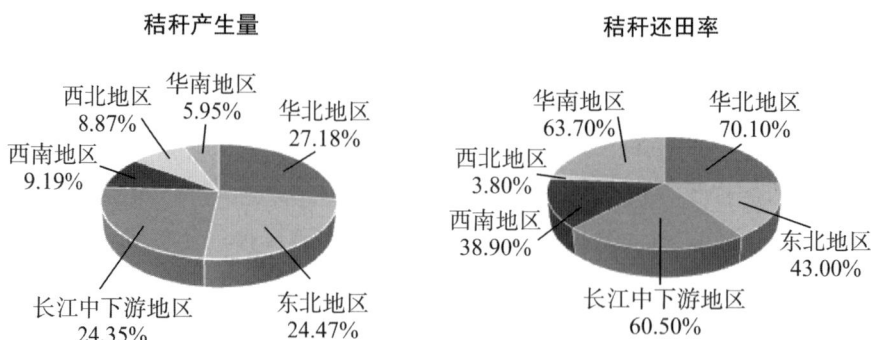

图3-17　2021年我国秸秆产生量及还田率的区域分布情况

资料来源：根据《全国农作物秸秆综合利用情况报告》和全国主要农区秸秆资源台账结果统计计算得出。

华北地区的秸秆还田利用率最高，达到70.10%。其次是华南地区、长江中下游地区、东北地区和西南地区，其还田利用率分别为63.70%、60.50%、43.00%、38.90%，而西北地区秸秆还田利用率居全国最末位，仅为3.80%。

（二）农业资源保护与节约使用的区域差异

1. 农业灌溉用水节约使用的区域差异

我国各地区农业灌溉水利用效益存在显著的区域差异。从全国范围来看，农业灌溉水利用系数排名前十的省份分别为北京、上海、天津、河北、山东、河南、江苏、黑龙江、浙江和吉林。值得注意的是，这十个省份中有七个来自东部地区，而剩余的三个省份则来自中部地区的粮食主产区，表明这些地区对农田水利设施建设和技术推广应用给予了更多的重视（见表3-9）。进一步观察区域差异可以发现，东部地区的农业灌溉水利用效益明显高于中部和西部地区。东部地区的农田灌溉水利用系数介于0.524—0.751，中部地区的利用系数在0.520—0.620，而西部地区的利用系数在0.454—0.582。这些数据表明，东部地区的农业灌溉水利用效益明显高于中西部地区，这可能与东部地区在农田水利设施建设、农业技术推广以及水资源管理等方面的投入较大有关。同时，也预

表3-9　2021年我国各省份农业灌溉水利用系数比较

东部地区		中部地区		西部地区	
省份	利用系数	省份	利用系数	省份	利用系数
北京	0.751	黑龙江	0.610	内蒙古	0.568
天津	0.721	吉林	0.603	广西	0.515
辽宁	0.592	山西	0.556	四川	0.490
河北	0.676	安徽	0.558	重庆	0.507
上海	0.739	江西	0.520	贵州	0.491
江苏	0.618	河南	0.620	云南	0.502
浙江	0.606	湖北	0.533	陕西	0.582
福建	0.561	湖南	0.547	甘肃	0.574
山东	0.647			青海	0.503
广东	0.524			宁夏	0.561
海南	0.574			新疆	0.575
				西藏	0.454

资料来源：2021年《中国水资源公报》。

示着在中西部地区可能存在更大的农业灌溉水利用效益提升潜力。

在有效灌溉面积上，2003—2020年，我国东部、中部和西部地区均呈现出增长趋势，但是各个地区的有效灌溉面积数量和增长速度存在一定区别。在灌溉面积方面，中部地区一直处于全国首位，东部地区次之，西部地区位列末位（见图3-18）。随着时间的推移，东部地区与中部地区之间的有效灌溉面积差距逐渐扩大，从276.2万公顷扩大到7194.6万公顷。而东部地区和西部地区之间的有效灌溉面积差距逐渐缩小，从3699.6万公顷缩小至401.6万公顷。在此期间，中部地区的有效灌溉面积由2003年的19422.1万公顷增加到2020年的27983.7万公顷，年均增长率为2.17%。东部地区的有效灌溉面积由2003年的19145.9万公顷增加到2020年的20789.1万公顷，仅在2012年出现短暂的下降，年均增长率为

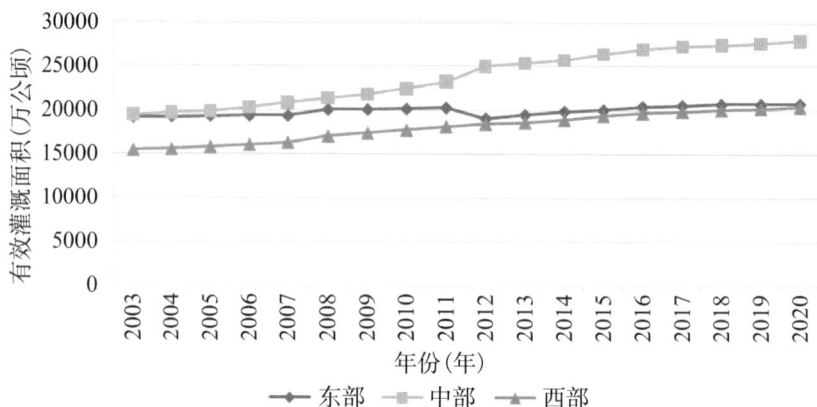

图3-18　2003—2020年我国东部、中部和西部有效灌溉面积变化情况

资料来源：2004—2021年《中国农村统计年鉴》。

0.49%。西部地区的有效灌溉面积由2003年的15446.3万公顷增加到2020年的20387.5万公顷，年均增长率为1.65%。上述数据表明，2003—2020年中部地区的有效灌溉面积增长率最快，其次为西部，东部地区的增长率最慢。东部、中部和西部地区有效灌溉面积占全国灌溉总面积的比例分别由2003年的35.45%、35.96%和28.6%变化成2020年的30.06%、40.46%和29.48%。从灌溉面积占比来看，中部和西部占比增加，东部的占比则在减少。

从节水灌溉面积来看（见图3-19），2014—2020年，东部、中部和西部节水灌溉面积均呈现出明显的增长趋势。东部地区的节水灌溉面积从2014年的11324.1千公顷增加到2020年的14019.8千公顷，年均增长率为3.62%。中部地区的节水灌溉面积从2014年的6277.1千公顷增加到2020年的9178.6千公顷，年均增长率为6.54%。西部地区的节水灌溉面积从2014年的11417.5千公顷增加到2020年的14597.9千公顷，年均增长率为4.18%。经过6年发展，东部、中部和西部三大地区节水灌溉面积占全国节水灌溉总面积的比例分别发生了较大变化。具体而言，东部地区的节水灌溉面积占比从39.02%下降至37.09%，中部地区的节水灌溉面积占比从21.63%提高至24.28%，而西部地区的节水灌溉面积占比则从39.35%变为38.62%。只有中部地区的节水灌溉面积占比得到了提高。

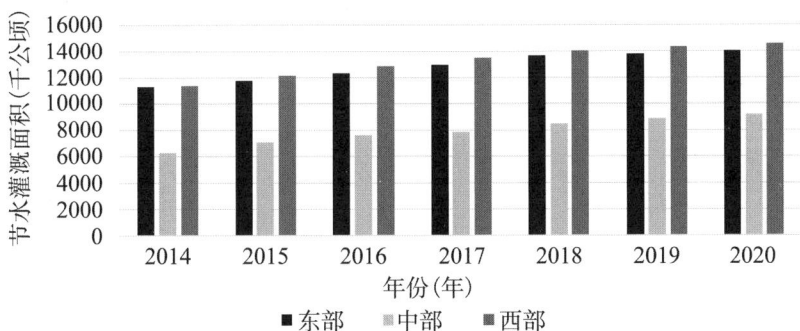

图3-19　2014—2020年我国东部、中部和西部节水灌溉面积变化情况

资料来源：2015—2021年《中国农村统计年鉴》。

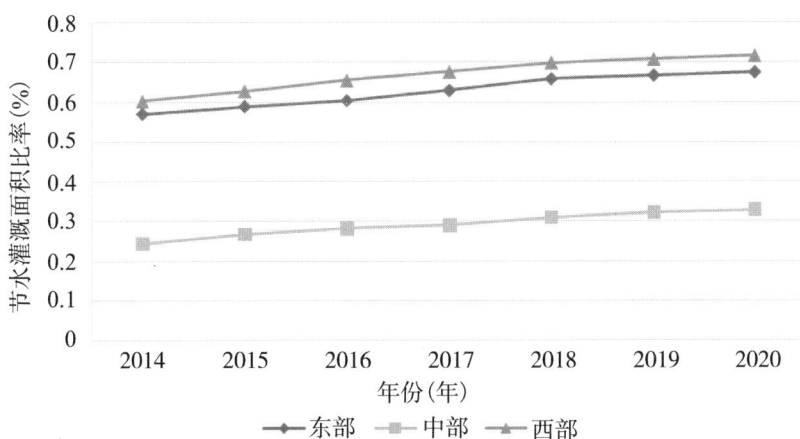

图3-20　2014—2020年我国东部、中部和西部节水灌溉面积比率的变化情况

资料来源：2015—2021年《中国农村统计年鉴》。

根据节水灌溉面积占有效灌溉面积的比率（见图3-20），2014—2020年，东部、中部和西部的节水灌溉比率均出现了一定的提升。然而，中部地区的节水灌溉比率与西部和东部地区相比，相对较低，可能与中部地区是农业主要产区，耕地面积庞大，节水灌溉技术推广使用难度相对较高。东部地区的节水灌溉面积比率由2014年的0.57提升到2020年的0.67，中部地区的节水灌溉面积比率由2014年的0.24提升到2020年的0.33，西部地区的节水灌溉面积比率由2014年的0.60提升到2020年的0.72，上升幅度较快。

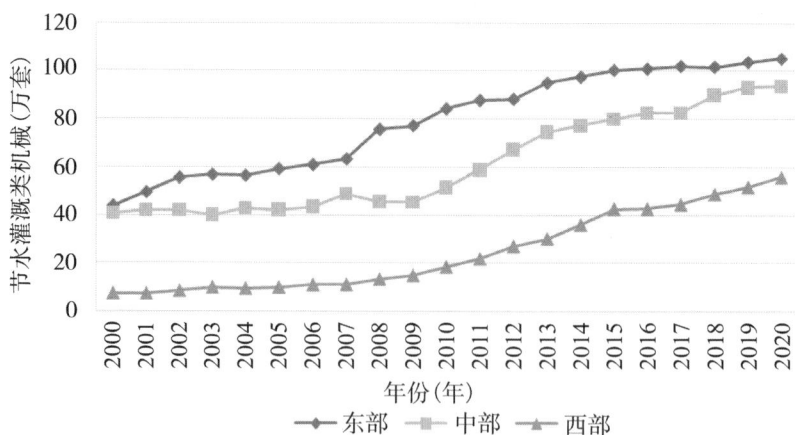

图3-21 2000—2020年我国东部、中部和西部节水灌溉类机械的变化情况

资料来源：2001—2021年《中国农村统计年鉴》。

从节水灌溉设备拥有量来看（见图3-21），东部地区在节水灌溉类机械拥有量方面居于领先地位，而西部地区则相对较少，并且东部和中部地区的绝对差距逐渐扩大。东部和中部地区的拥有量差距逐步由3.11万套扩大到11.50万套。东部地区的节水灌溉类机械拥有量由2000年的43.84万套增加到2020年的105.20万套，年均增加率为4.47%。中部地区的节水灌溉类机械拥有量由2000年的40.74万套增加到2020年的93.70万套，年均增长率为4.25%。西部地区的节水灌溉类机械拥有量由2000年的7.33万套增加到2020年的55.90万套，年均增长率为10.69%。这表明，东部地区在节水灌溉方面具有较高的普及率和增长率。

2. 耕地保护利用成效的区域差异

农业农村部发布的《2019年全国耕地质量等级情况公报》综合考虑了农业区划、土壤类型、农业生产和行政区划等因素，将我国耕地划分为九大农区，包括东北区、内蒙古及长城沿线区、黄淮海区、黄土高原区、长江中下游区、西南区、华南区、甘新区和青藏区。各地区的耕地质量保护成效存在明显的区域差异。

从图3-22中可以看出，我国九大农区按照耕地面积由大到小的排序分别是：东北区、长江中下游区、黄淮海区、西南区、黄土高原区、内

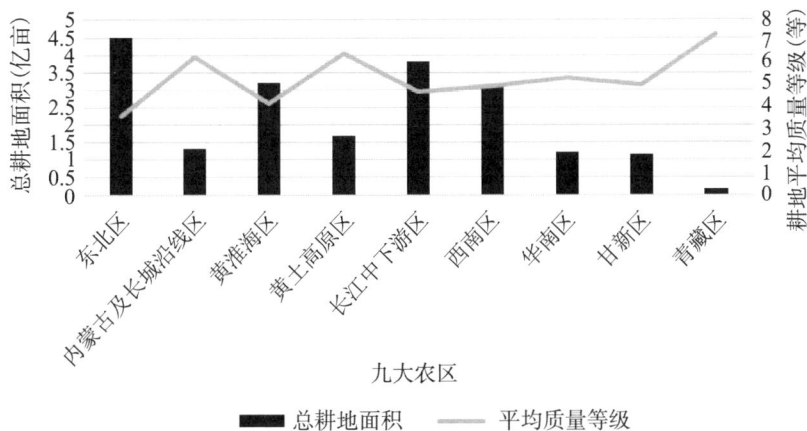

图3-22　2019年我国九大农区总耕地面积及平均质量等级

资料来源：《2019年全国耕地质量等级情况公报》。

蒙古及长城沿线区、华南区、甘新区和青藏区。在耕地质量等级方面，青藏区的耕地平均质量等级为7.35等，居于全国首位。该区拥有一等至三等的耕地面积为0.003亿亩，这部分耕地占该区耕地总面积的1.65%。这些优质耕地主要分布在柴达木盆地、共和盆地洪积扇前缘或河谷阶地。

黄土高原区耕地的平均质量等级为6.47等，这一数据在全国范围内位居第二。该区拥有一等至三等的耕地面积达到0.22亿亩，占该区耕地总面积的13.16%。这些优质耕地主要分布在黄河、渭河和汾河河谷的一、二级阶地，以及晋东南的长治、晋城河谷盆地和豫西的洛阳、汝州河谷盆地。上述地区地形平坦，水热条件优越，农田基础设施完善。

内蒙古及长城沿线区的耕地平均质量等级为6.28等，居于全国第三。该区拥有一等至三等的耕地面积为0.17亿亩，占该区耕地总面积的12.76%，主要分布在大兴安岭南麓、西辽河平原及土默川平原。这部分耕地海拔相对较低，整体地势较为平坦。

华南区的耕地平均质量等级为5.36等，居于全国第四。该区拥有的一等至三等的耕地面积为0.31亿亩，占该区耕地总面积的25.33%，主要分布在漳州平原、珠江三角洲平原、潮汕平原、浔江平原、玉林盆地和蒙自盆地等区域。

甘新区的耕地平均质量等级为 5.02 等，居于全国第五。该区拥有的一等至三等的耕地面积为 0.26 亿亩，占该区耕地总面积的 22.36%，主要分布在河套平原、河西走廊中西部、鄂尔多斯盆地及塔里木盆地西南部、准噶尔盆地南部、伊犁河谷等平原低阶、平原中阶、山间盆地及宁夏平原引黄灌区上游。这部分耕地有稳定的灌溉水源和充足的光热，有机质含量高。

西南区的耕地平均质量等级为 4.98 等，居于全国第六。该区拥有一等至三等的耕地面积为 0.69 亿亩，占该区耕地总面积的 22.12%，主要分布在成都平原、汉中平原、云贵高原山间坝子和四川盆地浅（缓）丘平坝等处，以水稻土为主。

长江中下游区的耕地平均质量等级为 4.72 等，居于全国第七。该区拥有一等至三等的耕地面积为 1.04 亿亩，占该区耕地总面积的 27.27%，主要分布在江汉平原、洞庭湖平原、鄱阳湖平原、里下河平原、环太湖平原、杭嘉湖平原、宁绍平原、金衢盆地、南阳盆地和韶关盆地等区域。这部分耕地基础地力较高，地形起伏较小，土层深厚，土壤养分含量较高，农田基础设施完善。

黄淮海区的耕地平均质量等级为 4.2 等，居于全国第八，主要分布在鲁西北平原、鲁中南山前平原、豫东和豫中平原、淮北平原、北京东部和天津南部平原。这部分耕地理化性状良好，养分含量较高。

东北区的耕地平均质量等级为 3.59 等，居于全国末位。该区拥有一等至三等的耕地面积为 2.34 亿亩，占该区耕地总面积的 52.01%，主要分布在松嫩平原、松辽平原、三江平原、大兴安岭两侧高平原和长白山地林农区的部分盆地。

二、我国农村人居环境的区域差异

本部分将对我国各地区或省份的农村人居环境进行比较，主要从农村生活垃圾处理、厕所革命和生活污水治理三个方面来考察区域差异。

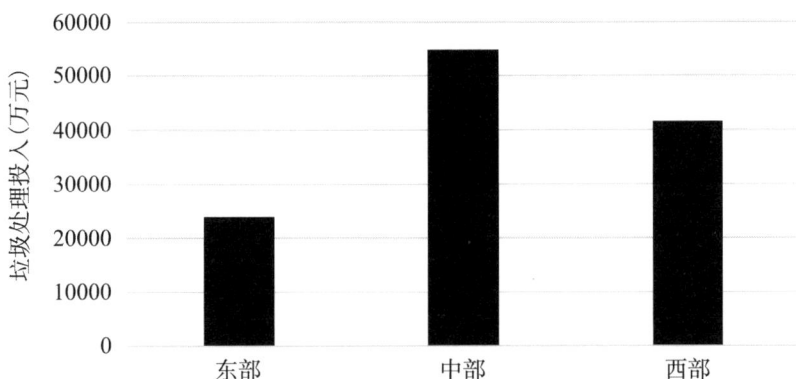

图3-23　2021年我国东部、中部和西部乡村建设中的垃圾处理投入情况对比

资料来源：2021年《中国城乡建设统计年鉴》。

（一）农村生活垃圾处理的区域差异

以乡为单元的建设投入是乡村建设的主要对象。根据建制乡建设投入中的垃圾处理投入数据（见图3-23），2021年我国中部地区的乡垃圾处理投入资金为54888.91万元，占全国乡的投入总资金的45.62%。与此同时，西部地区的乡垃圾处理投入资金为41543.15万元，占全国乡的投入总资金的34.53%。而东部地区的乡垃圾处理投入最少，仅为23878.28万元，占比为19.85%。由此可见，我国中部地区的乡建设中的垃圾处理投入资金最为显著，西部地区次之，而东部地区的资金投入最为有限。

从我国乡村生活垃圾的处理程度来看，各个省份的差异相对较大。单纯从2021年排名前六的省份来看，均位于东部地区，生活垃圾处理率在99%—100%（见表3-10）。排名第七到第九的省份均位于中部地区，生活垃圾处理率在97.55%—97.99%。西部地区的广西壮族自治区位列第十，生活垃圾处理率也高达97.35%。从这些数据可以看出，我国东部地区的乡村生活垃圾处理程度达到较高水平，处理效果也较为理想，无害化处理率占比较高。其次为中部地区。西部地区的生活垃圾处理效果相对欠佳，在未来乡村生态环境整理中需要予以加强。

在2021年，上海市在无公害化处理率方面达到了100%，这一成绩

表3-10　2021年我国乡村生活垃圾处理率和无公害化处理率排名前十的省份

排名	省份	生活垃圾处理率（%）	省份	无公害化处理率（%）
第一	上海	100	上海	100
第二	山东	99.99	北京	98.30
第三	江苏	99.95	河北	97.92
第四	海南	99.67	江苏	97.48
第五	河北	99.26	山东	97.33
第六	北京	99	福建	96.07
第七	安徽	97.99	海南	94.53
第八	吉林	97.93	安徽	92.71
第九	湖北	97.55	吉林	90.84
第十	广西	97.35	湖北	89.21

资料来源：2021年《中国城乡建设统计年鉴》。

在全国范围内位居首位（见表3-10）。然而，除了上海市，各省份的无公害化处理率普遍低于生活垃圾处理率。无公害化处理率排名前七位的省份均位于东部地区，它们的无公害化处理率在94.53%—100%。排名第八到第十的省份均位于中部地区，它们的无公害化处理率在89.21%—92.71%。然而，西部地区并未有省份跻身全国前十。这表明东部地区乡村生活垃圾无公害化处理情况更为理想，而西部地区的生活垃圾无公害化处理水平相比于生活垃圾处理而言更为落后。

（二）农村厕所革命的区域差异

从整体来看，我国东部、中部和西部三大地区农村在2008—2017年累计使用卫生厕所的户数均呈现明显的增加趋势，但同时又存在明显的区域差异（见图3-24）。其中，东部地区累计使用卫生厕所户数始终高于中部和西部的户数。东部地区累计使用卫生厕所户数由2008年的6686.6万户增加到2017年的8853.4万户，年均增长率为3.17%。中部地区累计使用卫生厕所户数由2008年的5200.4万户增加到2017年的6856.1万户，年均增长率为3.12%。西部地区累计使用卫生厕所户数由2008年的3242.7万户增加到2017年的5942.3万户，年均增长率为6.96%。从各区

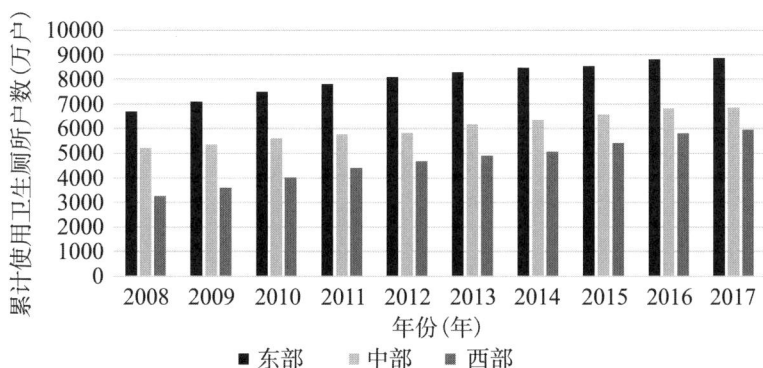

图3-24 2008—2017年我国东部、中部和西部农村累计使用卫生厕所户数变化情况

注：因数据限制，2018年及以后的改厕部分指标缺失数据。

资料来源：2009—2018年《中国农村统计年鉴》。

表3-11 2021年我国东部、中部和西部农村生活污水产生量对比

东部地区（亿立方米）		中部地区（亿立方米）		西部地区（亿立方米）	
低限（60%）	高限（90%）	低限（60%）	高限（90%）	低限（60%）	高限（90%）
46.30	69.45	38.18	57.20	35.46	53.18

资料来源：根据2021年《中国城乡建设统计年鉴》计算得到。

域占比情况来看，我国东部、中部和西部农村累计使用卫生厕所户数占比分别由2008年的44.20%、34.37%和21.43%变化为2017年的40.89%、31.67%和27.44%。可见，2008—2017年，西部地区的农村累计使用卫生厕所户数增速最快，占比也有所提升。相比之下，东部和中部地区的增速均不高，且两个区域的占比均有所下降。

（三）农村生活污水治理的区域差异

从各地区的农村生活污水产生量来看，东部地区的生活污水产生量最为突出，其次是中部地区，而西部地区的生活污水产生量相对较小。可能与各个地区的人口密度和人口数量有很大的相关性（见表3-11）。具体而言，2021年我国东部地区农村生活污水产生量为46.30亿—69.45亿立方米，占全国农村生活污水总量的38.61%。中部地区农村生活污水产生量为38.18亿—57.20亿立方米，占全国农村生活污水总量之比为

表3-12 2021年我国东部、中部和西部农村乡级污水处理设施配置及处理能力

污水处理厂（个）			污水处理能力（万立方米／日）		
东部地区	中部地区	西部地区	东部地区	中部地区	西部地区
467	781	951	31.99	55.37	34.67

资料来源：2021年《中国城乡建设统计年鉴》。

31.83%。西部地区农村生活污水产生量为35.46亿—53.18亿立方米，占全国农村生活污水总量之比为29.56%。

从农村污水处理设施配置来看（见表3-12），各地区的污水处理厂的数量与处理能力并不匹配。东部、中部和西部污水处理厂的数量分别为467个、781个和951个，西部农村污水治理设施数量高于中部和东部，是因为其面积分布较为广袤。中部地区农村的污水处理厂的数量居于全国第二，但污水处理能力居于全国首位，达到55.37万立方米／日；西部地区污水处理厂的数量全国最多，但污水治理能力较弱；东部地区农村的污水处理能力最低，仅为31.99万立方米／日。

三、乡村生态保护与修复的区域差异

本部分将分别从自然保护区、退耕还林工程和水土流失治理三个方面，对我国的东部、中部和西部乡村生态系统保护与修复的区域差异进行分析。

（一）乡村自然保护区建设成效的区域差异

总体上看，我国东部、中部和西部乡村的自然保护区数量在2003—2017年呈现波动增长趋势（见图3-25）。东部、中部和西部的乡村自然保护区数量分别由2003年的629个、521个和849个增长到2017年的863个、894个和993个，年均增长率分别为2.28%、3.93%和1.13%。

从三大地区乡村自然保护区数量占比看，东部、中部、西部地区分别由2003年的31.47%、26.06%和42.47%变化为2017年的31.38%、32.51%和36.11%。可以看出，中部地区的乡村自然保护区数量增速最

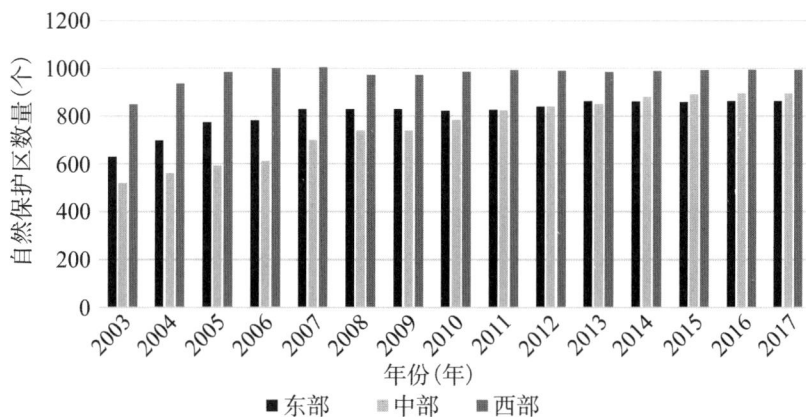

图3-25 2003—2017年我国东部、中部和西部乡村自然保护区数量的变化情况

资料来源:2004—2018年《中国农村统计年鉴》。

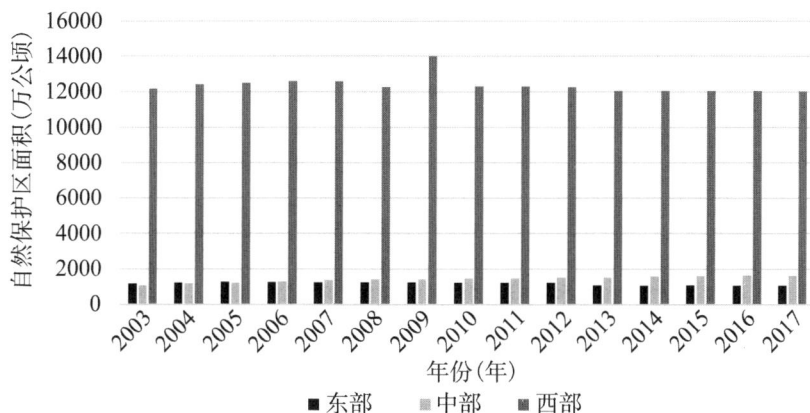

图3-26 2003—2017年我国东部、中部和西部乡村自然保护区面积的变化情况

资料来源:2004—2018年《中国农村统计年鉴》。

快,其次是东部,西部最慢。经历10多年的发展,中部地区的乡村自然保护区数量占比也得到提升,而东部和西部的乡村自然保护区数量占比均有所降低。这反映了中部地区的农业农村是大头,在全国的地位十分突出。虽然西部地区的乡村自然保护区数量始终居于全国首位,但其与东部和中部的乡村自然保护区数量差距逐渐缩小。

从自然保护区的面积看,在整体趋势上,2003—2017年,我国东部、中部和西部乡村自然保护区面积保持相对稳定(见图3-26)。对比三大地

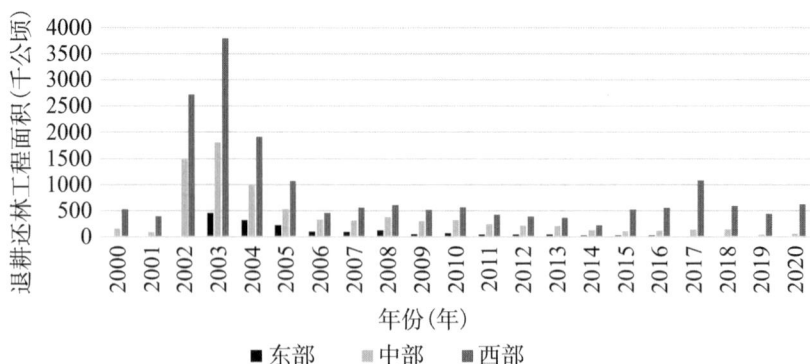

图3-27　2000—2020年我国东部、中部和西部退耕还林工程面积的变化情况
注：东部地区多个年份的相关数据有所缺失。
资料来源：2001—2021年《中国农村统计年鉴》。

区的面积差异，西部地区的乡村自然保护区面积远高于东部和中部地区。东部、中部和西部的面积占比分别由2003年的8.12%、7.40%和84.48%变化为2017年的7.22%、11.10%和81.68%。这些数据表明，我国乡村自然保护区面积大部分位于西部地区，西部地区也是我国的生态屏障，在生态环境建设上具有极其重要的地位与作用。

（二）乡村退耕还林工程成效的区域差异

总体上看，我国东部、中部和西部地区在2000—2020年，退耕还林工程面积变化趋势呈现出大致相同的趋势，即先增加后减少（见图3-27）。分析各区域的数据可以发现，西部地区的退耕还林工程面积始终高于东部和中部地区。在2003年，西部地区的退耕还林工程面积达到峰值，为3793.51千公顷，占全国退耕还林工程总面积的62.70%。而东部地区的退耕还林工程面积始终处于全国末位，同样在2003年达到峰值，面积为454.63千公顷，但仅占全国退耕还林工程总面积的7.51%。中部地区的退耕还林工程面积则在2003年达到峰值，为1802.43千公顷。

（三）乡村水土流失治理效果的区域差异

水土流失主要发生在农村地区。从治理程度看，我国东部、中部和

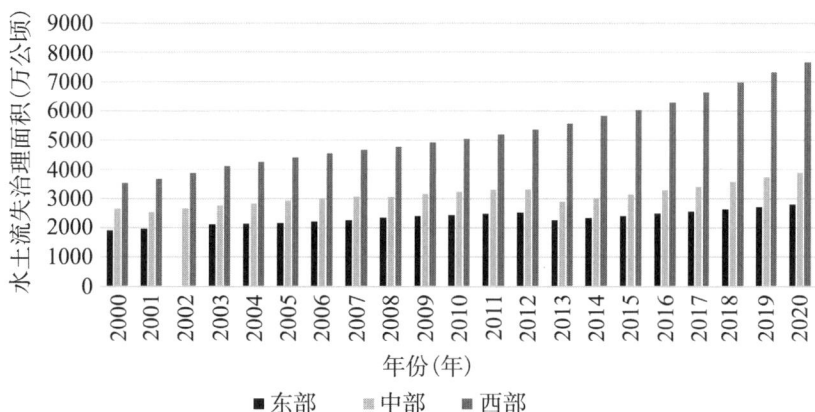

图3-28　2000—2020年我国东部、中部和西部水土流失治理面积的变化情况

注：2002年东部地区的相关数据有所缺失。

资料来源：2001—2021年《中国农村统计年鉴》。

西部水土流失治理面积在2000—2020年均呈现明显的增长趋势（见图3-28）。东部地区的水土流失治理面积由2000年的1911.2万公顷增加到2020年的2785.4万公顷，年均增长率为1.90%。中部地区的水土流失治理面积由2000年的2652.4万公顷增加到2020年的3879.06万公顷，年均增长率为1.92%。西部地区的水土流失治理面积由2000年的3532.3万公顷增加到2020年的7647.74万公顷，年均增长率为3.94%。从我国水土流失治理的区域差异来看，西部地区的水土流失治理面积和增速始终居于全国首位，经过20年的发展，西部地区治理面积占比也逐渐提升。东部和中部的水土流失治理面积均以低于2%的速度增长，远远低于西部的增速，到2020年东部和中部的治理面积占比均有所下降。

综上所述，无论是从自然保护区角度，还是从退耕还林和水土流失治理情况来看，我国西部地区的乡村生态保护与修复工作均取得了显著成效，其发展程度与实际成效明显优于东部、中部地区。

第三节　影响乡村生态振兴的因素分析

在充分了解我国乡村生态环境建设及在生态振兴道路上的总体和区域现状的基础上，本研究依据"一体两用"理论，重点从自然资源利用、人居环境整治和生态系统修复三个方面，对影响乡村生态振兴的关键因素，重点从内部和外部两个维度进行系统认识和全面分析。

从内部来看，农村经济社会的发展和农民收入及生活水平的提升，导致农村生活和生产废弃物无序增加。此外，由于长期受到城乡二元结构的束缚，农村垃圾处理和生态基础设施建设水平较低，难以应对当前农村经济社会发展过程中所产生的大量废弃物，最终使得农村生态环境负荷不断加大。另一方面，作为乡村经济社会发展的重要主体，现阶段农民环境保护意识相对淡薄，这是导致他们参与乡村生态环境治理积极性不高和意愿不强的重要因素（阳盼盼，2019）。

从外部来看，城镇化进程的迅速推进以及就近就地创业的发展，引发了城市污染向乡村延伸和转移的问题。在法律制度层面，现有的乡村生态治理机制表现出一定的松散性，并缺乏相关政策激励。乡村生态振兴的相关法律制度支撑较为薄弱，针对乡村生态问题的单行法律和地方性法规仍有待进一步制定和实施。从乡村治理投资来看，环境污染治理投资对改善乡村生态环境状况具有显著的正向影响，对乡村的环境治理与基础设施建设虽有效果，却任重道远。

一、自然资源利用

自然资源是乡村生态振兴的重要基础。然而，随着工业化和城镇化的快速发展，农业自然资源被大量挤占，农村生态空间受到压缩，成为阻碍乡村生态振兴的重要因素（宋洪远等，2016）。长期存在的粗放型发展模式导致"布局上倒置、建设中错置、利用时闲置，最终陷入弃置"

等问题，造成农业资源严重浪费和低效利用。从土地层面来看，我国人均耕地面积减少，耕地质量偏低且存在污染情况，严重影响到农业的可持续发展，进而会制约到乡村生态振兴。从水资源层面来看，我国农业灌溉用水有效利用率不高，农村地区地下水过量开采，甚至造成严重的地表和地下水污染，不仅影响到农业的可持续发展，还给人们的身体健康带来严重威胁。

二、人居环境整治

良好的农村人居环境是乡村生态振兴的目标任务。当前的人居环境整治领域，仍然存在"绿色生产、绿色生活"长效机制尚未建立健全的情况，治理工作存在缺失。因此，如何理顺生态环境主管部门、基层乡镇党委、村民自治组织、市场化企业与农民之间的协作关系，以及如何建立"政府监管、市场运行、群众参与"的长效协作机制，已成为乡村人居环境整治的核心问题。通过整治农村人居环境，我们能够引导农民逐步养成文明的生活方式，自主提高健康和环保意识，培育激发农民群众建设和美乡村的内生动力。农村人居环境整治需要从深层次入手，通过调整和优化乡村治理方式，来达到良好的整治效果。例如，党员干部入户动员农民群众参与环境整治以及部分村庄创新采用积分制、"红黑榜"、议事会等治理方式，这些举措有效提升了乡村环境治理水平。

三、生态系统修复

实现乡村生态振兴的关键手段在于生态系统保护与修复。目前，我国在生态系统修复领域中的"科学开发、合理利用、专门修复"意识尚未根本确立，导致人类活动超过生态承载力而引发生态危机。要破解生态涵养意识薄弱与能力低下的难题，我们需协调开发与保护的关系，既防止生产、生活活动对生态系统造成过载开发与过度损害，又通过专门的乡村生态修复工程与技术实现乡村生态系统保育。在推动乡村振兴的道路上，必须认识到农村是城镇的"米袋子""菜篮子"，加强农村生态环境保护和修复工作，不仅是全面落实乡村生态振兴的重要举措，还是保护城乡人民共同生命安全的有效手段。这就要求政府有关部门加快完善环境处理设施，构建农村污染治理工作体制机制，提升农村生态环境监管能力，有效改善生态环境质量，为乡村生态振兴提供动力和有利条件。

第四章

乡村生态振兴评价的
思路与方法

乡村生态振兴是实现乡村全面振兴的题中之义。近年来，从中央到地方各级政府的相关部门积极探索乡村生态保护体制机制，不断完善乡村生态振兴政策措施，动员并投入大量资源开展乡村生态振兴建设实践，虽然取得了积极进展，但整体效果与水平高低到底如何，需要作出科学客观的判断。据此，本章将在准确理解乡村生态振兴核心内涵的基础上，参考现有相关研究成果，结合农村发展现实情况，构建乡村生态振兴评价指标体系，为科学合理开展评价工作奠定良好的方法论基础。

第一节　乡村生态振兴评价的研究基础

乡村振兴战略的提出，使得乡村经济、社会和生态建设与治理问题再次成为学者们关注的焦点。然而，目前鲜有文献专门探析乡村生态振兴评价指标体系的构建问题。尽管如此，仔细研究该主题的相关文献可以发现，现有的少数关于乡村生态振兴评价的分析，实际上已经被包含在众多的乡村振兴评价研究之中（贾晋等，2018；郑家琪和杨同毅，2018；张挺等，2018；沈剑波等，2020）。从研究文献数量来看，国内关于生态振兴的研究在2017年之后呈爆发式的增长趋势，这与中央农村工作会议明确实施乡村振兴战略目标任务的时间节点一致（见图4-1）。从主要研究主题来看，有62.57%的研究文献包含在乡村振兴（乡村振兴战略）研究主题之中，仅有3.12%的研究文献是在生态振兴主要研究主题下完成（见图4-2）。从次要研究主题来看，涉及生态振兴的研究文献同样多见于乡村振兴（乡村振兴战略）研究主题当中（占33.17%），仅5.12%的研究文献与生态振兴研究主题直接相关（见图4-3）。

近年来，乡村生态振兴研究呈现出快速增长态势。自2017年起，关于乡村生态振兴的研究文献逐渐增多（见图4-4），成为乡村振兴议题中备受关注的重要文献。

从主要研究主题来看，相关分析仍包含在乡村振兴（乡村振兴战略）研究主题之中（占66.06%），直接涉及乡村生态振兴的研究主题仅占据整体研究的2.81%（见图4-5）。进一步观察次要研究主题依然不难看出，乡村生态振兴的相关研究同样集中于乡村振兴（乡村振兴战略）这一研究主题，其所占比例高达37.85%。在其他从属研究主题中，生态宜居占据了9.38%的比例，产业兴旺为6.85%，生态文明为4.49%，乡村文明为3.93%，而生态文明研究主题的比重则为3.76%（见图4-6）。

根据文献梳理和计量分析，我们可以发现，目前专门研究乡村生态振

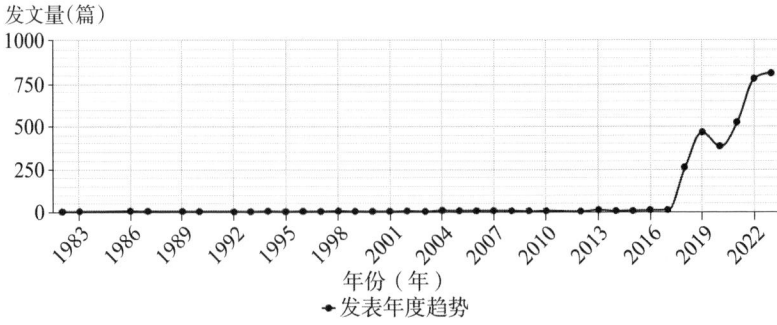

图4-1 生态振兴研究发文量

资料来源：中国知网学术期刊数据库。

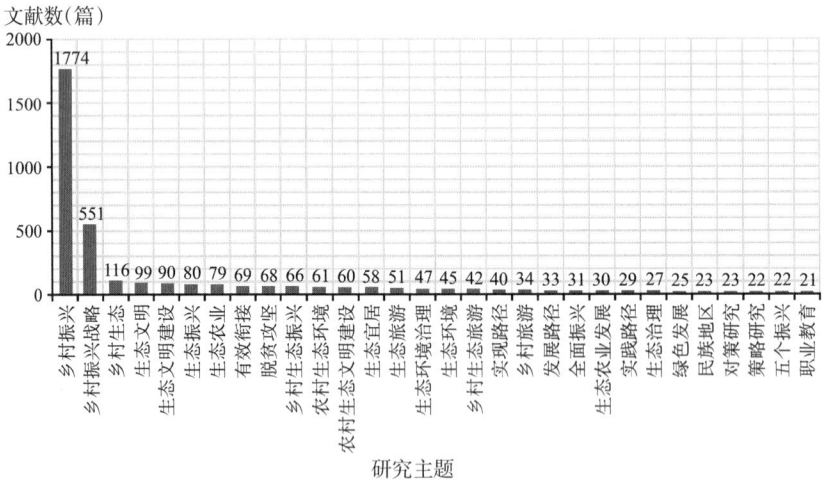

图4-2 生态振兴研究发文量（主要研究主题）

资料来源：中国知网学术期刊数据库。

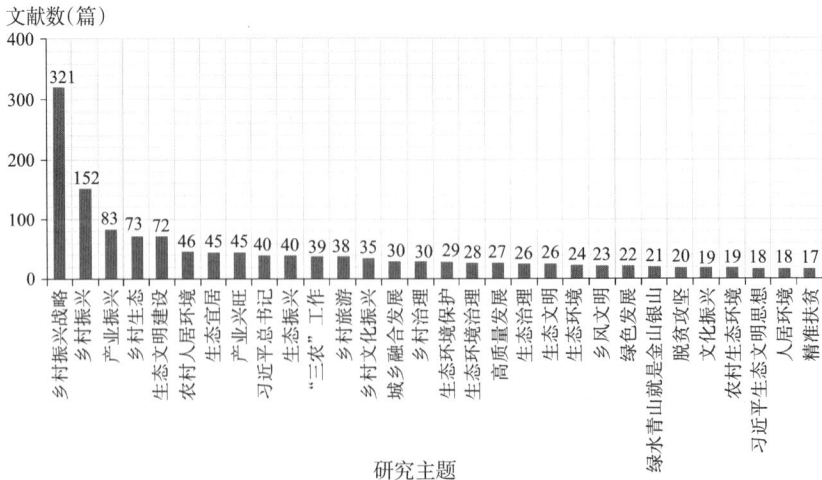

图4-3 生态振兴研究发文量（次要研究主题）

资料来源：中国知网学术期刊数据库。

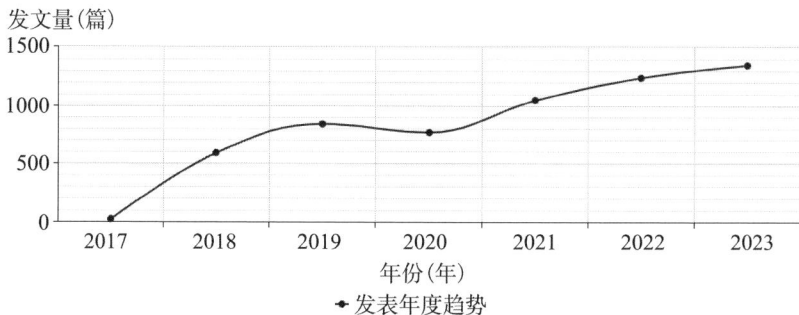

图4-4　乡村生态振兴研究发文量

资料来源：中国知网学术期刊数据库。

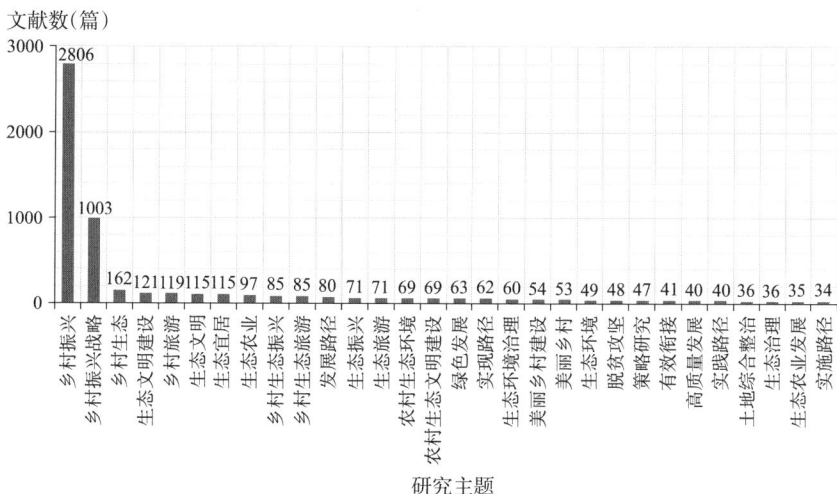

图4-5　乡村生态振兴研究发文量（主要研究主题）

资料来源：中国知网学术期刊数据库。

兴评价指标体系的文献仍相对有限（见图4-7）。因此，本章试图通过全面梳理乡村生态振兴评价相关文献，回顾并总结既有文献在评价指标体系和评价方法方面的主要成果，同时指出现有研究存在的局限性。在此基础上，阐明本研究在乡村生态振兴效果指标的评价与分析方面的基本思路。

一、评价指标体系的构建

现有关于乡村生态振兴评价的研究主要集中于以下四个方面：一是评价指标体系构建的理论分析，其核心议题在于探究指标体系构建的理论基础；二是评价指标体系构建的基本原则，其核心议题在于阐明指标

文献数（篇）

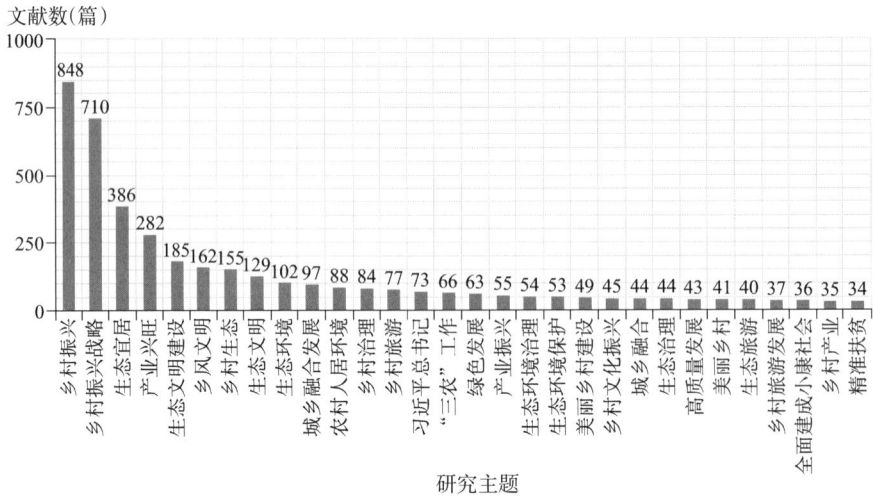

图4-6　乡村生态振兴研究发文量（次要研究主题）

资料来源：中国知网学术期刊数据库。

文献数（篇）

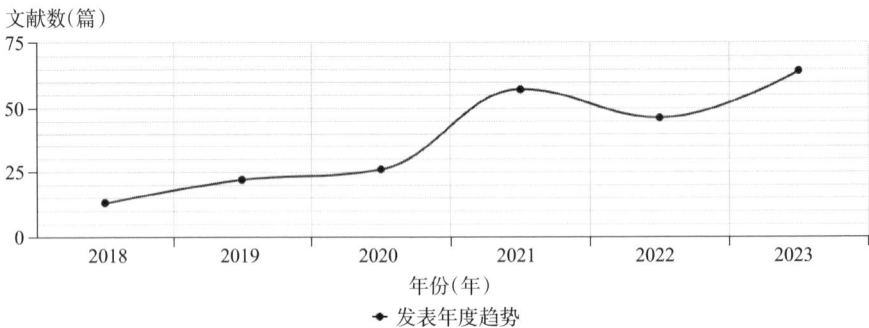

图4-7　乡村生态振兴评价指标体系构建研究发文量

资料来源：中国知网学术期刊数据库。

元素选取所遵循的基本原则；三是评价指标层级设置分析，主要关注各层级指标设置的理论依据，以及各层级之间的逻辑关系；四是评价方法的选择研究，重点在于确定指标权重赋值和综合评价的适用方法。

（一）评价指标体系构建的理论基础

乡村生态振兴涉及经济、社会、文化、生态和乡村治理等多个重要领域，决定了乡村生态效果评价的复杂性与艰巨性。由此，评价指标体系的建构不仅需要以生态学理论为基础，还需要融合经济学、社会学和地理学等相关理论，以确保对乡村生态振兴进行全面、系统的考量。可持续发展理论、生态系统服务功能理论、生态承载力理论和生态足迹理论等，是构建乡村生态振兴评价指标体系的重要理论基础。

1. 可持续发展理论

可持续发展理论强调，在经济社会发展过程中应遵循"既满足当代人的需要，又不损害后代人的发展需要"的原则。其核心在于实现经济、社会和生态三个方面的可持续发展，要求人类在发展过程中要兼顾经济效益、社会公平和生态安全目标（张晓玲，2018）。尽管可持续发展理论缘起于生态环境保护问题，但该理论十分重视将生态环境问题与社会经济发展相结合，以实现经济、社会和生态的全面可持续发展。在经济可持续发展方面，该理论强调经济增长的必要性，并不主张以保护生态环境的名义来限制经济增长。在生态可持续发展方面，该理论强调经济发展要与生态承载能力相适应。在社会可持续发展方面，该理论强调社会公平与生态环境的互动机制。根据可持续发展理论，学者们构建包含生态环境、自然资源、经济和社会子系统的评价指标体系，用以综合评价乡村振兴的实际效果（闫周府和吴方卫，2019；吕承超和崔悦，2021；武永霞，2022）。

2. 生态系统服务功能理论

生态系统服务功能是指生态系统为推动社会经济发展所提供的外部条件及效用，包括物质循环、能量转化、信息流及价值流传递等功能。生态系统的结构与功能相互关联，结构是功能的基础，功能是结构的表现。生态结构及其生态过程所具有的服务功能，构成了经济、社会、生态文化、生态景观等生态系统价值增值的关键基础。欧阳志云等（1999）基于生态系统服务功能理论，将生态系统服务功能划分为直接利用价值、间接利用价值、选择价值和存在价值，并据此评估生态系统的经济价值。①后续研究中，李松睿和曹迎（2019）以及李慧民等（2019）将生态系统服务功能理论应用于乡村生态振兴评价指标体系的构建研究，系统考察了乡村生态振兴的生态、经济和社会功能及其价值实现。

3. 生态承载力理论

生态系统内部具有自我调节和自我修复功能，以抵抗外界干预或冲击，并维护系统内部稳定性的平衡能力，即生态承载能力。当外界干扰的强度与频率超出生态承载力时，生态系统内部及其与外部环境的平衡关系将被打破，导致生态结构和功能受损，甚至出现系统崩溃。因此，生态承载力理论强调满足人类生存发展需要的社会经济活动应与生态承载能力保持平衡。为确保生态结构和功能的完整性，人类对生态资源的开发与消耗速率应保持在合理范围内，避免过度生产和过度消费，超出大气、水、土壤、生物等资源的生态承载力。在这个意义上，也有学者将生态承载力定义为：在不损害生态系统结构和功能完整性且保留生态系统自我生产和更新能力的情况下，能够实现资源消耗和废弃物消纳的最大量（刘淼等，2008）。建立在生态承载力理论基础之上，刘淼等（2008）和彭文启（2013）系统评估了区域生态安全水平及其与经济社会活动的相互作用。

4. 生态足迹理论

生态足迹是指在特定人口和经济条件下，为维持资源消费和废弃物消化所需的生物生产型土地面积（谭伟文等，2012）。这一概念可应用于国家、区域和城市尺度的生态评估研究。例如，陈成忠等（2008）利用生态足迹理论，对我国1961—2005年人均生态足迹波动进行了突变时间及影响因素分析。赵雪雁等（2011）将能值分析理论与生态足迹方法相

---

① 直接利用价值，主要是指生态系统产品所产生的价值；间接利用价值，主要是指无法商品化的生态系统服务功能，如维持生物物种和净化环境；选择价值，主要指人们为了将来能直接利用与间接利用某种生态系统服务功能的支付意愿；存在价值，亦称内在价值，是人们为确保生态系统服务功能继续存在的支付意愿（欧阳志云等，1999）。

结合，对甘肃省2000—2008年生态发展水平进行评价。也有学者基于生态足迹理论，构建出流域生态足迹多样性指数和生态可持续指数，对黄河流域2010—2017年的可持续发展状态进行了综合评价。

（二）评价指标体系构建的基本原则

为构建一套科学、客观、有效的乡村生态振兴评价指标体系，我们须遵循一定的基本原则。杜宇和刘俊昌（2009）在生态文明建设评价指标体系研究中，强调了全面系统与突出重点相结合的原则，以及可测度、可比较、客观性和代表性原则的重要性。在乡村振兴领域，闫周府和吴方卫（2019）也提出了全面系统性的指标评价原则。同时，沈剑波等（2020）在乡村振兴评价分析中强调，指标体系构建除了需要遵循科学性与导向性相结合的原则，还要遵循关键性、互补性、完备性及独立性与可计算相结合的原则。在乡村生态宜居建设方面，武永霞（2022）认为评价指标体系必须能够适用于不同的乡村环境，并且易于操作和实施，因此需要遵循普适性原则和可操作性原则。总体上，许多学者在评价乡村生态振兴对生态宜居贡献方面所取得的成效时，基本遵循了科学性、代表性和可操作性等基本原则（段永蕙等，2014；赵颖文等，2016；王晓君等，2017；马晓旭和华宇佳，2021）。

此外，学界还根据生态评价的核心目标、对象和空间尺度等，提出了具有专业领域特色的指标体系构建原则。例如，顾传辉和陈桂珠（2001）在城市生态综合评价中提出，指标选择应遵循综合性、代表性、层次性、合理性以及现实性原则。成金华等（2013）强调，生态文明建设内涵广泛，其成效评价指标体系具有指标丰富、元素多样和结构复杂等特性。在实际应用过程中，确定指标数量至关重要，过少则不足以全面评价生态建设成效，过多则会加大数据指标获取和统计测算的难度。因此，生态评价应突出满足以下两个原则：普适性指标与特色性指标相结合、约束性指标与选择性指标相结合。王奎峰等（2014）依据代表性、系统性、独立性和可操作性的原则，构建山东半岛生态环境评价指标体系。粟一帆等（2019）在长江流域生态评价研究中，指出评价指标的筛选原则是能全面反映河流生态系统的各种属性，能及时反映生态系统的各种变化，以及指标间的独立性。王秦（2023）在雄安新区生态承载力评价研究中，除了遵循科学性和系统性等一般原则，还特别强调动态性原则在评价指标构建中的重要性。

（三）评价指标体系构建的层级设置

一般而言，生态评价指标体系具有多尺度、多层级的特征，主要包含了目标层、准则层及指标层。其中，目标层是综合评级的最终对象，是由多级指标层评价得到的最终结论。乡村生态振兴战略实施效果等，通常被视为乡村振兴综合评价的目标层（张挺等，2018）。准则层（也称评价准则层），主要用于评价乡村生态振兴在不同目标维度（如产业兴旺、生态宜居和治理有效等）所取得的效果（沈剑波等，2020）。指标层是实际用于评价的最低一个层次上的指标，通常是可以被作为量化分析的具体数据指标，并依据不同的准则层形成对应的指标束。

学者们根据预设的评价对象和目标，设置生态振兴评价指标体系的层级。张挺等（2018）遵循目标层—准则层—指标层的评价思路构建乡村振兴评价指标体系，将乡村生态振兴作为目标层，并以自然环境、人工环境和社会环境宜居为准则层。闫周府和吴方卫（2019）以及陈俊梁等（2020）以乡村振兴为目标层，并将产业兴旺、生态宜居、乡风文明、治理有效和生活富裕五大维度纳入准则层，构建出多维度、多层级的乡村振兴动态评价指标体系。这种思路得到学界的广泛认可（贾晋等，2018；郑兴明，2019；沈剑波等，2020；吕承超和崔悦，2021）。此外，蔡雪雄等（2021）从乡村生产、乡村生活、乡村生态三个方面构建评价指标体系的准则层，以全面评估福建县域层面的乡村振兴水平。

除了乡村振兴综合评价体系，部分学者还致力于评价乡村生态这一子维度的振兴水平。马晓旭等（2021）运用"压力—状态—响应"模型，在充分理解乡村生态系统要素互动机制的情况下，以乡村资源生态环境、生产生态环境和人居生态环境为准则层，并构建包含24项具体指标的乡村生态振兴评价指标体系，以综合评价乡村生态振兴效果。李慧民等（2019）以陕西省西安市为例，归纳经济富裕度、环境优美度、安全保障度及生活便利度四个维度的25个基础指标，构建出生态宜居度的评价指标体系。李松睿和曹迎（2019）构建了由生态价值、美学价值、社会价值和居住条件四个维度、16个指标因子组成的川西林盘生态宜居评价模型。武永霞（2022）从乡村生态宜居的总体目标出发，筛选出21个三级指标，构建包含自然环境宜居、生产环境宜居、生活环境宜居、社会环境宜居四个维度的乡村生态宜居评价指标体系。

二、评价分析的主要方法

基于科学合理的评价指标体系，选择适宜的方法进行综合评估，是乡村生态振兴评价的一般步骤。在进行综合评价之前，我们首先需要确定从指标层到准则层，再到目标层的权重。一般而言，权重的确定可采用主观赋权和客观赋权两种方法。主观赋权方法主要根据经验主观判断来确定指标权重，包括专家打分法、层次分析法、二项系数法、环比评分法和最小平方法等（张挺等，2018；郑家琪和杨同毅，2018；李松睿和曹迎，2019；沈剑波等，2020；段永蕙等，2014；武永霞，2022）。这些方法可以为我们提供定性的评价结果，但需要依赖专家的主观判断，因此可能存在一定的主观性和不确定性。

客观赋权法主要根据数据指标的原始关系来确定指标权重。其常用的方法包括主成分分析法（茹少峰和马茹慧，2022；王秦，2023；李志慧等，2023）、熵值法（张锐和刘友兆，2013；马晓旭和华宇佳，2021）、因子分析法（陈俊梁等，2020）、能值分析法、生态系统服务价值法（刘世梁等，2014；魏慧等，2017）以及数据包络分析法（潘丹和应瑞瑶，2013）等。学者们通常会根据自身的研究特点，选择相对适用的研究方法，或者通过不同方法的组合使用，以克服单一评价方法存在的不足之处，进而增强估计结果的稳健性。事实上，并不存在一种适用于所有区

表4-1　常用生态评估方法及其比较

方法	描述	优势	局限性
层次分析法	将研究对象视为一个综合系统，并解析系统内部各组成要素之间的关系，据此划分出具有代表性的层次。最后，经由专家打分法确定各层次的权重，进而展开综合分析	具备较强的逻辑性与系统性，并且在实际应用中简单方便，可操作性较强	定性成分居多，且指标权重依赖于专家主观评分，导致数据指标的可比性和一致性程度较差
能值分析法	从物质能量流动角度考察经济、社会和生态系统之间的耦合联系，利用太阳能对各类能值进行标准化处理。最后，将能值进行货币化处理，实现对研究对象的客观评价	在同一研究区域内，数据指标的标准化程度较强，并且能够通过能值—货币转化，实现对评价对象的市场和非市场价值评估	囿于地区间资源禀赋，以及社会、经济和文化发展水平的差异，能值测算难以适用不同的研究区域，并进行比较分析
因子分析法	在建立明晰评价单元的关键影响因子的基础上，合并多个评价指标，最终实现对研究对象的综合评价	提取共同因子，既增强了评价指标的代表性，也增强了指标体系的简洁性，从而易于操作与推广	指标选取的主观性仍相对较强
模糊综合评价法	一种建立在模糊数学的理论基础上，将定性评估转化为定量评估的综合评价方法	适用于受多种因素影响研究对象的综合评价，基于模糊数据方法，解决评价指标难以量化的问题	计算函数选择和测算假设的设定过程复杂，增加了评估方法的应用难度。也会出现人为操控的情况
生态系统服务价值法	根据生态系统为社会经济发展所提供的外部条件及效用，从而评价生态系统所具有的经济、社会、文化和景观等价值功能	评价结果清晰明了，能够直接反映出生态系统的结构功能，以及因此产生的实际效益	生态系统的结构复杂，物质能量流动复杂多变。因此，对于生态系统边界界定，以及各生态系统要素的功能把握存在困难
主成分分析法	基于数据指标标准化处理，借助数据降维思想，将多个指标转化为较少的综合性指标，进而实现对研究对象的综合评价	利用统计分析方法来确定评价指标间的相关性，并根据指标的贡献率，实现客观赋权	重视评价指标间的线性联系，意味着当数据指标间存在非线性关系时，评价结果的可靠性将会降低

续表

方法	描述	优势	局限性
数据包络分析法	通过计算确定生产最优前沿面来评估决策单元相对效率的非参数分析方法	适用于对多投入—多产出决策单元的评价。建立在线性规划的基础上，无须设置生产函数，可操作性和可行性较强	具有明显的指标数量限制，指标权重不唯一且不可比

域尺度生态振兴评价的研究方法，各个方法对于所要解决的问题各有侧重，也各有优缺点。表4-1呈现了常用研究方法的优势与不足。

通过文献梳理可以发现，学者们围绕生态评价开展了富有成效的研究。然而，关于乡村生态振兴评价理论基础、指标体系构建和评价方法等方面的议题，大都见于乡村振兴评价的研究之中，仅有零星的独立研究直接针对乡村生态振兴进行评价。目前，学界尚缺乏一套科学、合理、有效的乡村生态振兴评价指标体系。尽管如此，相关分析仍然为本研究的乡村生态振兴评价指标体系构建和综合评价提供重要的研究基础。据此，本研究首先阐明乡村生态振兴评估的理论基础，并探究评估目标以及构建评价指标体系的原则。基于构建的评价指标体系，本研究选择合理的评估方法进行综合评价，同时阐明所选研究方法的合理性与适用性。

第二节　乡村生态振兴评价的基本思路

本研究在充分理解乡村生态振兴本质内涵的基础之上，结合相关专家学者的建议，遵循如下基本思路构建乡村生态振兴评价指标体系：

第一步，通过研究文献与政策文本资料的梳理，并结合专家学者的意见，明确乡村生态振兴评价指标体系构建的思路、理论基础和基本原则。

第二步，根据乡村生态振兴的本质内涵，借鉴已有研究成果，构建出评价指标的目标层、准则层和指标层。进一步阐明不同层级之间的逻辑关系，确保指标体系结构构建的科学性、系统性与合理性。

第三步，基于评级指标体系的目标层和准则层，预选出合理的数据指标。重点在于，预选出能够反映相应准则层核心内涵的数据指标，且这些数据指标应能方便量化分析且具有可得性。

第四步，根据预选出来的数据指标，对评级指标体系的完备性、可行性和合理性进行评估。这不仅需要对比既有相关文献指标体系结构及具体指标选择逻辑，还需要咨询领域内的专家学者，对指标体系构建的完备性、可行性和合理性进行论证。

第五步，在对评价指标体系开展系统评估与论证之后，若评价指标体系存在不合理之处，采取指标增加、删减和修改等方式，对指标体系进行完善，然后重复上述第四步，直至构建出相对完善的评价指标体系。若评估之后未发现不合理之处，则进入第六步。

第六步，确认评价指标评价的元素与结构，并将评价指标体系试用于实际的评价项目活动中。

第七步，若在评价指标体系试用过程中发现指标体系仍存在不合理之处，则进一步讨论指标体系的优化与完善。然后，重复第六步，在试用环节不断完善指标体系。若评价指标体系在试用环节不存在问题，则直接进入第八步。

第八步，构建出完备的乡村生态振兴评价指标体系。

按照上述基本流程（见图4-8），从理论到实践，反复论证预选指标的科学性、系统性、可行性和合理性，最终设计并构建出一套适用于我国乡村实际的生态振兴评价指标体系。

第三节　乡村生态振兴评价的指标设计

本章将生态可持续发展理论作为乡村生态振兴评估的理论基础。生

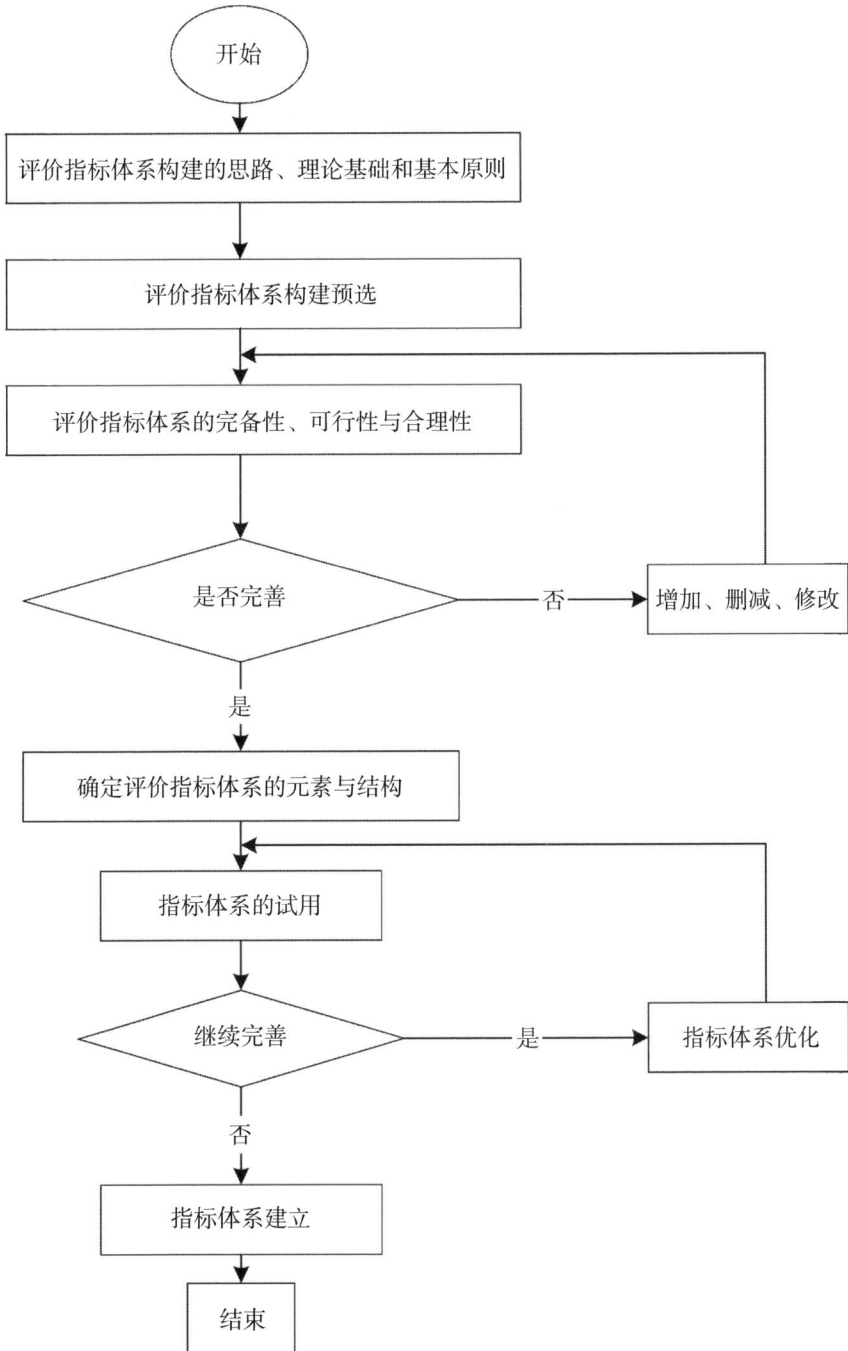

图4-8　乡村生态振兴评价指标体系构建流程示意图

表4-2 生态经济可持续发展理论的基本内涵

内容	基本内涵
持续发展	从时间序列演进角度来看,生态经济系统遵循自身的演化秩序,始终保持自我生产和自我更新能力
稳定发展	生态系统与经济社会系统的主要发展指标,维持在一定的水平和增长速率之上,避免出现高起高落、大幅涨跌的情况
适度发展	社会经济部门再生产的资源消耗、废物排放、人口增长及消费需求应保持在合理的范围之内,与生态承载力相适应
协调发展	生态经济系统各要素之间形成良性互动,包括技术、资源、生产、消费和人口等核心要素之间,形成正反馈链条,相互促进、相辅相成

态可持续发展是指经济、社会、生态系统能持续、稳定、适度和协调发展,其具体含义在不同维度上各有侧重,如表4-2所示。

生态可持续发展理论的核心观点认为,经济增长与生态环境、生态环境与社会发展之间存在对立统一关系。从经济增长与生态环境的相互关系来看,其对立性体现在:经济增长过程中往往伴随着对自然资源的过度开发,以及因人口规模扩大和消费增长而引发的资源枯竭、环境污染和生态恶化等问题。这些问题反过来又会对经济活动和物质生产的基本条件造成破坏,阻碍经济的进一步发展。就二者的统一性而言,经济增长与资源合理利用、生态保护在目的上具有一致性,本质上都是为了实现经济、生态系统的可持续发展。良好的生态环境、丰裕的自然资源为经济增长创造条件,而资源的有效利用、生态环境的保护与修复,又均依赖于经济增长所提供的物质基础。同样地,社会发展与生态环境之间也存在类似的耦合关系。良好的生态环境是社会得以进步的重要前提,而随着社会发展水平的提高,社会积累的知识与财富越多,人类社会应对生态环境与资源问题的能力也将不断增强。

实现生态可持续发展的关键要素之间存在密切的关系。一是协调好"经济增长—资源—环境—人口"的关系。经济增长是提高居民生活质量的重要手段,而居民生活质量的提高本身就包括对于生态环境的享受与满足。因此,经济增长需要同时关注生态环境质量的改善,特别是要处理好经济增长与生态环境的关系。人口是经济增长的必要资源，但人口过快增长会产生更多的资源消耗与消费需求，这就要求我们必须要协调好人口增长同生态承载力、环境容量之间的关系。二是实现"经济增长—技术进步—生态平衡"之间的良性循环。技术进步是经济增长的关键驱动力，但单纯运用适用于经济增长的技术手段，可能会致使生态系统结构成分缺损和功能紊乱。应该强调的是，"技术—经济"和"技术—生态"之间并非相互独立，技术体系的构建应满足促进经济增长、平衡生态系统的基本要求。

可持续发展是生态可持续发展需要考虑的首要原则，包括：（1）均衡发展（或公平发展），强调发展权利在区域间以及代际间是平等的，不同区域及当前和子孙后代在社会、经济和生态系统性上的地位是平等的，发展机会是均等的。（2）生态经济空间统一性原则，强调人类赖以生存的空间具有同一性，不同地区（国家）在资源开发过程中，必须保护人类共同的家园。（3）生态供给与经济需求相协调要求经济需求的满足不应以损害生态资源与环境为代价，而是以生态供给为基础，结合人类发展需求目标，在整个可持续发展过程中，协调经济增长、精神（文化）产品之间变化发展的关系。

与此同时，生态可持续发展还需要坚持控制原则，包括：（1）生态经济要素分布组合的时空序列控制原则。生态经济各要素分布在生态系统经济空间之中，并伴随时间进展发生演替。在不同的时空维度上，人类的经济、文化、生态环境需求和全面需求依次被取替。生态经济各要素呈有序发展状态。（2）自我反馈原则。一是生态系统中的自我负向反馈调节机制，另一个是通过市场机制调节的商品供需关系之间的反馈机制。寻找到供给与需求之间的平衡点，是维系整个生态经济系统平衡的关键。（3）生态经济要素发展的互补、替代和跃升原则。生态系统中存在种群相生相克的特征，因此，在整个生态经济可持续发展过程中，遵循物质、能量循环转化链原理，生态要素之间形成互补、替代机制，促使生态经济系统持续演化，形成新的有序状态，拓展新的发展空间。

一、乡村生态振兴评价指标的构建思路

（一）坚持定量分析与定性分析相结合

有关乡村生态振兴效果的评价，包括经济发展和居民收入等多个方面，可以量化为具体的数据指标，例如地区生产总值、人均可支配收入和城乡收入比等。然而，在乡村生态振兴过程中，评价乡村文化软实力则是一个相对复杂的问题。虽然我们可以利用乡村文化产业规模和结构数据进行测度，但对乡风文明建设效果的评价，则需要借助定性的分析方法，以全面刻画乡村精神文明、家风和农民精神状态等方面的发展状况。

（二）坚持宏观分析和微观分析相结合

乡村生态振兴是宏观战略，实现乡村生态振兴的目标需要具备扎实的微观基础。因此，在构建乡村生态振兴评价指标体系中，我们需要充分考虑宏观国家战略、中观产业政策、微观村庄及农户层面的衡量指标。指标体系的构建既要立足于国家总体战略布局的视角，也要关注微观个体的利益诉求，据此形成一套宏观与微观相结合的评价指标体系，使之在服务乡村生态振兴顶层设计的同时，为乡村生态振兴的具体实施提供参考。

（三）坚持过程性评价与结果性评价相结合

乡村生态振兴具有长期性与艰巨性，战略目标的实现绝非一蹴而就。因此，乡村生态振兴需设置若干目标和要求且其具有预期性以最终达到战略目标。然而，即便是约束性目标，也需要在乡村生态振兴实施过程中评估目标设置的科学性与合理性。这就要求在乡村生态振兴评价指标体系的构建中，根据乡村生态振兴的时间规划，将过程性评价与结果性评价相结合。首先需要评价振兴目标的实现效果是否偏离预期方向，然后在此基础上对总体目标和要求进行相应校正，以最大限度减少政策实施偏差。

二、乡村生态振兴评价的主要目标

实现经济效益、社会效益和生态效益协同是乡村生态振兴的总体目标。经济效益的其中一种含义是指在经济再生产过程中，劳动占用和劳动消耗同劳动成果的比率；另一种含义是净收益，或者纯收益，指在总收入中扣除包括物化劳动消耗和活劳动消耗的全部消耗后的余额。经济效益的第一种含义用比值表示，第二种含义用绝对值表示，二者均包含成本—收益的关系。社会效益是指社会再生产过程中满足社会对物质和精神财富需求的程度及其满足需求以后的后续社会后果。满足需求度是社会效益的数量度量，集中反映了某项社会财富的使用价值量。社会效益的另一种表达是满足某种程度需求的后果。例如，乡村生态振兴对于社会观念和居民精神文明产生的影响等。生态效益是指生态系统内生物之间、生物与环境之间的物质循环、能量转换的效率或积累量。

本研究构建科学合理的评价指标体系，旨在准确测度乡村生态振兴的总体水平，并揭示乡村生态振兴的经济、社会与生态效益。

三、评价指标体系构建的基本原则

乡村生态振兴是一个涉及经济、社会、文化、生态环境等各个方面的大型复合系统，其内涵丰富。乡村生态振兴评价指标体系的构建首先应做到因地制宜、实事求是。同时，乡村生态振兴评价指标体系设计要充分借鉴和汲取国内外在乡村生态振兴方面的有益经验，遵循生态振兴的一般规律。同时，实现乡村生态宜居，从根本上改善人民福祉，是乡村生态振兴的最终目的。因此，必须要从人民角度衡量构建指标体系。为准确测度乡村生态振兴水平，在评价指标体系选取和指标目的值确定的过程中，我们需要遵循如下基本原则：

（一）科学性原则

构建评价指标体系目标层、准则层和指标层，以及相关指标的筛选和评价方法选择，都需要以科学依据为基础，并符合科学逻辑。只有坚持科学性原则，才能确保所构建的乡村生态振兴评价指标体系具备真实可靠性和客观有效性。

（二）系统性原则

生态文明是一个极其复杂的社会系统，在特定的社会形态中，该系统包含人口、自然环境、经济、政治和思想文化因素五大基本要素。因此，乡村生态振兴评价指标体系的构建必须从系统整体出发，科学体现生态文明的综合性与整体性。但同时，对于所选取的评价指标，我们还应兼顾其代表性，使之能够全面系统反映被评价对象的主要特征。

（三）层次性原则

目标维度是乡村生态振兴评价指标体系的关键构成部分，用于衡量乡村生态振兴实施是否完成了政策设定目标。考虑到政策目标的多维性，评价目标也应是多层次的。因此，需要构建出多层次评价指标来测度不同维度目标的完成情况，从而更全面地反映乡村生态振兴的总体要求和目标达成效果。

（四）可行性原则

评价指标体系的构建必须立足于我国乡村实际，深入理解乡村生态振兴的内在本质，明确各项指标的准确含义。在保证科学性的同时，也要尽量做到简洁明了，易于理解，为社会各界所接受。在选择评价指标时，我们需要兼顾易定性和定量测算的特性，以便在实际评价应用中能够客观、合理地反映乡村生态振兴的水平，同时指标也需具备良好的可操作性。通常来说，尽可能优先选择结果性指标，避免选择动因性、措施性和对策性指标，以准确反映出乡村生态振兴的最终结果。

（五）可比性原则

该原则要求评价指标既要能够基于历史数据进行纵向比较，以反映一个地区乡村生态振兴的时序演进历程（自身进步），又能通过横向比较，以评估不同地区乡村生态振兴水平的差异（相对水平）。由此，各地能够在对比过程中寻找发展差距、总结经验并改进工作。为实现这一目标，指标选取过程中应尽可能做到统计口径、计算方法和量纲的一致性。同时，为了提高指标的客观性和易接受性，指标选择需要排除人为因素的干扰。

四、评价指标体系层级及指标筛选

乡村生态振兴涵盖了"三农"各个方面，生态要素在整个振兴战略中处于基础和核心地位，涉及农村经济、政治、文化、社会和生态文明建设，同"五位一体"总体布局紧密相关（张挺等，2018）。乡村生态宜居并不仅仅局限于村庄场域内的整洁美观，而是面向生产、生活、生态的"三生"一体协调发展。这意味着乡村生态振兴各要素，以及子目标之间互为基础、相辅相成、互相制约。借鉴已有研究成果，并充分听取相关专家学者的建议，本章在评价指标体系构建过程中以乡村生态振兴为目标层，将农民收入、农村环境、农业产业和乡村治理四个维度纳入准则层，并进一步针对上述四个准则层预选适用的指标。

（一）农民收入维度

以人民为中心是推进乡村生态振兴的根本立场，回应广大农民对幸福家园和美好生活的殷切向往。一方面，需要发挥农民的主体性作用，积极鼓励和引导农民参与到乡村生态振兴建设中来；另一方面，确保农民能够从乡村生态振兴建设中获益，真正做到生态振兴成果与农民共享。因此，乡村生态振兴首先需要切实提高农民收入，这既是乡村生态振兴实现共建共享的根本，也是乡村振兴战略的生活富裕要求。农民增收需立足于乡村本土，充分利用村域生态资源和生态环境优势，走生态建设与经济生产共生发展道路。这就需要将生态环境保护视同于对生产力的保护，构建共生共促的生态产业体系，高效且合理应用乡村生态资产以扩大农民收入来源渠道。

在农民收入方面，本研究共预选七个具体指标。其中，正向指标包括：（1）农村居民人均可支配收入。该指标指农村居民可用于最终消费支出和储蓄的总和，是衡量农村居民可用于自由支配的收入的关键指标[①]。农村居民人均可支配收入被普遍视为其消费开支的关键决定因素，能够反映一个区域居民的平均生活水平及其变化情况。（2）农村居民人均消费支出。该指标指农村居民用于满足家庭日常生活消费的全部支出，包括购买实物支出和服务性消费支出。消费支出既是国民经济增长的直接驱动因素，也是衡量居民生活水平和质量的关键指标。（3）农村居民财产性收入占比。财产性收入是居民利用资本参与社会生产和生活所产生的收入，包括出让财产使用权所获得的利息、租金、专利收入，以及财产营运所获得的红利收入、财产增值收益等。[②]（4）农村居民非农就业收入占比。该指标用以衡量农村居民的收入结构及其来源。（5）农村居民人均住房面积。该指标用以衡量农村居民的住房条件，反映农村居民的财富水平。

负向指标包括：（1）农村居民恩格尔系数。该指标用以衡量农村居民家庭食物支出占消费总支出的比重，被普遍视为居民生活水平高低的关键指标之一。农村恩格尔系数越高，说明农村居民食物消费占总消费

---

① 按照收入来源划分，可支配收入包含工资性收入、经营性净收入、财产性净收入和转移性净收入。

② 这里的财产包括居民家庭拥有的动产（如银行存款、有价证券、车辆、收藏品等）和不动产（如房屋等）。

的比重越高，也意味着居民的生活水平越低。① （2）城乡居民人均消费支出比。该指标用于反映城乡居民消费水平差距，以衡量农村居民的相对生活水平。

（二）农村环境维度

全面提升乡村人居环境质量是乡村生态振兴的核心内容之一。乡村地区的自然环境，包括山、水、林、田、湖、草、沙等，为农村居民提供了丰富的生产生活物质基础，同时也是乡村地区得以存在和发展的空间载体。若生态环境衰败，乡村生态振兴将成为无源之水、无本之木，而良好的生态环境则具有"筑巢引凤"效应，吸引人才、资金和技术等资源流向乡村地区，为乡村振兴所需的"人、财、物"提供支撑。《乡村振兴战略规划（2018—2022年）》对于乡村生态振兴提出更加全面的要求：推进农业绿色发展方面，以生态环境友好和资源永续利用为导向，推动形成农业绿色生产方式，实现投入品减量化、生产清洁化、废弃物资源化、产业模式生态化，提高农业可持续发展能力；持续改善乡村人居环境方面，以建设美丽宜居村庄为导向，以乡村垃圾、污水治理和村容村貌提升为主攻方向，开展乡村人居环境整治行动；加强乡村生态保护与修复方面，大力实施乡村生态保护与修复重大工程，完善重要生态系统保护制度，促进乡村生产生活环境稳步改善，全面提升自然生态系统功能和稳定性，进一步增强生态产品供给能力。

在农村环境方面，本研究预选六个具体指标。其中，正向指标包括：（1）农村厕改农户占比。农村卫生厕所改造是人居环境整治的重要内容，《农村人居环境整治三年行动方案》将"厕所粪污治理"作为重点任务之一。② 《农村人居环境整治提升五年行动方案（2021—2025年）》明确指

---

① 一般而言，恩格尔系数超过59%为贫困，50%—59%为温饱，40%—49%为小康，30%—39%为富裕，低于30%为极度富裕。

② 《中共中央办公厅 国务院办公厅印发〈农村人居环境整治三年行动方案〉》，https://www.mee.gov.cn/zcwj/zyygwj/201912/t20191225_751553.shtml。

出，扎实推进农村厕所革命，逐步普及农村卫生厕所，加强厕所粪污无害化处理与资源化利用。（2）农村生活污水改造率。农村生活污水治理是农村人居环境整治的薄弱环节，尤其是在生活污水方面，仍处于探索阶段（于法稳，2019）。农村生活污水处理规模增加和效率的提高，将有效提高乡村生态振兴成效。（3）农村生活垃圾处理率。推进农村生活垃圾源头减量与有效利用，是改善人居环境质量和实现人民对美好生活向往的重要内容。

负向指标包括：（1）农业化肥用量强度。我国农业生产中广泛存在化肥高量施用现象，不但增加农业生产成本，而且引发了资源消耗、环境污染和生态破坏等一系列问题。在推进乡村生态振兴过程中，应坚持绿色发展理念。而《"十四五"全国农业绿色发展规划》将农业化肥减量施用作为农业绿色发展的关键举措，因此需要积极推进化肥减量增效，从根本上遏制农业面源污染。（2）农药用量强度。同农业化肥用量现状一致，农药高量施用同样普遍存在，农药利用效率普遍较低。推进农药减量增效，是实现乡村生态振兴的有效路径，也是振兴效果的重要体现。（3）农作物受灾率。农村地区的生产、生活受到气候等自然条件的影响较大。气候变化冲击，加剧了农业部门的脆弱性，破坏农村生态系统（如生物多样性），最终导致农村居民生活环境不断恶化。增强农业部门抵御自然灾害的能力，降低自然风险，是乡村生态振兴的内在要求。

（三）农业产业维度

产业兴旺对夯实乡村生态振兴的物质基础至关重要。这不仅要求促进农业产业稳定发展，同时还要求推进第一、第二、第三产业融合发展，着力培育乡村新业态，实现乡村产业多样化，通过繁荣乡村产业经济来激发乡村生态振兴的内生动力。因此，乡村产业兴旺不仅体现为产业数量的增加，而且要健全产业要素，将生态放在核心地位，发展生态农业、生态工业、生态服务业等产业，实现生态产业化和产业生态化的有机融合。同时，因地制宜发展乡村特色产业，挖掘乡村内部产业发展潜力，促进经济发展，带动农村居民就近就业，在乡村生态振兴过程中推进乡村产业发展和产业转型升级。

农业产业维度预选如下六个评价因子，均为正向指标：（1）农业产业增加值。该指标主要用于表征农业产业的发展状况。农业产业增加值度量了农业部门在一定时期内（通常指一年内）生产经营活动所提供的社会劳动量的货币表现，即农林牧渔业现价总产值扣除农林牧渔业现价中间投入后的余额，它集中反映了农业生产经营活动的最终成果及其对社会的贡献。（2）第二、第三产业增加值占比。该指标主要用以衡量乡村内部的产业结构。乡村区域内的第二、第三产业比重越高，表明乡村产业融合发展的水平越高。（3）非农就业人口占比。该指标用于表征乡村人口的就业状况。乡村生态振兴带来的产业发展和产业转型升级，有望拓宽农村居民的就业渠道，增加他们的非农就业机会。（4）农业机械化水平。农业产业发展首先是农业现代化水平的显著提升。这就需要改善农业部门的生产装备，提高农业机械化水平，利用先进的农业机械技术来提高农业综合生产能力。（5）有效灌溉面积。该指标是衡量地区农业水利事业发展水平、农业抵御自然灾害及生产稳定水平的重要指标。水利是农业的命脉，我国向来是水旱灾害频发的国家，农业增产丰收离不开完善的农田灌溉体系。（6）粮食单产水平。该指标用以衡量农业产出能力。我国耕地资源相对稀缺，且耕地质量普遍较低，提高单位面积粮食产出水平是确保粮食安全的关键。

（四）乡村治理维度

乡村生态振兴是经济、文化、民生、生态等领域的互动一体化发展，各要素或系统组成之间互为基础，缺失任何一部分都不可能实现乡村生态振兴。现阶段，乡村公共事务治理乏力，是制约乡村全面振兴的瓶颈因素。乡村生态振兴作为乡村全面振兴的重要环节，乡村治理之于其也具有重要影响。生态环境具有典型的公共物品特性，乡村居民对生态资产的使用具有非排他性和非竞争性特征，这就容易导致乡村生态资源开

表4-3　乡村生态振兴评价指标体系

目标层	准则层	指标层	方向
乡村生态振兴综合评价	农民收入	农村居民恩格尔系数	负向
		城乡居民人均消费支出比	负向
		农村居民人均可支配收入	正向
		农村居民人均消费支出	正向
		农村居民财产性收入占比	正向
		农村居民非农就业收入占比	正向
		农村居民人均住房面积	正向
	农村环境	农业化肥用量强度	负向
		农药用量强度	负向
		农作物受灾率	负向
		农村厕改农户占比	正向
		农村生活污水改造率	正向
		农村生活垃圾处理率	正向
	农业产业	农业产业增加值	正向
		第二、第三产业增加值占比	正向
		非农就业人口占比	正向
		农业机械化水平	正向
		有效灌溉面积	正向
		粮食单产水平	正向
	乡村治理	每万人刑事案件立案数	负向
		每万人村民纠纷案件发生数	负向
		村庄选举登记选民投票率	正向
		农民对村政务公开满意程度	正向
		社区服务中心单位数	正向

发利用的私人成本与社会成本出现分离。一方面，居民通过损坏生态环境来谋取经济利益，却无需承担生态环境维护成本；另一方面，生态环境改善带来了个体福利的增加，却无法向个体收费。由此，乡村生态资源的开发容易出现"公共地悲剧"事件，其治理也往往无法避免"搭便车"行为。同时，生态宜居虽然是广大人民群众的共同愿望，但由于居民个体间存在较大的异质性，同一项生态环境治理对不同居民产生的边际效益不尽相同，这造成了乡村治理面临较高的决策成本和协商成本。从这个角度来看，乡村治理有效是决定乡村生态振兴目标实现的重要因

素，而乡村生态振兴也为完善乡村治理制度提供了良好的契机。乡村生态振兴与乡村治理有效齐头并进、相辅相成。因此，针对乡村生态振兴成效的评价，我们需要重点考察乡村治理维度所取得的进展，为因地制宜、分类指导当地乡村生态振兴建设提供量化管理依据。

本章预选五项指标来衡量乡村治理水平。其中，正向指标包括：（1）村庄选举登记选民投票率。村民委员会选举是基层民主的重要实践形式，村民民主选举参与程度直接影响到选举的民主性与村庄治理效能。（2）农民对村政务公开满意程度。该指标是指村民对村务公开内容的真实性、形式的有效性、基本程序的合法性以及公开结果等的切身感受和满意程度。村务公开对于健全村民民主监督机制、完善村民自治、推动乡村振兴战略实施具有重大意义。（3）社区服务中心单位数。社区服务是指政府、社区居委会以及数字社区等其他各方面力量直接为社区成员提供的公共服务和其他物质、文化、生活等方面的服务。加强和改进社区服务工作有利于扩大党的执政基础、体现政府的施政宗旨；有利于扩大就业、解决社会问题、化解社会矛盾、促进社会和谐；有利于不断满足居民群众需求、提高人民生活质量、促进人的全面发展。

负向指标包括：（1）每万人刑事案件立案数。该指标指村庄每年度依法侦查或确认的符合刑事案件构成标准的案件数占年平均人口的百分比，用于表征农村地区的犯罪率和社会治安效果。（2）每万人村民纠纷案件发生数。该指标反映了一个地区社会治理效果及社会和谐程度。

第四节　乡村生态振兴评价的主要方法

本研究采用主成分分析法来确定指标权重。当指标数目较多时，指标的相关性可能导致层次分析法确定权重时会受到主观因素的影响。而主成分分析法能够将多个指标因子转化为少数几个不相关的综合指标，达到降维的效果。因此在指标层，运用主成分分析法得到要素层指数值，在准则层和目标层则运用层次分析法。

一、指标权重的确定方法

(一)数据标准化处理

运用标准差标准化方法将原始数据进行标准化,以避免由于指标量纲、数量级不统一造成的评价结果不准确的问题。假定乡村生态振兴综合评价值存在 P 个指标, X_1、X_2、$\cdots$、X_P; n 个评价准则层的 P 项指标组成原始数据矩阵 $X=[X_{ij}]_{n\times P}$。其中, X_{ij} 表示第 i 个准则层的第 j 项指标数据($i=1$, 2, $\cdots$, n; $j=1$, 2, $\cdots$, P)。数据指标标准化方法为:

$$X_{ij}^{*}=(X_{ij}-\overline{X}_{j}) / \sigma_{j} \tag{4-1}$$

(4-1)式中, X_{ij}^{*} 表示指标 X_{ij} 的标准化数据,构成标准化数据矩阵 $(X_1^{*}, X_2^{*}, \cdots, X_P^{*})$, $\overline{X}_j$ 和 σ_j 分别表示指标所属 j 准则层的平均值和标准差。

(二)确定主成分

基于标准化数据,通过总方差分析选取特征值大于 1 的前 m 个主成分,建立 m 个主成分和标准化变量的关系:

$$Y_{k}=\beta_{k1}X_1^{*}+\beta_{k2}X_2^{*}+\cdots+\beta_{kP}X_P^{*} \tag{4-2}$$

(4-2)式中, Y_k 为第 k 个主成分($k=1$, 2, $\cdots$, m), β_{k1} 为第 k 个主成分的因子载荷。

(三)确定权重

利用第 k 个主成分的贡献率与选取的 m 个主成分总贡献率的比值来确定每个主成分的权重。

$$W_{k}=\lambda_{k} / \sum_{k=1}^{m} \lambda_{k} \tag{4-3}$$

(4-3)式中, W_k 为第 k 个主成分权重, λ_k 为第 k 个主成分贡献率。

二、综合评价的分析方法

基于（4-2）式得到的前 m 个主成分和（4-3）式计算得到的指标权重，乡村生态振兴的综合评价公式可以表示为：

$$F = \sum_{k=1}^{m} W_k Y_k \qquad (4-4)$$

（4-4）式中，F 为乡村生态振兴的综合评价得分，其数值越高，表明乡村生态振兴的效果越好。

第五章

乡村生态振兴的
社会经济效益评价

生态资源兼具生产、生活和文化等多重功能，具有社会经济和生态效益内在统一性的本质特征。科学评估乡村生态振兴的社会经济效益及其影响因素，有利于准确把握现阶段乡村生态振兴效益水平及其内部的结构特征，进而明晰未来乡村生态振兴的工作重点及其优先序安排。为此，本章基于科学的评价方法与指标体系，利用2017—2021年31个省（区、市）级面板数据，实证评估了乡村生态振兴的社会经济效益的现实状况，为未来乡村生态振兴的政策制定与实践推进提供科学依据。

第一节 乡村生态振兴的社会效益评价

社会效益是指社会再生产过程中满足社会对物质和精神财富需求的程度及其满足需求以后的后续社会影响。量化满足需求度可为社会效益提供具体的数量指标，集中反映了某项社会财富的使用价值量。社会效益的另一种表达是满足某种程度需求的后果，例如乡村生态振兴对于居民精神文明和社会观念产生的影响等。实施乡村生态振兴战略，建设美丽乡村，其根本目的是充分满足人民日益增长的美好生活需要。而居民需求具有多样化、多层次、多方面特征，核心涉及人的全面发展（张军，2018）。因此，乡村振兴既要创造更多的物质财富和精神财富以满足人民日益增长的美好生活需要，也要提供更多优质的生态产品以满足人民日益增长的对优美生态环境的需要。尤其是在物质生活水平得到显著改善的条件下，应重视满足居民对教育、医疗、文化和养老等方面的多样化需求，实现人的全面发展。本章据此从乡村的教育、医疗卫生、文化建设和社会保障四个维度出发，构建乡村生态振兴社会效益评价指标体系。

一、评价指标选择的基本原则

基于乡村生态振兴的本质内涵，遵循科学性、系统性、层次性、可行性、可比性和实用性原则，我们将构建一套科学合理的乡村生态振兴社会效益评价指标体系。具体而言，该评价指标体系以社会效益为目标层，以乡村教育、乡村医疗卫生、乡村文化建设和乡村社会保障为准则层，并根据准则层筛选出适用的指标因子，最后确立具体指标。

二、核心指标选择与具体说明

（一）乡村教育

乡村生态振兴需要以人才作为重要支撑，农村人力资源开发则是重中之重（魏后凯等，2020）。以人才队伍建设为突破口，打破乡村生态振兴面临的人才瓶颈，才能最大限度激活人才的支撑作用，为乡村生态振兴注入内生动力。2018年，《乡村振兴战略规划（2018—2022年）》出台，其中特别强调了人才对乡村振兴战略实施的支撑作用，通过增加对农民主体的人力资本投资，培育新型职业农民，培养一批"懂农业、爱农村、爱农民"的"一懂两爱"人才。[①]2019年中央一号文件继续强调，将人才队伍建设摆在乡村振兴的重要位置，健全人才引进、培养、管理、任用、激励机制，鼓励社会人才投身于乡村建设。[②]2021年，中共中央办公厅、国务院办公厅专门出台了《关于加快推进乡村人才振兴的意见》，奠定了"乡村振兴，关键在人"的总基调。[③]在推进乡村生态振兴的过程中，同样需要打造一支数量庞大、质量优异的乡村生态振兴人才队伍，以人才振兴作为内生动力。考虑到乡村生态振兴同乡村产业、文化和组织振兴等相互交织和相辅相成，人才队伍建设上呈现出专业化与多元化特性，既包含乡村产业发展经营、乡村产业融合规划和公共事务治理人才，也涵盖文旅教育服务、农业科技研发与推广等多个部门（领域）的专业人才。

乡村教育是培育乡村生态振兴人才、发掘乡村人力资本资源的重要摇篮，是实现乡村人才振兴"输血"与"造血"、引才与育才相结合的关

[①]《中共中央　国务院印发〈乡村振兴战略规划（2018—2022年）〉》，http://www.moa.gov.cn/nybgb/2018/201810/201812/t20181218_6165130.htm。

[②]《中央农办　农业农村部2019年一号文件》，http://www.zcggs.moa.gov.cn/zczc/201906/t20190619_6317991.htm。

[③]《中共中央办公厅　国务院办公厅印发〈关于加快推进乡村人才振兴的意见〉》，https://www.gov.cn/gongbao/content/2021/content_5591402.htm。

键。新时期，乡村生态振兴对乡村教育事业发展提出了更高的要求，乡村教育事业也因此迎来了新的发展契机，形成了乡村生态振兴与乡村教育事业发展同频共振、齐头并进的有利局面。一方面，乡村基础教育事业的发展，能够为乡村生态振兴输送人才。尤其是乡村基础教育所蕴含的文化传承功能，在吸收外来文化精华的同时，形成极具乡土特色的教育模式，这将有助于乡村生态保育与生态产业融合发展。另一方面，乡村职业教育作为基础教育的重要补充，为乡村生态振兴输送急需的新型经营主体、职业农民等生态振兴领军人才。更为重要的是，乡村教育与乡村生态振兴相辅相成，前者为乡村生态振兴提供人才支撑，后者为乡村教育提供孵化平台，拓展教育人才的就业渠道，使之能够实现自身的价值。

本节将乡村教育视为乡村生态振兴社会效益的重要评估维度，选择如下指标进行量化分析：（1）文盲人口占15岁及以上人口的比重（%），用以衡量农村的基础教育水平。（2）农村女性文盲人口占比（%），用以衡量乡村女性人力资源开发水平。（3）每万人拥有的农村成人文化技术培训学校数量（个），用于表征乡村职业培训的办学条件与发展水平。

（二）乡村医疗卫生

在乡村振兴过程中，健全农村公共服务体系尤为重要，其中乡村医疗卫生服务更是重中之重。当前我国农村医疗卫生服务的发展尚不充分，且存在不平衡问题，已成为乡村全面振兴的重点和难点。2022年，中共中央办公厅、国务院办公厅印发了《乡村建设行动实施方案》①，明确提出"改革完善乡村医疗卫生体系，加快补齐公共卫生服务短板，完善基层公共卫生设施"。2023年，中共中央办公厅、国务院办公厅印发了《关于进一步深化改革促进乡村医疗卫生体系健康发展的意见》，强调要在乡

---

①《中共中央办公厅　国务院办公厅印发〈乡村建设行动实施方案〉》，https://www.gov.cn/gongbao/content/2022/content_5695035.htm。

村振兴战略实施过程中完善乡村医疗卫生体系，深化基层医疗卫生体制机制改革，优化县域优质医疗卫生资源布局，提高医疗卫生资源供给的公平性、系统性与可及性，让农村居民在居住区域就能够享受到优质有效的医疗卫生服务，为提高居民健康水平、实现健康公平提供有力保障。可见，政府高度重视农村医疗卫生服务的建设与优化。

乡村生态振兴和乡村医疗卫生事业发展紧密相关。一方面，农村医疗卫生服务是实现乡村生态振兴的重要保障。乡村生态振兴离不开人，提高人民健康水平是乡村生态振兴的出发点和落脚点。无论是为了人的全面发展还是维护与保障乡村劳动力，乡村医疗卫生事业都扮演着不可或缺的角色。另一方面，乡村医疗卫生事业在乡村生态振兴背景下迎来了一个重要的发展契机。首先，在推进乡村生态振兴、建设美丽乡村过程中，各地通过直接资助农村医疗卫生服务，促进了农村医疗卫生设施的完善与升级。其次，乡村生态振兴带动生态经济产业的发展，实现经济振兴，以推动农村医疗卫生服务资源的提升。最后，乡村生态振兴从根本上改善了乡村人居环境，扭转了在城镇化和工业化进程中，污染产业向农村转移、农业化学农资过量施用所形成的对农村居民健康的危害，进而促进乡村医疗卫生事业高质量发展。总体来看，乡村生态振兴对建设乡村医疗卫生人才队伍、强化农村医疗卫生事业投入和完善农村卫生基础设施产生了积极的影响。

基于上述分析，乡村医疗卫生事业的发展在一定程度上反映了乡村生态振兴的社会效益，因此本章将其纳入乡村生态振兴社会效益评估指标体系，所选择的指标包括：（1）每万人拥有的乡镇卫生院数量（个），用于表征乡村医疗卫生基础设施建设情况。（2）每万人拥有的卫生人员数量（人），用于表征乡村医疗卫生队伍建设情况。（3）每万人拥有的乡村医生数量（人）。乡村医生经过相应的注册及培训考试后，以正式的名义执照开业，因此，该指标不仅反映出乡村医疗卫生队伍的数量水平，而且在一定程度上反映出乡村医疗卫生队伍的质量状况。

（三）乡村文化建设

乡村文化振兴不仅是建设美丽乡村的关键抓手，更是乡村生态振兴的"铸魂"工程。首先，乡村文化建设包括物质、制度和精神文化的建设，有助于规范村民行为规范，提高村民对乡村生态振兴政策的理解与认知，进而提高其乡村生态治理的参与热情，破解乡村生态环境治理组织乏力的问题。其次，乡村文化建设通过社会主义现代精神文明，引导村民积极学习先进知识和文化，对于革除陋习、渲染文明新貌具有重要作用。由此观之，乡村文化事业发展有利于提高居民对自然资源和文化资源的保护意识，进而将保护生态环境内化于心、外化于行，减少以牺牲生态环境来换取经济产出的掠夺性生产行为，强化乡村生态环境保护。最后，乡村独有的风俗习惯和乡土文化，使其成为最具开发潜力的文化市场，从而带动乡村生态文化产业的发展。

乡村生态振兴不仅为乡村居民提供良好的生产、生活环境，而且也能为乡村文化传承与发展提供重要的载体。具体而言，乡村文化产业需要依托于当地的自然文化资源，良好的生态环境有利于开发乡村特色文化产品、文化旅游资源和乡村民风民俗文化资源。首先，生态环境是乡村地区最重要、最丰富的自然资源，将优质生态资源开发成独具特色的地域文化产品和文化服务，可以繁荣乡村文化事业，显著提高乡村的文化软实力。其次，在乡村生态振兴中切实加强公共文化基础设施的建设，如文化长廊、文化礼堂和乡村图书屋等，将极大地丰富居民的文化活动和文化产品，满足他们对文化产品的消费需求。最后，生态产业与文化产业融合发展，有利于培育乡村新业态，促进农村的产业结构优化升级，创造新的乡村经济增长点。

由此可见，乡村文化建设与乡村生态振兴互相促进，相得益彰。在乡村生态振兴过程中，深入挖掘乡土文化价值，将有利于实现生态振兴的社会效益。基于此，本节选择如下指标来评估乡村生态振兴在乡村文化方面所产生的效益：（1）每万人拥有的乡镇文化站数量（个），用于表征乡村公共文化基础设施建设情况。（2）每万人拥有的乡镇文化产业从业人员数量（人），用以衡量乡村文化产业的人才队伍规模。（3）提供文化服务次数（次／人），用于表征乡村文化供给水平。（4）每万人拥有的辖区内村综合文化服务中心数量（个），用于表征村庄层面的文化服务供给水平。

（四）乡村社会保障

乡村社会保障是全面推进乡村生态振兴的重要防线。农业产业具有弱质性，面临着较高的自然风险，如气象灾害和地质灾害等，农村居民对灾害的抵御能力较弱。在这种情况下，最低生活保障、医疗救助和其他救助等乡村社会保障措施，发挥了兜底的保障作用。具体到乡村生态振兴层面，乡村社会保障对作为乡村生态振兴主体的人的发展具有积极影响。首先，乡村社会保障确保了乡村居民在教育、医疗、养老、就业、生产和生活等方面得到有效保障，从而激发乡村居民在乡村生态振兴中的主体性和积极性。其次，健全社会保障也是实现乡村居民全面发展、促进居民人力资本开发和积累的重要手段。只有拥有良好的医疗、健康及生活保障，乡村居民才能够以主体身份，以良好的精神面貌投入到乡村生态振兴建设中来，并充分发挥出他们的智慧才干与创造力。最后，乡村社会保障机制也是广大人民群众共享乡村生态振兴成果的重要途径。

乡村生态振兴策略的实施，旨在通过优化乡村人居环境，维护乡村生态平衡，进而提升农村居民的抗风险能力，并改进乡村社会保障水平。一方面，生态环境的优化可以减轻农村的生产生活压力，同时也能增强农村居民应对自然灾害的能力，提升乡村经济发展的耐受性。另一方面，完善的乡村生态环境可以促进生态、文化和农业产业的融合发展，进而拓展农村居民的就业渠道和增收来源。这样不仅增加了他们的收入，还提高了其收入的多样性和稳定性，从而确保他们在面对各种不利情况时，农村家庭内部的稳定得以维护。

综上所述，本节将乡村社会保障视为乡村生态振兴社会效益的重要

表5-1　乡村生态振兴社会效益评价指标体系

目标层	准则层	指标层	方向
社会效益	乡村教育	文盲人口占15岁及以上人口的比重（%）	负向
		农村女性文盲人口占比（%）	负向
		每万人拥有的农村成人文化技术培训学校数量（个）	正向
	乡村医疗卫生	每万人拥有的乡镇卫生院数量（个）	正向
		每万人拥有的卫生人员数量（人）	正向
		每万人拥有的乡村医生数量（人）	正向
	乡村文化建设	每万人拥有的乡镇文化站数量（个）	正向
		每万人拥有的乡镇文化产业从业人员数量（人）	正向
		提供文化服务次数（次／人）	正向
		每万人拥有的辖区内村综合文化服务中心数量（个）	正向
	乡村社会保障	农村居民最低生活保障人数占比（%）	负向
		农村最低生活保障支出（元／人）	负向
		特困人员救助供养机构年末收养人数占比（%）	负向

评估维度，并选择如下指标因子进行测度：（1）农村居民最低生活保障人数占比（%），用于表征农村生活保障水平。（2）农村最低生活保障支出（元／人），用以衡量乡村居民的基本生活水平。（3）特困人员救助供养机构年末收养人数占比（%），用于评估农村困难群体的规模及社会救助情况。上述三项指标均为负向指标，其数值越大，表明乡村生态振兴带来的社会效益越低。

第二节　乡村生态振兴的经济效益评价

一、评价指标的选择依据

经济效益具有两层含义，一种是指在经济再生产过程中，劳动占用和劳动消耗同劳动成果的比例；而另一种则是净收益或者纯收益，是指在总收入中扣除物化劳动消耗和活劳动消耗的全部消耗后剩下的金额。乡村生态振兴同样需要注重经济效益，推动生态资源转化，为乡村生态振兴提供经济支撑。从宏观层面来看，乡村生态振兴的经济效益并不像企业、家户生产单位那样，可以从成本—收益角度来考察，而是需要从经济收入、产业发展、生产条件以及环境角度来衡量。从农民收入来看，乡村生态产业得到合理的开发和利用，将会增加农村居民就业机会，促进农民收入水平的提高，有助于实现乡村居民生活富裕的目标。从乡村产业发展来看，以农民为经营主体，以利益联结为纽带，乡村生态振兴通过产业链延伸、产业功能拓展和要素集聚、技术渗透及组织制度创新，跨界集约配置资本、技术和资源要素，促进农业生产、农产品加工流通、农资生产销售和休闲旅游等服务业的有机整合，有利于推动农村产业可持续发展和实现农业经济稳步增长。从农业生产条件来看，乡村生态振兴通过提高乡村自然资源利用效率，改善了农业生产条件，能够加快农业现代化进程。从资源环境角度来看，乡村生态振兴可促进农业绿色发展，增强乡村产业绿色创收能力，这将会为农民收入、乡村经济培育新的增长点。

本节以乡村生态振兴经济效益为目标，确立了以农村居民收入、农业产业发展、农业生产条件和农业生态与环境安全为主要评价方面的准则层，并基于具体的评价指标，构建完整的指标体系。

二、评价指标选择与具体说明

（一）农村居民收入

促进农民增收，夯实农民生活富裕的经济基础是乡村生态振兴的首要任务，这既是乡村生态振兴实现共建共享的根本，也是走生产发展、生态良好、生活富裕的生态文明建设道路的内在要求。近年来，得益于各项惠农政策的实施，我国农村居民收入实现稳步增长，城乡收入差距有所下降，但城乡之间、各地区间的农民收入差距仍十分明显。伴随经济增速放缓和人口老龄化程度的加剧，非农就业带来的工资性收入对农民增收的贡献呈下降态势。因此，在乡村振兴战略背景下，我们不仅需要挖掘农业产业内部的增收潜力，而且需要重视推动乡村产业融合发展，进而拓宽农民增收渠道。

乡村生态振兴将有效推动农民增收事业走向新的高度。一方面，乡村生态振兴立足于农村本土，充分挖掘并利用村域的生态资源和生态环境优势，通过走生态建设与经济建设共生发展道路，能够将生态环境资源合理有效地转变为乡村生产力。另一方面，乡村生态振兴致力于构建共生共促的生态产业体系，能够真正将乡村生态资产转化为农户的财产性收入。同时，围绕乡村特色生态资源，培育新业态，推进农业产业、生态产业和文化产业融合发展，增加农民非农收入来源。此外，良好的生态环境为农民创业提供了条件，乡村居民以乡土文化和自然生态风光为核心，在特色旅游、健康疗养和文化教育等领域开展创业活动。这既有利于乡村生态资源的保护与开发，又促进了乡村生态与经济的良性循环，为农村居民增收培育了强大的内生动力。

从农村居民收入角度出发，本节选择如下指标来评估乡村生态振兴的经济效益：（1）农村人均可支配收入（元／人），用以衡量农村居民平均生活水平及其变化情况。（2）农村居民人均消费支出（元／人），用以衡量农村居民生活水平和质量。（3）农村居民财产性收入占比（%），用以衡量农村居民将乡村生态资产转化为经济资产的能力。（4）农村居民恩格尔系数（%），农村恩格尔系数越高，说明农村居民食物消费占总消费的比重越高，也意味着居民的生活水平越低。（5）城乡居民人均消费支出比，用以衡量城乡居民的消费水平及生活水平差距。在上述指标中，农村居民恩格尔系数和城乡居民人均消费支出比为负向指标，其余均为正向指标。

（二）农业产业发展

农业是乡村经济的基础产业，在乡村生态振兴过程中扮演着"压舱石"的角色。2021—2023年，连续三年的中央一号文件均对农村产业发展作出重要部署，特别强调通过构建现代乡村产业体系，包括加快发展农产品加工流通业、现代乡村服务业，培育乡村新产业新业态，以及通过培育壮大县域富民产业来推动乡村第一、第二、第三产业的融合发展。在这一过程中，我们需要持续强化农业的基础地位，不断增强农业综合生产能力，提高农业现代化水平，从而牢牢守住粮食安全底线。显然，农业的持续发展是实现乡村产业兴旺的中心着力点，为乡村生态宜居、乡风文明、治理有效和生活富裕提供必要的物质基础。乡村生态振兴要通过农业产业发展振兴，重点在于将生态放在核心地位，实现生态产业化和产业生态化的有机融合。例如，在生态建设过程中深入挖掘"农业＋生态"产业形式、打造地域特色农业产业品牌，促进农业产业链延伸，实现农业、工业与现代服务业的资源共享与融合发展，继而促进农业产业融合价值增值。

农业功能因农业产业发展得到拓展，为乡村生态振兴提供了更稳定的支撑。换言之，乡村生态振兴的经济效益在农业产业发展方面也得到了体现。在乡村生态振兴背景下，农业功能以满足居民对美好生活的需求为主，我们要充分挖掘农业的多功能性，使其形成集"生产、生态、生活、文化传承"于一体的乡村产业新业态。重点在于，用好乡村生态资源，吸引城市居民下乡体验生活，在拉动传统农业发展的同时，在实践中积极探索"农业＋生态观光"和"农业＋乡土文化"以及"农业＋生态康养"等产业新业态。可见，在乡村生态振兴过程中因地制宜发展乡村特色农业产业，推进乡村产业发展和产业转型升级，充分挖掘农业产业内部的发展潜力，是培育农业经济新的增长点的关键。

从农业产业发展角度，本节选择如下指标来评估乡村生态振兴所具有的经济效益：（1）人均农业总产值（元／人），集中反映了农业生产经营活动的最终成果及其对社会的贡献，主要用于表征农业产业的发展状况。（2）第一产业总产值占比（％），用以衡量农业产业的贡献及乡村产业结构特征。（3）人均粮食产量（kg／人），用以衡量农业的产出能力及粮食供给能力。（4）粮食单产水平（kg／hm²），用以衡量农业部门的生产技术水平和产出水平。

（三）农业生产条件

农业经济高质量发展需要以良好的生产条件作为支撑。农业生产是经济再生产与自然再生产相互交织的过程，农业生产条件对农业经济发展和乡村社会进步有着根本的制约作用。从经济再生产角度来看，农业生产力发展离不开物质生产条件，主要包括农业机械、水利设施和化学农资等。在传统农业要素（如劳动力和土地等）之外，改造传统农业的关键还在于引入现代生产要素推进农业生产条件现代化，包括运用现代工业技术装配武装农业，加快农业机械化、电气化和水利化等，实现农业生产手段和技术的现代化，以及农业生产管理的现代化。

从自然再生产角度来看，农业自身遵循着生物体自然生长规律。作物生长受到人类劳动和生态环境的共同影响，农业自然生产条件包含环境容量、水土资源和生态类型等因素。无论是粮食主产区划定，还是特色优势农业区、都市生态农业区和休闲旅游观光区等生产功能区的划分，这些举措都镶嵌于特定的乡村生态环境之中。乡村生态振兴促成环境、生态、土地、水资源、物种等形成相互联系的乡村空间结构，为农业生产提供了良好的自然生态条件，从而增强农业生产抵御自然灾害的能力，降低农业生产的自然风险。应当强调的是，乡村生态振兴重塑了乡村经济发展与自然生态环境之间的关系，使二者成为不可分割的整体，从而科学合理地实现从生态环境保护向农业生产力保护转变。

因此，农业生产条件中也体现了乡村生态振兴的经济效益。本节将农业生产条件作为乡村生态振兴经济效益的一个评估维度，所选择的指标包括：（1）农业机械总动力（kW/hm^2），用以衡量农业生产的物质条件。（2）有效灌溉面积占比（%），用以衡量农业生产的水利化水平，集中体现了农业生产对干旱等自然灾害的抵御能力。（3）水土流失治理面积（$1000hm^2$），用于表征农业生产对水土自然资源的开发与保护状况。

（四）农业生态与环境安全

良好的生态环境能够吸引乡村振兴所需要的人才、资金、技术和先进的经营管理经验，促进乡村经济社会的高质量发展。这意味着，保护生态环境将是增强农村可持续发展能力的关键。长期以来，我国依赖化肥、农药等化学农资的密集使用来刺激农业产出增长，基本解决了农产品总量供给不足的问题，但也破坏了乡村生态环境平衡，引发农业面源污染和食品安全等一系列问题。随着经济发展水平和居民收入水平的提高，居民对绿色农产品的需求日益增加。因此，在乡村生态振兴视角下，我们应重视在乡村生态保护的基础上，推广乡村清洁生产，把增加绿色优质农产品供给作为主攻方向。在实践中积极探索生态农业和循环农业发展新模式，满足居民对无公害农产品、绿色食品和有机农产品的需求，不断提高农业生产的经济效益。

《乡村振兴战略规划（2018—2022年）》对乡村生态振兴提出了更加全面的要求，在推进农业绿色发展方面，"以生态环境友好和资源永续利用为导向，推动形成农业绿色生产方式，实现投入品减量化、生产清洁化、废弃物资源化、产业模式生态化，提高农业可持续发展能力"。行之有效的策略包括：加强农业面源污染防治，实施化肥农药减量增效，推行生态循环种养模式，提高农村有机废弃物利用水平等。在此基础之上，深入推进乡村产业绿色化、优质化、品牌化，大力发展"三品一标"产品（无公害农产品、绿色食品、有机农产品和农产品地理标志），建立原产地绿色品牌、区域公用绿色品牌和企业知名绿色品牌，构建绿色农产品品牌体系。

现阶段，开发生态、安全、优质的绿色产品市场潜力巨大，意味着提高农业生态与环境安全水平蕴含着可观的经济效益。据此，本节将农业生态与环境安全纳入乡村生态振兴经济效益评价指标体系之中，所选取的指标包括：（1）化肥用量强度（kg／hm²），以单位农作物播种面积化肥投入量表征。（2）农药用量强度（kg／hm²），以单位农作物播种面

表5-2　乡村生态振兴经济效益评价指标体系

目标层	准则层	指标层	方向
经济效益	农村居民收入	农村人均可支配收入（元／人）	正向
		农村居民人均消费支出（元／人）	正向
		农村居民财产性收入占比（％）	正向
		农村居民恩格尔系数（％）	负向
		城乡居民人均消费支出比	负向
	农业产业发展	人均农业总产值（元／人）	正向
		第一产业总产值占比（％）	正向
		人均粮食产量（kg／人）	正向
		粮食单产水平（kg／hm²）	正向
	农业生产条件	农业机械总动力（kW／hm²）	正向
		有效灌溉面积占比（％）	正向
		水土流失治理面积（1000hm²）	正向
	农业生态与环境安全	化肥用量强度（kg／hm²）	负向
		农药用量强度（kg／hm²）	负向
		农膜用量强度（kg／hm²）	负向
		农作物成灾率（％）	负向

积农药投入量表征。（3）农膜用量强度（kg／hm²），以单位农作物播种面积农膜用量表征。（4）农作物成灾率（％），即农作物成灾面积占农作物受灾面积的比重，用以衡量农业生产的环境安全。上述四个指标均为负向指标，指标取值越大，表明农业生态与环境安全水平越低。

第三节　乡村生态振兴社会经济效益的评价分析

一、数据来源与描述性统计

本节以2017年中央农村工作会议明确实施乡村振兴战略的目标任务为样本时间起点，利用2017—2021年31个省（区、市）级面板数据来量化评价乡村生态振兴的社会经济效益。原始数据来自历年《中国统计年鉴》《中国农村统计年鉴》《中国文化及相关产业统计年鉴》和《中国教育统计年鉴》。相关评价指标的数据来源说明见表5-3和表5-4。

表5-3报告了乡村生态振兴社会效益评价指标的描述性统计分析结果。相较于2017年的实际水平，文盲人口占15岁及以上人口的比重（%）、农村女性文盲人口占比（%）和农村居民最低生活保障人数占比（%）三个负向指标在2021年均呈现下降态势。所有正向指标2021年的实际值相较于2017年均有所增加。这表明，在推进乡村生态振兴过程中，相关社会效益指标持续向好。这种趋势预示着乡村生态振兴在协同社会效益方面具有积极的影响。

表5-4报告了乡村生态振兴经济效益评价指标的描述性统计分析结果。从正向指标来看，农村居民人均可支配收入（元／人）和农村居民人均消费支出（元／人）等指标在2021年的实际数值均高于2017年的实际数值。而从负向指标来看，城乡居民人均消费支出比、化肥用量强度（kg／hm²）、农药用量强度（kg／hm²）、农膜用量强度（kg／hm²）和农作物成灾率（%）指标在2021年的实际值均低于其在2017年的实际值。这表明，自实施乡村生态振兴战略以来，农村居民收入、农业产业发展、农业生产条件和农业生态与环境安全均得到进一步改善。

二、评价方法选择与数据标准化

（一）评价方法选择

本节运用主成分分析法来评价乡村生态振兴的社会经济效益。该方法首先对数据指标进行标准化处理，然后借助数据降维思想，将多个指标转化为较少的综合性指标，进而实现对研究对象的综合评价。主成分分析法利用统计分析方法来确定评价指标间的相关性，并根据指标的贡献率，实现客观赋权（茹少峰和马茹慧，2022；王秦，2023）。同时，考虑到将多个指标转化为综合性指标时不应包含众多相互重复的信息，主成分分析法能够在实现对指标进行降维并剔除重复信息的同时，并尽可

表5-3　乡村生态振兴社会效益评价指标描述性统计分析结果

指标层	2017年实际值	2021年实际值	变化情况	数据来源
文盲人口占15岁及以上人口的比重（%）	9.77	7.00	-2.77	A
农村女性文盲人口占比（%）	13.86	10.43	-3.43	A
每万人拥有的农村成人文化技术培训学校数量（个）	1.51	1.31	0.20	B
每万人拥有的乡镇卫生院数量（个）	6.36	14.46	8.10	A
每万人拥有的卫生人员数量（人）	21.87	27.82	5.95	A
每万人拥有的乡村医生数量（人）	11.03	13.99	2.96	A
每万人拥有的乡镇文化站数量（个）	0.71	0.79	0.08	A
每万人拥有的乡镇文化产业从业人员数量（人）	2.60	3.09	0.49	A
提供文化服务次数（次／人）	24.50	28.20	3.70	C
每万人拥有的辖区内村综合文化服务中心数量（个）	10.96	27.70	16.74	C
农村居民最低生活保障人数占比（%）	7.54	7.21	-0.33	A
农村最低生活保障支出（元／人）	208.24	304.26	96.02	A
特困人员救助供养机构年末收养人数占比（%）	0.16	0.13	0.03	A

注：变化情况为相关指标2021年的实际值减去其2017年的实际值。A：《中国农村统计年鉴》，B：《中国文化及相关产业统计年鉴》，C：《中国教育统计年鉴》。

表5-4　乡村生态振兴经济效益评价指标描述性统计分析结果

指标层	2017年实际值	2021年实际值	变化情况	数据来源
农村居民人均可支配收入（元／人）	13999.56	19698.50	5698.94	A
农村居民人均消费支出（元／人）	11320.79	16102.43	4781.64	A
农村居民财产性收入占比（%）	2.45	2.73	0.28	A
农村居民恩格尔系数（%）	31.35	32.73	1.38	A
城乡居民人均消费支出比	2.58	2.38	-0.20	B
人均农业总产值（元／人）	19131.04	29721.22	10590.18	A
第一产业总产值占比（%）	8.92	9.18	0.26	B
人均粮食产量（kg／人）	476.29	514.48	38.19	A
粮食单产水平（kg／hm²）	5538.75	5761.71	222.96	A
农业机械总动力（kW／hm²）	10.80	11.47	0.67	A
有效灌溉面积占比（%）	41.42	40.00	-1.42	A
水土流失治理面积（1000hm²）	4194.64	4985.07	790.43	A
化肥用量强度（kg／hm²）	380.91	322.40	-58.51	A
农药用量强度（kg／hm²）	12.00	8.59	-3.41	A
农膜用量强度（kg／hm²）	21.03	18.96	-2.07	A
农作物成灾率（%）	5.65	2.98	-2.67	A

注：变化情况为相关指标2021年的实际值减去其2017年的实际值。A：《中国农村统计年鉴》，B：《中国统计年鉴》。

能保持指标信息丢失最小化（李志慧等，2023）。

（二）数据标准化

为消除指标量纲和数量级不一致带来评价结果不准确的问题，本节对原始数据进行标准化处理。假定乡村生态振兴社会经济效益评价指标体系存在 P 个指标，X_1、X_2、$\cdots$、X_P；n 个评价准则层的 P 项指标组成原始数据矩阵 $X=[X_{ij}]_{n\times P}$。其中，X_{ij} 表示第 i 个准则层的第 j 项指标数据（$i=1$，2，$\cdots$，n；$j=1$，2，$\cdots$，P）。

正向数据指标标准化方法为：

$$X_{ij}^* = (X_{ij} - X_{ij\min}) / (X_{ij\max} - X_{ij\min}) \tag{5-1}$$

负向数据指标标准化方法为：

$$X_{ij}^* = (X_{ij\max} - X_{ij}) / (X_{ij\max} - X_{ij\min}) \tag{5-2}$$

（5-1）和（5-2）式中，X_{ij}^* 表示指标 X_{ij} 的标准化数据，$X_{ij\min}$ 和 $X_{ij\max}$ 分别表示 X_{ij} 指标的最小值和最大值。

三、乡村生态振兴社会效益的评价分析

（一）社会效益评价指标的KMO和SMC检验

主成分分析法的核心在于从众多数据指标中选出具有代表性的数据指标进行综合测算，这种数据处理方式需要建立在原有数据指标具有较强相关性的基础之上。KMO和SMC指标是判断数据指标是否适用于主成分分析法的关键指标。其中，KMO指数通过测度原始变量间相关系数和偏相关系数的取值大小，以此判断数据指标间的相关关系。KMO指数介于0—1之间，数值越大，表明数据指标的相关性越强。一般而言，KMO大于0.5，表示基本满足使用主成分分析法的要求。SMC指数表示一个变量与其他所有变量的复相关系数的平方，即复回归方程的可决系数。SMC指数的取值同样介于0—1之间，数值越大，表明变量之间的线性关系越强，因而也更加适用于主成分分析法（梁志会等，2020）。

表5-5　乡村生态振兴社会效益评价指标的KMO和SMC检验结果

指标	KMO	SMC
文盲人口占15岁及以上人口的比重	0.646	0.995
农村女性文盲人口占比	0.644	0.994
每万人拥有的农村成人文化技术培训学校数量	0.403	0.379
每万人拥有的乡镇卫生院数量	0.428	0.294
每万人拥有的卫生人员数量	0.540	0.514
每万人拥有的乡村医生数量	0.828	0.620
每万人拥有的乡镇文化站数量	0.793	0.911
每万人拥有的乡镇文化产业从业人员数量	0.692	0.928
提供文化服务次数	0.428	0.790
每万人拥有的辖区内村综合文化服务中心数量	0.432	0.316
农村居民最低生活保障人数占比	0.531	0.827
农村最低生活保障支出	0.464	0.834
特困人员救助供养机构年末收养人数占比	0.798	0.351
总体	0.625	0.673

表5-5报告了乡村生态振兴社会效益评价指标的KMO和SMC检验结果。总体上，本章所使用指标的KMO和SMC指数分别为0.625和0.673，均大于0.5的门槛值，表明本研究的数据指标结构适合运用主成分分析法展开分析。

（二）确定社会效益评价指标的主成分数量

在对数据进行标准化处理后，本节测算得出数据指标的特征值与贡献率，并据此确定主成分数量。表5-6报告了乡村生态振兴社会效益评价指标的特征值与贡献率。我们可以发现，前4个特征值的累计贡献率高达0.742，说明前4个主成分已经包含了大部分数据指标所包含的具体信息。进一步描绘乡村生态振兴社会效益评价指标特征值的碎石图，如图5-1所示。图中的特征值在等于1处，表示确定主成分数量的分界线。我们可以直观地看到，在本章中，选择前4个主成分展开综合评价，可以较好地测度乡村生态振兴的社会效益，剩余5—13个主成分发挥的作用相对较小。

对载荷矩阵进行旋转，我们可以得到每个主成分下所有数据指标的

表5-6　乡村生态振兴社会效益评价指标的特征值与贡献率

主成分	特征值	贡献率	累计贡献率
1	4.372	0.336	0.336
2	2.476	0.191	0.527
3	1.584	0.122	0.649
4	1.207	0.093	0.742
5	0.902	0.069	0.811
6	0.741	0.057	0.868
7	0.622	0.048	0.916
8	0.552	0.042	0.958
9	0.244	0.019	0.977
10	0.162	0.012	0.989
11	0.087	0.007	0.996
12	0.049	0.004	1.000
13	0.003	0.000	1.000

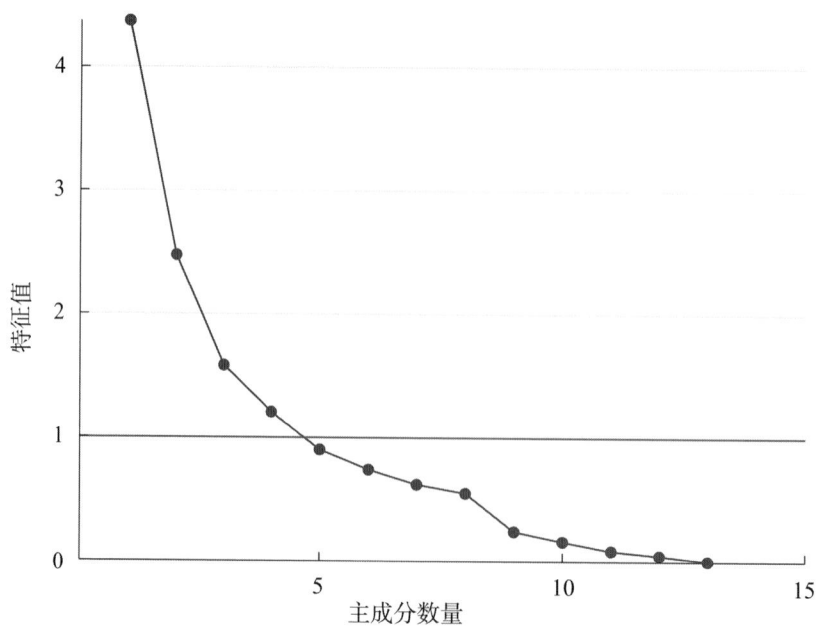

图5-1　社会效益评价指标特征值碎石图

表5-7　各主成分下社会效益评价指标的特征值

指标	主成分1	主成分2	主成分3	主成分4
文盲人口占15岁及以上人口的比重	−0.447	−0.079	0.024	−0.014
农村女性文盲人口占比	−0.434	−0.063	0.018	−0.015
每万人拥有的农村成人文化技术培训学校数量	−0.103	0.230	0.271	0.487
每万人拥有的乡镇卫生院数量	0.035	−0.288	0.137	−0.468
每万人拥有的卫生人员数量	−0.007	−0.370	−0.435	0.227
每万人拥有的乡村医生数量	0.335	−0.038	−0.161	0.236
每万人拥有的乡镇文化站数量	0.450	0.049	0.006	0.016
每万人拥有的乡镇文化产业从业人员数量	0.387	0.317	−0.002	−0.153
提供文化服务次数	0.024	0.507	0.294	−0.232
每万人拥有的辖区内村综合文化服务中心数量	0.151	−0.077	0.163	0.558
农村居民最低生活保障人数占比	−0.173	0.440	−0.381	0.133
农村最低生活保障支出	0.158	−0.377	0.535	0.067
特困人员救助供养机构年末收养人数占比	−0.239	0.119	0.383	0.160

特征值。表5-7报告了各主成分下社会效益评价指标的特征值。在主成分1中，每万人拥有的乡村医生数量、每万人拥有的乡镇文化站数量和每万人拥有的乡镇文化产业从业人员数量的系数比较大，表明这些指标起到决定性作用。在主成分2中，起到主要作用的是每万人拥有的乡镇文化产业从业人员数量、提供文化服务次数和农村居民最低生活保障人数占比。在主成分3中，起到主要作用的是每万人拥有的农村成人文化技术培训学校数量、提供文化服务次数、农村最低生活保障支出和特困人员救助供养机构年末收养人数占比。在主成分4中起到主要作用的是每万人拥有的农村成人文化技术培训学校数量、每万人拥有的乡村医生数量和每万人拥有的辖区内村综合文化服务中心数量。

（三）乡村生态振兴社会效益评价结果

表5-8报告了乡村生态振兴社会效益综合评价指数及各维度评价指数的均值。从社会效益评价综合得分来看，样本期间，乡村生态振兴社会效益综合得分总体呈增长态势。图5-2描绘了2017—2021年乡村生态振

表5-8　乡村生态振兴社会效益评价结果

年份	社会效益评价综合得分	乡村教育	乡村医疗卫生	乡村文化建设	乡村社会保障
2017	0.081	0.019	-0.438	0.017	0.015
2018	0.096	0.035	-0.393	0.069	0.162
2019	0.134	0.085	0.164	0.116	0.227
2020	0.260	0.020	0.342	0.196	0.347
2021	0.376	0.139	0.326	0.145	0.300

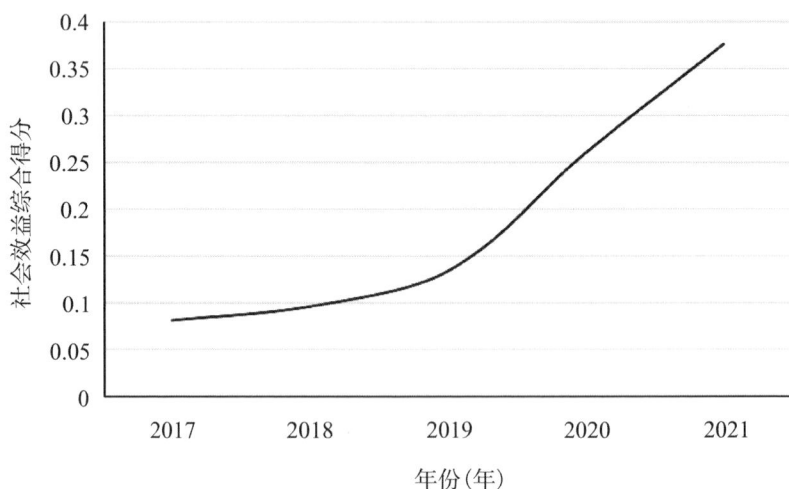

图5-2　乡村生态振兴社会效益综合得分的演进趋势（2017—2021年）

兴社会效益综合得分的演进趋势。可以看到，2017—2019年乡村生态振兴社会效益综合得分处于缓慢增长阶段，这可能是由于处在生态振兴初期，相关体制机制不够完善，限制了乡村生态振兴社会效益的发挥。2019—2021年，乡村生态振兴社会效益综合得分呈快速增加趋势，表明在经历一段探索时期后，乡村生态振兴的社会效益得到了更好的发挥。

从各维度评估指数来看，乡村教育、乡村医疗卫生、乡村文化建设和乡村社会保障指标在样本期间总体保持增加态势。由图5-3我们可以发现，尽管乡村医疗卫生指数在样本初期的得分相对较低，但总体上保持较快的增长势头。这表明，随着乡村生态振兴战略的推进，乡村医疗卫

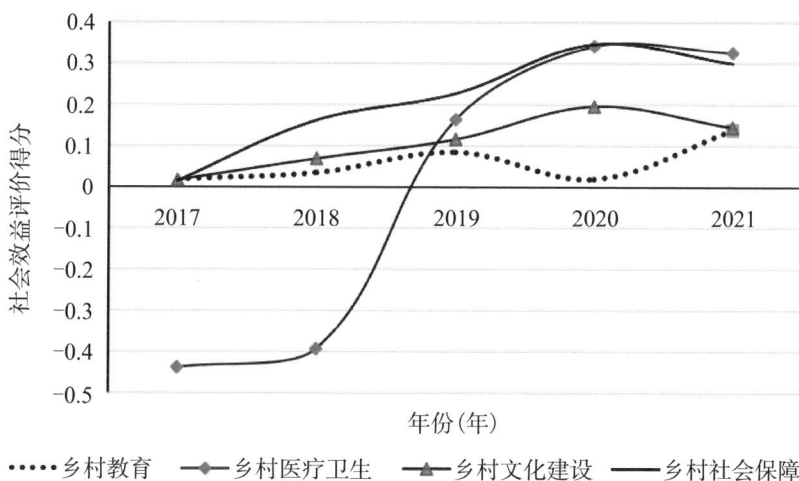

图5-3　乡村生态振兴社会效益各维度评价指数的演进趋势（2017—2021年）

生条件得到了大幅改善，同时乡村医疗卫生条件的改善对乡村生态振兴社会效益的提升作出了重要贡献。相比之下，乡村教育指数的增长幅度较小，甚至在2019—2020年处于下降态势。这表明，乡村生态振兴对乡村教育的促进作用有限。换言之，未来要进一步激发乡村生态振兴的社会效益，促进生态振兴与乡村教育事业的融合发展，这是一个值得重视的策略。

　　图5-4描绘了各省（区、市）乡村生态振兴社会效益综合得分分布情况。其中，得分最高的三个省（区）为西藏（9.743）、青海（3.819）和宁夏（2.058），得分最低的三个省（市）为广东（-1.663）、海南（-1.601）和天津（-1.403）。可以发现，在西部等发展相对落后的地区，乡村生态振兴产生的社会效益更为明显，这意味着乡村生态振兴，将会成为这些地区改善农村居民生活条件、促进社会发展的关键举措。一方面，这可能与西部地区较为丰富的生态资源有关；另一方面，这些地区本身的社会发展基础条件相对落后，致使乡村生态振兴带来的社会效益增加的边际贡献相对较高。

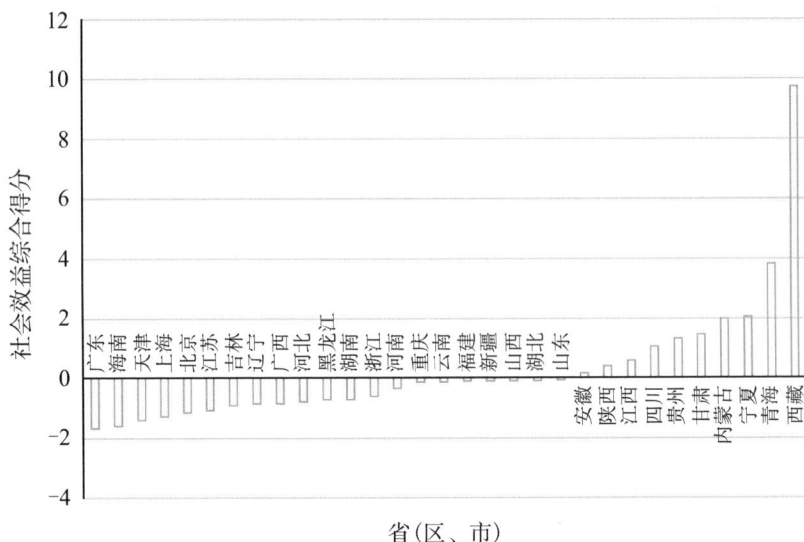

图5-4 各省（区、市）乡村生态振兴社会效益综合得分分布情况

四、乡村生态振兴经济效益的评价分析

（一）经济效益评价指标的KMO和SMC检验

表5-9为乡村生态振兴经济效益评价指标的KMO和SMC检验结果。总体来看，经济效益评价指标的KMO和SMC指数分别为0.664和0.721，均大于0.5的门槛值，说明运用主成分分析法来评价乡村生态振兴经济效益具备合理性。

（二）确定经济效益评价指标的主成分数量

表5-10报告了乡村生态振兴经济效益评价指标的特征值与贡献率。结果显示，前5个特征值的累计贡献率已达0.775，表明基于前5个主成分来展开分析，包含了大部分数据指标所包含的具体信息。进一步地，图5-5描绘了乡村生态振兴经济效益评价指标特征值的碎石图。图中特征值等于1处表示确定主成分数量的分界线，同表5-10的基本判断一致。因此，在经济效益综合评价过程中选择5个主成分展开分析，我们基本能

表5-9　乡村生态振兴经济效益评价指标的KMO和SMC检验结果

指标	KMO	SMC
农村居民人均可支配收入	0.782	0.948
农村居民人均消费支出	0.549	0.714
农村居民财产性收入占比	0.671	0.782
农村居民恩格尔系数	0.522	0.409
城乡居民人均消费支出比	0.765	0.927
人均农业总产值	0.632	0.667
第一产业总产值占比	0.629	0.829
人均粮食产量	0.569	0.799
粮食单产水平	0.655	0.755
农业机械总动力	0.566	0.775
有效灌溉面积占比	0.734	0.785
水土流失治理面积	0.853	0.561
化肥用量强度	0.709	0.686
农药用量强度	0.608	0.806
农膜用量强度	0.558	0.782
农作物成灾率	0.674	0.304
总体	0.664	0.721

表5-10　乡村生态振兴经济效益评价指标的特征值与贡献率

主成分	特征值	贡献率	累计贡献率
1	5.595	0.350	0.350
2	2.209	0.138	0.488
3	2.066	0.129	0.617
4	1.268	0.079	0.696
5	1.256	0.079	0.775
6	0.801	0.050	0.825
7	0.747	0.046	0.871
8	0.592	0.037	0.908
9	0.376	0.024	0.932
10	0.308	0.019	0.951
11	0.272	0.017	0.968
12	0.190	0.012	0.980
13	0.118	0.007	0.987
14	0.106	0.007	0.994
15	0.065	0.004	0.998
16	0.032	0.002	1.000

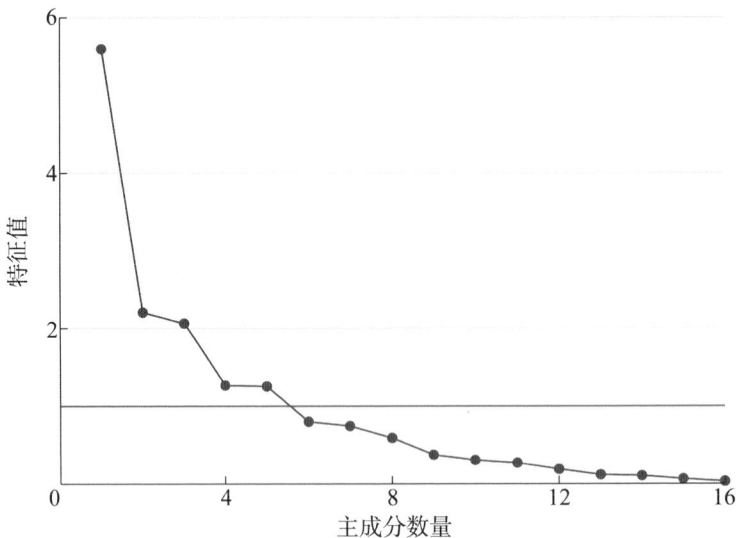

图5-5 经济效益评价指标特征值碎石图

够得出经济效益综合得分的变化趋势。

　　表5-11报告了各主成分下经济效益评价指标的特征值。在主成分1中，农村居民人均可支配收入、城乡居民人均消费支出比和有效灌溉面积占比指标起到主要作用。在主成分2中，起到主要作用的则是农村居民财产性收入占比、人均农业总产值、人均粮食产量和粮食单产水平指标。在主成分3中，起到主要作用的是农村居民恩格尔系数、化肥用量强度和农药用量强度指标。在主成分4中起到主要作用的是农村居民人均消费支出、农村居民恩格尔系数和有效灌溉面积占比指标。农业机械总动力、化肥用量强度、农药用量强度和农作物成灾率指标则在主成分5中发挥主要作用。

　　（三）乡村生态振兴经济效益评价结果

　　表5-12报告了乡村生态振兴经济效益综合评价指数及各维度评价指数的均值。总体来看，乡村生态振兴经济效益综合得分在样本期间呈增长态势，且具有明显的阶段性特征。如图5-6所示，2017—2019年，乡村生态振兴经济效益综合得分快速增长，年均增长率高达137.50%；

表5-11 各主成分下经济效益评价指标的特征值

指标	主成分1	主成分2	主成分3	主成分4	主成分5
农村居民人均可支配收入	0.373	0.196	0.126	-0.053	-0.108
农村居民人均消费支出	0.216	0.119	0.242	0.464	0.219
农村居民财产性收入占比	0.210	0.472	-0.125	-0.220	0.109
农村居民恩格尔系数	-0.094	0.218	0.353	0.282	-0.163
城乡居民人均消费支出比	0.345	0.200	0.094	-0.058	-0.214
人均农业总产值	-0.091	0.347	-0.475	0.243	0.040
第一产业总产值占比	-0.270	0.007	-0.392	0.253	0.247
人均粮食产量	-0.210	0.468	-0.024	0.248	0.252
粮食单产水平	0.263	0.344	0.002	-0.183	0.133
农业机械总动力	0.228	-0.373	-0.111	0.229	0.350
有效灌溉面积占比	0.306	-0.104	0.170	0.275	0.269
水土流失治理面积	-0.280	0.070	0.087	0.128	-0.416
化肥用量强度	-0.238	0.025	0.364	-0.113	0.300
农药用量强度	-0.249	0.075	0.438	-0.075	0.303
农膜用量强度	-0.282	0.111	0.038	-0.394	0.237
农作物成灾率	0.159	-0.081	-0.148	-0.340	0.326

表5-12 乡村生态振兴经济效益评价结果

年份	经济效益评价综合得分	农村居民收入	农业产业发展	农业生产条件	农业生态与环境安全
2017	0.036	0.007	0.026	0.017	0.226
2018	0.039	0.046	0.052	0.014	0.243
2019	0.135	0.097	0.108	0.034	0.334
2020	0.212	0.307	0.254	0.124	0.130
2021	0.468	0.884	0.354	0.267	0.276

2019—2020年，经济效益综合得分增长速度趋缓，增幅为57.03%；2020—2021年经济效益综合得分又进入快速增长阶段，增幅高达120.75%。

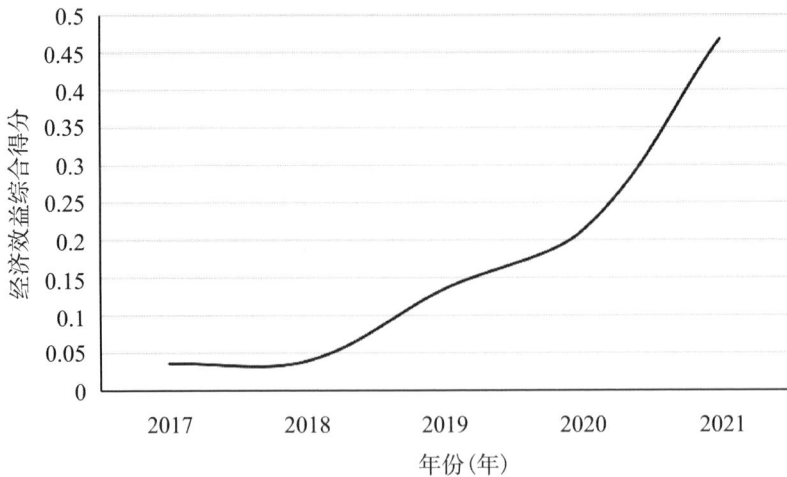

图5-6 乡村生态振兴经济效益综合得分的演进趋势（2017—2021年）

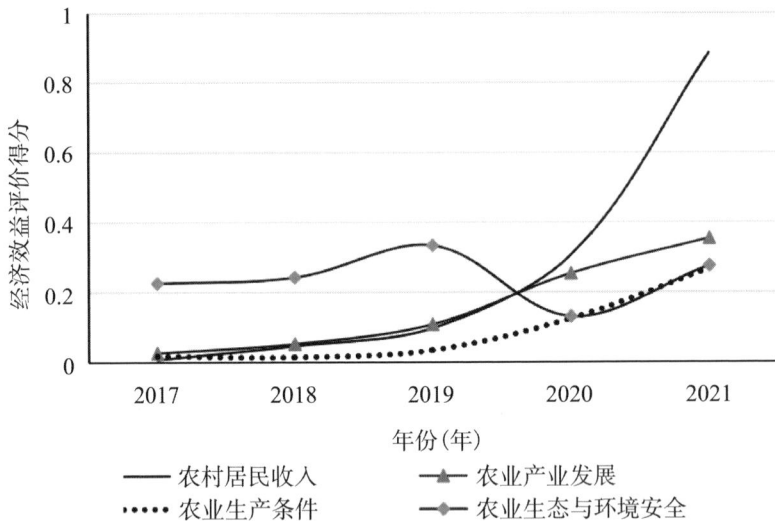

图5-7 乡村生态振兴经济效益各维度评价指数的演进趋势（2017—2021年）

结合表5-12和图5-7可以发现，农村居民收入、农业产业发展、农业生产条件的总得分在样本期间均保持增加态势，农业生态与环境安全总得分大致经历上升—下降—上升的"W"形变化趋势。这期间，农村居民收入增幅较大，其在2017—2019年呈平稳增长态势，之后保持快速增长势头。这充分说明了乡村生态振兴为农民增收带来了新的契机。相

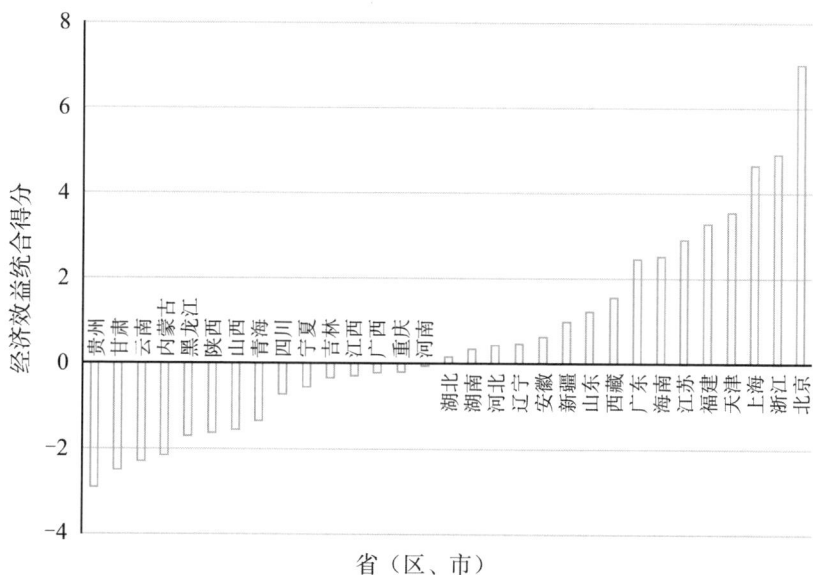

图5-8　各省（区、市）乡村生态振兴经济效益综合得分分布情况

比之下，农业生产条件总得分的增长速度相对缓慢。因此，在乡村生态振兴中进一步改善农业生产的自然条件和物质条件，具有增加乡村生态振兴经济效益的良好潜力。虽然农业生态与环境安全在乡村生态振兴初期得分较高，但随着振兴战略的深入推进，农业生态与环境安全的改善水平有限。这表明，经由乡村生态振兴来改善农业生态与环境安全，在现阶段遭遇了瓶颈期。一个典型的案例是，近年来农业部门持续推进化肥农药减量增效，促使化肥农药用量强度显著减少，但进一步推进化肥农药减量增效的难度却在不断增大。由此不难推测，有效提高农业生态与环境安全水平仍将是进一步提高乡村生态振兴经济效益的重点和难点。

图5-8描绘了各省（区、市）乡村生态振兴经济效益综合得分分布情况。其中，得分最高的三省（区、市）为北京（7.022）、浙江（4.913）和上海（4.657）；得分最低的三省（区、市）为贵州（-2.909）、甘肃（-2.506）和云南（-2.295）。不难发现，在东部经济较为发达的地区（如北京、浙江、上海、天津和福建等），乡村生态振兴带来的经济效益更为明显。可能的原因在于，一方面，经济相对发达地区的产业体系较为完

善，有助于延长乡村生态产业链，促进乡村生态产业与其他相关产业的融合发展，实现生态资产向经济效益的转变。另一方面，经济相对发达地区的城市人口密度较大，城市居民对乡村生态产品的需求较大，由此为乡村生态产品生产和资源开发提供了巨大的市场容量，最终推动生态价值向经济价值的转换。

第六章

乡村生态振兴的
发展演化与主要模式

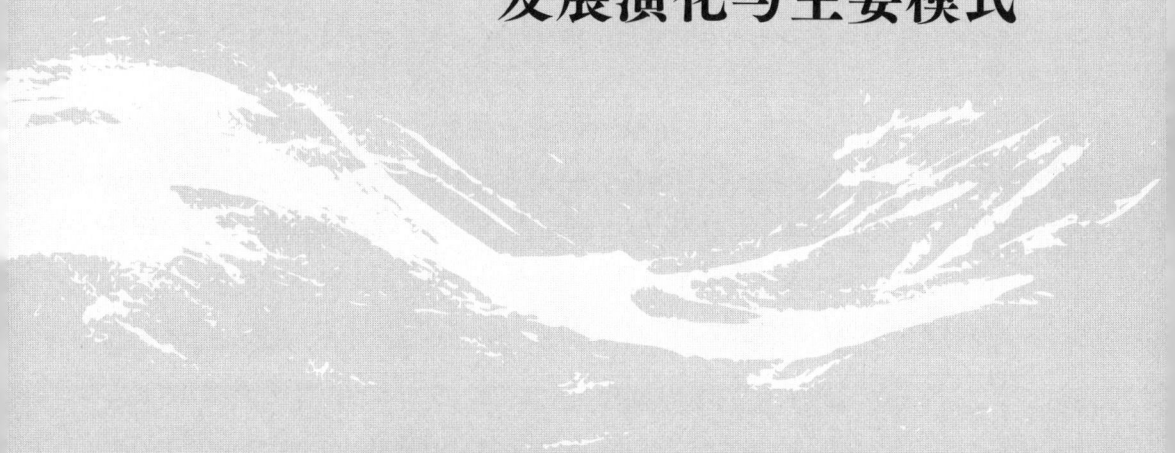

乡村生态振兴是乡村振兴的重要支撑。近年来，以习近平同志为核心的党中央把乡村生态振兴摆在相对突出的位置。在习近平生态文明思想的指引下，各地区、各部门贯彻落实中央新决策新部署，通过一系列科学实践与探索，使得农村生态与人居环境得到明显改善。但伴随经济社会的发展和乡村振兴战略的实施，乡村生态振兴持续推进过程中可能呈现出新的发展特点。因此，分析我国乡村生态振兴的发展演化并总结出未来发展将呈现出的特点，探索和构建乡村生态振兴的新模式，对于贯彻落实党的二十大精神、加强农村生态环境治理、全面推进乡村振兴、建设宜居宜业和美乡村具有重要的现实意义。

第一节　乡村生态振兴的发展演化

一、乡村生态振兴将更加注重系统性、整体性和可持续性

乡村生态振兴将更加注重系统性、整体性和可持续性，旨在构建一个生态环境良好、资源合理利用、社会经济协调发展的乡村生态发展模式。具体而言：

（一）系统性

习近平总书记在2022年的中央农村工作会议上着重强调通过"五个振兴"协同推进乡村振兴，其中生态振兴不仅是推动乡村"五大振兴"的应有之义，更是落实乡村"五位一体"战略布局、推进生态文明建设的重要内容。乡村生态振兴是一项久久为功的系统性工程，它需要将人力、物力和财力有机结合，将人才、资源和战略有效统一，注重把握主要问题和关键环节，准确研判当前所面临的工作重点和实施难点。其中，系统观念是认识世界、改造世界的基本思维方式和重要工作方法。因此，推进乡村生态振兴战略必须坚持系统观念，提升统筹谋划和协调推进能力。一方面，政府相关部门应从多方面出发系统推进乡村生态振兴，以期实现以普惠民生福祉为主旨的乡村振兴。通过总结与乡村振兴尤其是生态振兴相关的政策文件（例如《乡村振兴战略规划（2018—2022年）》《"十四五"乡村绿化美化行动方案》和近年来的中央一号文件等）不难发现，政府相关部门立足于科学合理和系统布局的顶层设计和环境制度建设，从生态环境保护、人居环境治理、绿色可持续发展等多方面系统推进生态振兴工作。另一方面，乡村生态振兴战略应与其他国家战略结合、融合。例如《关于以生态振兴巩固脱贫攻坚成果　进一步推进乡村振兴的指导意见（2020—2022年）》中就指出，进一步发挥生态环境

保护和生态振兴在脱贫攻坚和乡村振兴中的重要作用。

（二）整体性

习近平总书记在提出推进乡村生态振兴的实践指向的基础上，更强调整体性的实践（王曦晨和张平，2022）。在乡村生态振兴中，我们需要关注整个系统的互动和内在联系，而不是只看重个别问题，即不能采取"头痛医头，脚痛医脚"或者"眉毛胡子一把抓"的方式，而是要以全局的视角来认识和解决问题。从本质上看，乡村生态振兴就是处理好生态环境保护与乡村经济发展的关系，将"绿水青山就是金山银山"理念落到实处（颜奇英和王国聘，2021）。因此，从整体性视角制定出一系列解决方案与配套政策，以实现农村富与环境美的和谐统一，对顺利推进乡村全面振兴具有重要意义。

乡村生态振兴的顶层设计需注重整体性。生态振兴既要求推进农业绿色发展，也要求农村环境整治、农民素质全面提升。目前，乡村生态振兴的顶层设计已全面考虑了农业主体功能区划与空间布局、资源保护与节约利用、产地环境保护与生态系统修复、农村人居环境整治等多个环节及要素，并纳入了乡村生态振兴的整体框架中。

乡村生态振兴在时空推进上也要更加注重整体性。推进乡村生态振兴、建设宜居美丽乡村需要准确聚焦当前阶段的任务，因地制宜、精准施策，科学掌握推进乡村生态振兴的时机和力度。对于中国东部发达地区的乡村和大中城市郊区，由于这些地区在乡村生态振兴方面具备较高的起点和较好的物质基础，在统筹规划乡村生态振兴时，我们可根据实际情况对上述地区提出更高的目标要求，着力打造乡村生态振兴示范区和引领区，率先探索实现农业农村现代化生态转型的路径和模式，为全国其他地区提供可行的经验和模式（颜奇英和王国聘，2019）。而在中西部和东北等地区，乡村建设的基础条件与东部发达地区相比存在一定差距，因此在统筹规划乡村生态振兴时，需要适当放宽标准，重点保证方案的可行性和可持续性，以防止出现脱离实际的"面子工程"，忽视长远发展目标（王山林，2022）。

（三）可持续性

基于马克思主义义利观，习近平生态文明思想对生态利益和生态正义之间的关系进行了深刻探讨。其中，"绿水青山就是金山银山"理念是习近平生态文明思想最核心的内容之一，揭示了我国生态文明与经济发展及民生福祉之间的辩证关系，昭示了乡村生态振兴需注重可持续性发展（程馨莹和卢黎歌，2023）。乡村生态振兴的可持续性体现在：在推进乡村生态振兴的过程中，正确处理生态建设与经济发展之间的关系，正确处理人与自然之间开发与保护之间的关系。绿水青山本身蕴含着丰富的经济价值，人们应意识到"绿水青山"不仅是自然财富，也是经济财富。但人类与自然环境的关系绝非仅限于单向的资源利用关系，而是需要合理开发利用和有序保护自然资源，在推动社会经济发展的同时，要"给自然生态留下休养生息的时间和空间"。经济增长必须在保护自然环境的前提下进行，遵循人与自然和谐共生的原则，实现乡村生态振兴的可持续性发展。

（四）山水林田湖草沙治理新格局

我国在推进乡村生态振兴的过程中，已逐步建立起一个涵盖山水林田湖草沙治理的新格局。这种转变不仅仅停留在单个要素的保护与恢复层面，而是站在更高的角度，将山水林田湖草沙视为一个有机整体，力求实现生态平衡和可持续发展。

首先，山水林田湖草沙治理突出了对自然资源的系统性管理。传统的乡村发展往往偏重于单一资源的利用，而系统治理则将不同的自然要素纳入综合考量的范畴。山水林田湖草沙被视为一个有机整体，涵盖了山地、水体、林地、农田、湖泊、草地和沙地等各种生态要素。山水林田湖草沙治理通过协调管理和保护措施，实现各要素之间的相互促进和平衡发展，进而达到生态系统的良性循环。

其次，山水林田湖草沙治理注重空间规划和生态环境的整体性。在乡村发展规划中，要充分考虑不同要素的空间布局和相互关系。例如，合理规划农田和森林的空间分布，保护湖泊和河流的水质和水量，恢复山地和湿地的生态功能等。通过整体性规划和协同发展，形成优美的乡村景观和良好的生态系统，为农村居民提供适宜的生活和发展环境。

最后，山水林田湖草沙治理强调可持续发展的理念。在资源利用、农业生产、生态保护等方面，注重经济、社会和环境的协调发展。例如，推广节能减排技术、改善农业生产方式、鼓励可再生能源的利用、推动生态农业和有机农业的发展等。这些措施有助于实现资源的有效利用、生态环境的改善以及农民生活质量的提升，从而实现乡村的可持续发展目标。

综上所述，乡村生态振兴逐渐形成山水林田湖草沙治理的新格局，这一格局以系统性、整体性和可持续性为特征。通过综合管理和协同发展，实现乡村生态环境的保护、修复和可持续发展，促进乡村社会经济的繁荣和居民生活质量的提升。

二、乡村生态振兴将更加注重创新性、智能性、数字化

乡村生态振兴越发重视创新性、智能性和数字化，以推动乡村生态振兴迈向智慧型绿色可持续发展的新阶段。具体而言：

（一）创新性

新时期，我国的农业科技进步贡献率不断提高，科技创新人才队伍也在不断壮大，农业绿色技术创新取得了显著进步，为乡村生态振兴提供了重要支撑。在具体措施中，一方面，我国更加注重将生态环境资源优势科学合理地转化为经济优势。通过产业创新，促进农业与食品加工业、生产服务业等的融合发展，推动建设绿色农业产业园区，实施产业集群的循环化改造，构建现代产业体系，实现产加销一体、农林牧渔结合、三产联动发展。《关于以生态振兴巩固脱贫攻坚成果　进一步推进乡

村振兴的指导意见（2020—2022年）》中也强调，大力推动乡村产业生态化，调整优化农业结构，加强绿色食品、有机农产品、地理标志农产品认证和管理，打造地方知名农产品品牌，增加绿色优质农产品供给。另一方面，积极推进"绿水青山就是金山银山"实践创新基地建设，基于不同地区的乡村独特生态资源、农业、人文优势，通过经营创新、管理创新和技术创新，先后探索建设了一批乡村生态经济发展的示范新模式（白瑞雪等，2022）。

（二）智能性

提升治理智能化水平是实现乡村振兴战略的重要举措之一，伴随数字与信息技术的发展，在乡村生态振兴过程中，广泛应用的人工智能已经成为经济社会发展的必然趋势（魏晓晶，2023）。在保护乡村生态环境方面，我们可以采用相关技术构建适用于不同地区的乡村生态系统和环境监测平台，实时监测生态环境要素的变化，并进行数据分析和综合预测，以实现决策的智能化。同时，我们还可以通过互联网监管和环境监测系统，根据监测数据进行评估分析，感知和捕捉污染源并分析其原因，提升乡村生态环境治理水平。在乡村生态产业方面，我们可以利用人工智能技术加强对生态环境的监测，并指导生态产品的生产，实现农业的智慧化管理；还可以运用生物传感器设备实时监测动物的生活特征和繁殖环境；同时，基于智能数据分析，进行精确灌溉和科学种植作物。

（三）数字化

随着近年来数字技术的快速发展，以及农村地区信息基础设施建设的逐渐完善，现代信息技术为农业农村现代化插上了"数字化"翅膀。《中国数字乡村发展报告（2022年）》统计，我国农村网络基础设施实现全覆盖，农村通信难问题得到历史性解决。截至2022年6月，农村互联网普及率达到了58.8%，与"十三五"初期相比，城乡互联网普及率的差距缩小了近15个百分点。数字化技术的快速发展也为乡村生态振兴提供了巨大助力。一方面，数字化技术提高了生态资源利用的合理性。通过云计算、大数据、物联网、5G等数字化技术，对山地、森林、江河、湖泊、农田、草地等生态资源的数据进行收集、整合、分析，实现全要素、全系统、全过程设计，因地制宜地实施资源开发活动（肖若晨，2019）。另一方面，数字化技术提升了生态文明建设的协同性。通过对数字化技术构建的数字化平台或虚拟场域赋能，使其成为乡村多元主体协同参与的工具载体；通过流通与开放的网络公共空间突破时空限制，推动政府、企业、社会组织、村民等乡村多元主体跨时空、跨区域参与到乡村生态文明建设的全过程（姜亦炜，2022）。此外，互联网超时空、便捷的信息传递方式以及数字化技术强大的计算能力、分析能力和预测功能，能够为乡村环境监管、设施运营与维护等提供强大的信息支持，能够及时发现和预警可能出现的生态风险，从而对保障生态安全起到重要的支撑作用。

（四）绿色循环智慧农业新模式

乡村生态振兴更加注重创新性、智能性和数字化，这一发展方向需充分利用和发挥科学技术的作用，切实促进农业生产的高效高值、健康可持续和现代智能化的发展，进而实现农村经济的繁荣兴旺和生态环境的改善。

首先，乡村生态振兴能够尽可能引入创新的农业技术和模式，如垂直农业、无土栽培、精准农业等。这些创新技术可以提高农业生产的效率和产量，并减少对土地、水资源和化学农资的需求。例如，垂直农业利用垂直层叠的种植系统，实现了高密度、高产量的农作物种植，节省了土地资源，并减少了化学农资的使用。

其次，借助智能化技术，农业生产可以实现自动化、智能化的管理。例如，物联网、传感器技术和人工智能算法的结合，可以实时监测农作物生长过程，帮助农民及时了解植物生长环境中的土壤湿度、温度、养分等关键指标数据，实现灌溉和施肥的精准控制。同时，智能化的农业管理还能够提高农业生产的效率、减少资源浪费，并降低环境污染。

最后，乡村生态振兴注重数字化农业信息的收集、整合和共享。通过建立农业大数据平台，可以收集和分析农业生产的各种数据，如气象数据、土壤质量数据、作物生长数据等。这些数据可为农民的生产决策提供科学的合理化建议，帮助其优化农业生产过程和提高产量。同时，数字化的农产品流通系统可以提供快捷、安全的农产品销售渠道，促进农产品的流通，有助于提高乡村生态振兴的产业化进程。

在乡村生态振兴过程中，创新、智能和数字化发展为绿色循环农业的推广与应用提供了有力支撑。例如，有机农业的发展、农业废弃物的资源化利用、农产品包装材料的可回收利用等。通过实施绿色循环农业，农业生产过程中产生的废弃物可以被有效回收利用，形成循环利用的闭环系统。同时，有机农业的推广可以减少农药和化肥的使用，保护土壤和水资源，提高农产品的质量。

综上所述，通过注重创新性、智能性和数字化，打造绿色循环智慧农业的新模式，乡村生态振兴能实现农业产业经济效益与生态效益的耦合，进而推动乡村经济的繁荣，改善农村生态环境和人居环境质量，实现乡村社会的可持续发展。

三、乡村生态振兴将更加注重多元性、包容性、共享性

乡村生态振兴更加注重多元性、包容性和共享性，使更多主体享有乡村生态振兴过程中所形成的成果。具体而言：

（一）多元性

乡村生态文明建设是一项复杂的社会系统工程，必然需要多方主体的广泛协同参与，才能取得积极的进展与建设成效。部分地区基层党组织的领导核心作用越发凸显，为"十四五"期间的乡村生态振兴工作提供了坚强的组织保障（曹立和徐晓婧，2022）。例如，龙陵县碧寨乡半坡村将党的建设与绿色发展一体化推进，通过"党建红"引领"生态绿"

激发生态振兴新活力，实现生态环境保护和经济发展互促双赢。[①]同时，政府也更加关注市场在资源配置中的作用，积极推动生态产业链的建立，促进生态要素在各个环节的流动，实现生态文明建设与地区经济的协同发展。《关于建立健全生态产品价值实现机制的意见》指出，要积极推进生态产品供需精准对接、拓展生态产品价值实现模式、促进生态产品价值增值和推动生态资源权益交易。此外，随着乡村生态振兴的不断推进以及相关政策保障措施的相继实施，农村地区居民参与乡村生态振兴的积极性也在不断增加。例如，在内蒙古通辽市的奈曼旗，当地政府坚持"建管并重"，针对人居环境整治长期管护工作，指导嘎查村修订村规民约，充分发挥嘎查村群众的主体作用，让当地农村居民共同参与到乡村生态振兴规划与建设的各个环节之中，充分调动了广大人民群众参与到乡村生态振兴的积极性，增强了人民群众的生态环保意识，打通了乡村生态振兴的"最后一公里"。[②]

（二）包容性

实施乡村振兴战略的一个重要目的是解决中国发展不平衡不充分的问题。因此，要尽可能利用好各种包容性机遇，在对冲各种排斥性风险的同时，使乡村振兴的过程成为缩小"三大差距"[③]的过程。乡村生态振兴作为乡村全面振兴的重要环节，其推进过程也始终呈现着包容性特征。具体而言，在维护整体经济效益和生态效益统一性的前提下，注重实现农村居民增收。例如，基于"双碳"背景下的生态价值转换机制，浙江省松阳县成立的"茶园碳汇研究中心"，依托"算出来—卖出去—分配好"的实现模式，进一步挖掘农业产业的生态价值，让"资源"变"资

①《"党建红"引领"生态绿" 激发生态振兴新活力》，http://www.longling.gov.cn/info/5681/173048.htm。

②《美丽乡村绽新颜》，https://www.tongliaowang.com/2023/09/22/99663156.html。

③ 即城乡差距、地区差距、收入差距。

产"，"碳票"变"钞票"，为茶农增收致富拓展了新途径。①与此同时，更加尊重和保护农村居民的权益。许多地方政府已经加强了现有的环境信息公开制度，提高了生态环境信息的透明度，增加了农民对生态环境危害的认知。对于涉及农民健康环境权益的规划项目和建设情况，政府及时向社会公众公开相关信息，确保农民拥有充分的知情权和话语表达权。同时，政府也鼓励农民和社会公众对农民健康环境权益进行监督，倡导他们能够主动参与并从中受益，从而让农民成为生态环境治理中不可或缺的一员。

（三）共享性

作为乡村生态振兴的重要指导思想，习近平生态文明思想以生态文明建设"为了人民"为逻辑起点、以"依靠人民"为根本遵循、以"人民共享"为落脚点。一方面，各级政府按照《中华人民共和国乡村振兴促进法》中的要求，建立政府、村级组织、企业、农民等各方参与的共建共管共享机制。例如，山东省日照市东港区小草坡村通过建立"共建、共治、共享"机制，先后开展了户户通、雨污分流、美丽庭院、垃圾分类、无烟村庄、"光伏＋碳纤维采暖"等一系列工作，经过多年努力，村庄生态环境明显改善，群众幸福感明显增强，村庄获取了由此所带来的巨大经济效益和生态效益。②在收益分享方面，该机制既遵循城乡要素平等交换、按贡献和能力分配的原则，又考虑到对农民的人文关怀、平等保护农民和资本合法权益。为此，许多地方政府开始逐步实行资本与农民多样化收益分享方式，例如通过"租金动态上涨""收益保底＋利润分红""碳汇交易""联合经营、按比分配""资源入股、锁定风险、优先分配"等方式，保障农民切实享受到土地增值收益、生态补偿收益和产业

---

① 《"碳票"变"钞票"　全国首家"茶园碳汇研究中心"启动》，人民网，2023年3月27日。

② 《乡村生态振兴实践探索——以东港区小草坡为例》，http://sthjj.rizhao.gov.cn/art/2023/3/24/art_32212_10307787.html。

经营收益的实惠（姚树荣和周诗雨，2020）。

（四）多元主体协同新机制

乡村生态振兴将构建政府、市场、社会、农户等多元主体协同参与的新机制，这一机制的构建将促进各方的合作与协调，共同推动乡村生态振兴的全面发展，以实现乡村经济、社会和生态的协调发展。

首先，政府在乡村生态振兴中发挥着重要的引导与监管作用。通过制定有利于乡村生态振兴的政策和规划，政府提供了必要的政策引导和支持，推动了乡村生态振兴的整体进程。同时，政府致力于加强对生态环境的监管和保护，确保资源的合理利用和环境的可持续性发展。此外，政府的引导与监管能够激发各方主体的积极性和创造性，加快了乡村生态振兴事业的发展进程。

其次，市场在乡村生态振兴中具有重要的推动作用。引入市场机制可以激活农村经济，促使资源配置更优化，进一步推动产业转型升级。市场的参与能加速农产品的市场化流通，从而提高农民的收入水平。此外，市场的参与还有助于推动技术创新和产业升级，培育新的农村经济增长点，促进乡村经济的繁荣。

再次，社会各界的积极参与是乡村生态振兴的重要支撑。包括社会组织、公益机构、农民合作社等各种社会力量的介入，不仅提供了必要的技术支持，还实现了资源的合理配置，有益于加快乡村生态振兴发展进程。此外，社会各界的参与和支持能够增强乡村居民的参与感和获得感，形成共同参与、共同建设的良好氛围。

最后，农户作为乡村的基本单元，在乡村生态振兴中具有重要的主体地位。乡村生态振兴的新机制应充分尊重和发挥农户的积极性和创造性，鼓励农户参与农业生产、资源管理和生态环境保护，通过提供技术培训、金融支持和政策激励，激发农户的发展潜力，提升农业生产的质量和效益。此外，农户在积极促进乡村生态振兴实现的同时，也为自身带来更好的生活条件和发展机会。

综上所述，乡村生态振兴将构建政府、市场、社会、农户等多元主体协同的新机制，通过各方的合作与协调，共同推动乡村生态振兴事业的全面发展，实现经济、社会和生态的协调发展。这一新机制不仅能够为实现乡村生态振兴提供坚实的基础，还能进一步增进乡村的繁荣和农民的福祉。

四、乡村生态振兴将更加注重文化性、人文性、美学性

乡村生态振兴将更加注重文化性、人文性、美学性，赋予乡村以深厚的文化底蕴和美学价值，使乡村成为具有独特魅力和美学享受的宜居之地。具体而言：

（一）文化性

习近平生态文明思想丰富和发展了马克思主义生态自然观，反映了人类生态文明发展的一般规律，并吸收了中国古代传统的生态理念（刘志博等，2018）。乡村生态振兴始终秉持习近平生态文明思想，融合了传统文化中对自然的敬畏和对生态规律的尊崇，培育出人与自然和谐统一的乡村生态文化。在实践中，乡村生态文化建设着重解决资源约束、环境污染和生态退化等乡村面临的生态难题，进村入户举办形式多样的生态文化宣教活动，宣传和践行协调发展理念中的"绿水青山就是金山银山"，生态生产力理念中的"改善生态环境就是发展生产力"，生态关怀理念中的"良好的生态环境是最普惠的民生福祉"，以及系统治理理念中的"山水林田湖草沙是一个生命共同体"。例如，湖南省永州市的祁阳县位于湘江上游，近年来政府坚持生态立县，深入践行"绿水青山就是金山银山"理念，保护水资源、防治水污染、改善水环境、修复水生态，全面推进美丽乡村建设。以原来最为著名的贫困村——三家村为例，通过近年来的退耕还林还湿工程实施，依托当地生态资源，现已成为国家AAA级旅游景区的浯溪国家湿地公园的核心景区和科普宣教中心，实现了村容变绿、村貌变美的良好转型，将乡村旅游打造成了当地的一张

"生态名片"。①

（二）人文性

深入挖掘乡村历史文化、地域文化、农耕文化、民俗文化等人文资源，使之与当地的优美生态相融合，并得到传承和保护，这已成为各地促进乡村生态振兴的重要途径之一。鼓励和支持文化工作者深入中国重要的农业文化遗产地，挖掘农耕文化中蕴含的优秀思想观念、人文精神、道德规范，结合当地的自然环境等生态要素，推动农业生态文化展示区建设。乡村生态振兴必须注重文化传承和生态教育，通过传承乡村的传统文化和生活方式，培养人们对乡村生态环境的尊重和保护意识。如鼓励有条件的地方引入艺术机构，以市场化方式运营具有乡土文化特色的艺术节或文化展；鼓励农村居民参与生态修复、垃圾分类、环境教育等活动，帮助人们了解生态系统的重要性，推动生态文明建设。

（三）美学性

通过美学实践，乡村生态振兴在景观、建筑、艺术和生活方式等方面创造了独特的美学魅力，使乡村成为人们向往的宜居、宜游的地方。自然山水、田园风光、湖泊和森林等作为乡村的美学元素，在乡村生态振兴过程中，保护和恢复自然景观的原貌，营造出优美、和谐的乡村环境，能够使人们在乡村中感受到大自然的美妙和宁静。考虑到乡土建筑体现了当地的传统文化和建筑风格，具有独特的美学价值，乡村生态振兴还需强调对乡土建筑的保护和传承，注重保留和恢复传统建筑风貌，打造出具有乡土特色的村落景观，形成与自然环境相协调的美学效果。

---

① 《祁阳：倾情打造乡村生态文化建设新高地》，http://lyj.hunan.gov.cn/xxgk_71167/gzdt/xlkb/xsqxx/202010/t20201022_13890208.html。

（四）培育乡村生态文化新内涵

乡村拥有丰富的民俗习惯、艺术文化和独特的价值观念，体现了乡村生态文化的独特性。乡村生态文化是指乡村地区在生态环境背景下形成的独特文化体系，包括自然景观、传统乡土文化、生态伦理和生态智慧等元素。乡村生态振兴的目标之一是培育乡村生态文化的新内涵。在此基础上，以文化节庆、民俗活动等形式弘扬乡村独特的生态文化特色，可以深化人们对乡村的认知，增强农村居民对生态环境的保护意识，加深农村居民对乡村历史和文化的认同感和自豪感，为乡村生态振兴提供重要的精神支撑和动力。

培育乡村生态文化的新内涵需更加注重生态伦理和生态智慧的培养。乡村生态文化倡导生态伦理观念，能通过鼓励农村居民尊重自然、与自然和谐共生，引导其形成一种可持续的生活方式和价值观念，从而使其在行为和决策中充分考虑生态环境因素，遵循生态效益与经济效益相统一的原则。同时，通过开展环境教育、生态旅游和生态农业等活动，培养农村居民的生态智慧，使其对乡村生态系统的构成、功能和重要性有更深入的理解。

培育乡村生态文化的新内涵需更加注重创新与美学。引入现代艺术、科技创新和文化创意等元素，丰富乡村文化的表达方式，使其与现代社会发展相融合。借助艺术展览、文化节庆和文艺演出等活动，将创新的美学元素融入乡村生活，提升居民对乡村环境的审美体验和情感认同。同时，鼓励乡村建筑的生态设计和风貌保护，营造具有独特美学价值的乡村景观，使乡村成为人们寻求美、追求品质生活的场所。

综上所述，培育乡村生态文化的新内涵是乡村生态振兴的重要任务之一。通过传承和保护传统文化、培养生态伦理和生态智慧、注重创新与美学，乡村生态文化将不断融合新的元素和意义，从而丰富乡村居民的精神生活、提升乡村的文化软实力以及保护乡村的生态环境，为乡村的可持续发展提供重要支持。

第二节 乡村生态振兴的主要模式

在总结乡村生态振兴演化发展特点的基础上，本节进一步基于不同资源特点和典型案例，构建符合新时期乡村生态振兴特点且具有良好前景的乡村生态振兴模式。

一、基于不同资源特点的乡村生态振兴模式

新时代中国特色社会主义生态经济理论为我国乡村生态振兴发展提供了重要的发展方向。在具体实践过程中，我们应根据不同乡村地区的资源禀赋特点，选择适合的发展模式。因此，借鉴白暴力和程艳敏（2022）的相关研究，我们将乡村生态振兴划分为四个区域。如图6-1所示，推动乡村生态振兴主要包括从区域B向区域A转化、从区域C向区域A转化和从区域D向区域A转化。其中，Ⅰ表示该乡村地区通过实现生态环境保护与经济发展"双赢"而形成乡村生态振兴的最佳路径，Ⅱ表示该乡村地区在生态环境保护与经济发展"两难"的情况下选择进行生态振兴，Ⅲ表示该乡村地区试图将生态环境优势转化为经济优势并实现经济发展而获得更大经济收益，Ⅳ表示该乡村地区推动了经济绿色转型升级，Ⅴ表示通过牺牲生态环境换取经济效益。

现阶段，我国不同的乡村地区呈现出了不同的发展状态。仅有少数乡村地区处于图6-1所示的区域A，即生态环境和经济发展相对较好的状态；有少部分乡村地区处于区域C，其生态与经济发展均相对落后；大部分乡村地区仍处于区域B和区域D，存在生态环境或经济发展一方相对滞后的情况，面临着推动生态、经济协调发展的现实问题。鉴于此，本节在借鉴习近平生态文明思想以及相关乡村生态振兴案例的基础上，将地区划分为生态脆弱且经济落后的乡村地区、生态较好但经济落后的乡村地区和生态脆弱但经济较好的乡村地区，探讨因地制宜推动乡村生态振

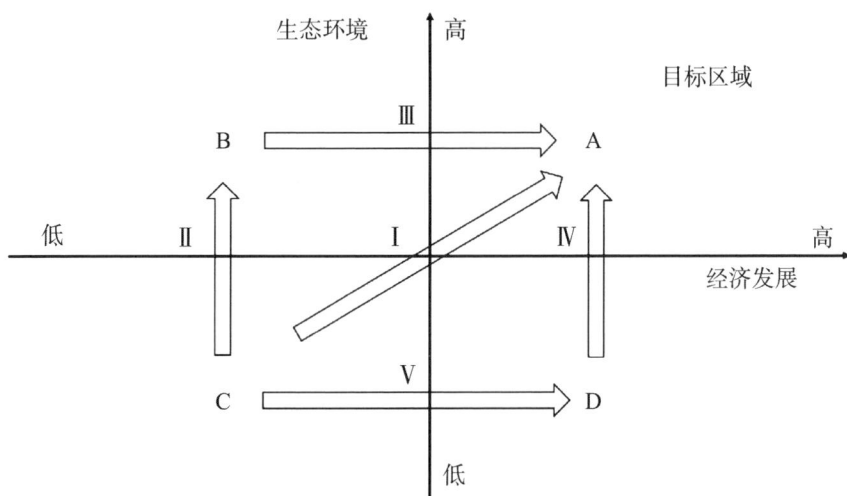

图6-1　基于不同资源特点的乡村生态振兴模式示意图

兴的具体实现路径。

（一）生态脆弱且经济落后的乡村地区

对于生态环境脆弱且经济基础较差的乡村地区，我们首先应重视生态环境的保护和修复，以确保生态系统的健康稳定，随后再逐步探索实现从"绿水青山"到"金山银山"的转变。即在生态环境保护的基础上，寻求经济发展的机会和新路径。图6-1中，由区域C向区域B转化、再由区域B向区域A转化的过程即为生态脆弱且经济落后的乡村地区实现乡村生态振兴的最佳路径。例如，我国甘新区和黄土高原区是乡村聚集的重点地区，但其生态和经济条件相对落后。对此，首先需要考虑的是强化生态治理措施以解决生态环境问题，将生态保护和修复置于突出的位置。通过保护和恢复自然资源、改善生态环境质量，乡村地区可以扩大其生态空间，为可持续的经济发展提供基础。进一步地，乡村地区寻求具有特色的生态产业并发展这些产业以促进经济增长，进而打破生态与经济相互拖累的恶性循环。如建设高效复合经济林，不仅可以改善生态环境，还可以提供生态产品和服务，创造就业机会，促进当地经济的发展。从长远来看，长期的生态保护与治理工作能够推动生态系统的改善，所形成的良好的生态环境为推动乡村地区的产业升级、促进生态旅游及生态农业的发展提供了机遇，有利于形成生态与经济共同发展的双赢局面。

案例1 甘肃省陇南市紧紧围绕建设"美丽陇南"的目标定位，走绿色生态崛起之路，具有显著的成效：既保护了长江上游重要的水源涵养区，又建设了生态安全屏障，还将自身的劣势转变为乡村生态振兴的优势。一是注重保护绿色生态。陇南市致力于厚植未来发展基础，将"三线一单"①作为绿色高质量发展的硬性约束并大规模开展国土绿化行动，同时全面推行河（湖）长制和林长制，逐渐形成了以国家公园为主体、自然保护区为基础、各类自然公园为补充的自然保护地体系。二是注重提升特色山地农业的质量和效益。依托丰富的生态资源，陇南市形成了与生态保护相融合、市场相对稳定的特色产业。如大力发展花椒、核桃、油橄榄等独具特色的主导产业，并积极培育和发展苹果、茶叶、苗木等具有区域优势的产业。同时，陇南市还积极推广现代农业发展模式，建设一批绿色标准化种养基地和示范点，推动传统农业向现代农业转型。此外，陇南市积极开展"补链延链强链"行动，扩大无公害、绿色、有机食品基地规模，壮大了现代农业示范园区，并发展了观光农业、休闲体验农业和康养度假产业。这一系列举措初步形成了"一乡一品、一县一业、一县一园、连乡成片、跨县成带、集群成链"的现代农业发展新格局，使农村更加美丽，农业更加兴旺，农民更加富庶。②

（二）生态较好但经济落后的乡村地区

针对生态良好但经济落后的乡村地区，推动其生态价值实现并向区域A转化（见图6-1）是关键。为此，需要针对不同地区的特点，尝试通过整合生态资源、发展生态旅游和生态农业、调整产业结构和推动生态

---

① 即生态保护红线、环境质量底线、资源利用上线和生态环境准入清单。
②《甘肃陇南：产业振兴　山里生金》，《新华每日电讯》2022年11月17日，第4版。

产业化等方式实现乡村生态振兴。一是整合生态资源，优先保护和修复乡村地区的生态系统，保持生态环境的稳定和可持续发展，确保生态功能的最大化利用，防止环境破坏和生态系统退化。二是充分利用乡村地区的自然景观、生态环境和农田资源，发展生态旅游和生态农业产业，通过建设生态观光农庄、农业观光园区、农产品加工基地等，吸引游客和投资者，推动当地经济的发展。三是推动生态产业化，通过引入先进技术、培育绿色品牌、开拓市场等手段，加强科技创新并提高生态产业的技术含量和附加值，推动生态产品的研发和推广，将生态产业发展为具有竞争力的经济实体，实现生态产业的规模化和可持续发展。

案例2　云南省怒江州立足生态和生物多样性优势，坚持增绿与增收、生态与生计并重，将绿色发展理念贯穿脱贫攻坚和乡村振兴的全过程，以保护好绿水青山为目标，实现生态和经济的双重可持续发展。主要做法包括：第一，全力加强重点物种保护监管和资源保育。通过深入开展高黎贡山地区珍稀濒危动植物科研监测，对怒江州地区的生态系统进行保护，成效显著。该地区的主要保护对象种群数量保持稳定或有所增长，怒江金丝猴、滇金丝猴、光叶珙桐、须弥红豆杉等国家重点保护物种种群得到稳定恢复。第二，积极推动绿色产业发展。基于云南打造"三张牌"的整体部署，怒江州先后深入实施了"产业发展壮大工程"和"品牌培育工程"，重点发展绿色香料产业，目前全州香料种植面积达到了144万亩。除了绿色香料产业，怒江州还稳步推进了价值达百亿元的绿色铅锌和绿色能源产业。同时，特色农业、生物医药和大健康产业也在加快发展，并重点推进了"峡谷蜂蜜""特色生态畜禽产品"等生态食品和品牌生产基地的建设。进一步地，塑造"峡谷怒江　养心天堂"品牌，不断推动旅游业的发展，吸引更多游客前来体验。这一系列举措使得怒江州的绿色产业发展逐渐壮大，不仅为当地的生态保护和可持续发展作出了积极贡献，也成为支撑当地经济增长的重要力量。[1]

----

[1]《喜迎二十大 生态文明云南实践 | 怒江州：推动实现脱贫攻坚与生态保护互促双赢》，https://sthjt.yn.gov.cn/ywdt/zskx/202208/t20220831_231164_wap.html。

（三）生态脆弱但经济较好的乡村地区

在生态环境脆弱但经济基础相对较好的乡村地区，应将实现经济发展的绿色转型升级作为关键，推动产业实现生态化发展，从而完成图6-1中由区域D向区域A的转化过程。可行策略包括：第一，加强生态环境保护和修复工作，注重生态系统的恢复和生物多样性的保护。建立自然保护区、生态保护红线等制度，限制开发区域，保护生态脆弱区域的自然生态系统。优化产业结构，积极推动传统产业向绿色产业转型升级。第二，通过引入清洁能源、环保技术等，提高生产过程中的资源利用效率，从而减少对生态环境的负面影响。第三，努力推动农业生产向绿色、有机、生态化方向转变，减少化肥、农药的使用，提倡生态农业技术和可持续农业模式，保护农田生态系统，提高农产品的品质和安全性。

案例3　天津滨海新区小王庄镇坚持清洁乡村引领绿色生态，在畜禽养殖污染治理方面的努力，为乡村生态振兴贡献了重要力量。小王庄镇通过科学技术和创新措施，积极探索采用政府引导、养殖户合作、企业承担处理的农牧循环模式，将养殖废弃物转化为有机肥料、生物气体等可再利用资源。对准养殖业粪污处理问题，小王庄镇通过调研建立了"有机肥厂掏一点儿，养殖户出一点儿，镇政府担一点儿"的三方共担机制。全镇50余户养殖户全部与有机肥厂签订粪污收运协议，有力推动了资源化利用，在保护生态环境的同时也获得了不少经济效益。小王庄镇践行绿色理念引领乡村振兴，积极争创国家农村产业融合发展示范园和天津市现代农业产业园。具体而言，小王庄镇通过形成"特色化种植业组团""规模化畜牧业组团""标准化农业深加工组团"，以及"一线多点的民宿产业组团"四大类功能性产业园区组，带动农业产业集聚发展，构建现代化农业产业格局，为该镇乡村生态振兴增添了持续动力。[1]

---

① 《滨海新区小王庄：生态种养殖实现绿色兴农》，人民网，2021年2月5日。

二、基于不同类型特征的乡村生态振兴模式

近年来，在习近平生态文明思想的指引下，随着乡村生态振兴工作的不断推进，各地积极探索、勇于实践，涌现出了一批生态、经济和社会效益比较显著的案例。按照类型，这些案例可划分为：全域土地综合整治模式、废弃矿山修复模式、山水林田湖草沙综合治理模式、地质环境资源保护与开发利用模式和造林模式。

（一）全域土地综合整治模式

全域土地综合整治模式通过统筹整合乡村土地资源，以综合治理为手段，推动了土地的高效利用和生态环境的改善，为乡村生态振兴提供了有效的路径和解决方案。首先，全域土地综合整治模式强调科学规划和综合治理。具体而言，通过土地整理、规划和划拨等措施，合理布局农田、林地、水域等资源，实现土地资源的优化配置；此外，通过产权改革，明确土地的产权归属和使用权，激发土地资源的活力，鼓励农民将土地用于农业生产、经营和其他经济活动，实现土地的最大价值和效益。

全域土地综合整治模式注重生态环境保护和修复。通过土地整治项目，对受损的生态系统进行修复和保护①，提高生态系统的稳定性和抗干扰能力，为生态保护和生态经济的发展提供了坚实基础。

全域土地综合整治模式推动了农业的绿色发展。在全域土地综合整治模式下，农业发展不再局限于传统的生产方式，而是更加注重生态保护和环境的可持续性。通过引入现代农业技术，如精准农业、节水灌溉、有机耕作等，在提高农业生产效率和产量的同时，还减少了对土壤、水资源和生态环境的负面影响。

综上所述，全域土地综合整治模式通过科学规划、生态保护和农业

---

① 根据资源禀赋不同，主要包括植被恢复、水体治理、土壤修复等措施。

绿色发展等方式，不仅为乡村生态振兴提供有力支持，还促进了乡村经济的可持续发展，实现生态和经济的双赢。

案例4 浙江省余姚市梁弄镇以全域土地综合整治为主要方向，基于自身近5亿元的资金总额，带动近30亿元的社会资本，采取一系列措施来推动镇区的可持续发展。该地区的北部地区，20家工业企业搬离，腾退出的土地用于发展生态型产业；梁弄镇在南部地区，整治了200多家畜禽养殖场所，建成了四明山百里风光带等区域生态系统。此外，梁弄镇通过实施农村生活污水截留等工程，显著改善了该地的人居环境；进行建设用地复垦，恢复了耕地生态系统，新增耕地达到了300亩，并且建成了1.1万亩的高标准农田。

案例5 浙江省杭州市西湖区乡村原本缺乏规划，空间布局散乱，农村建设用地利用粗放低效，"低、小、散"现象突出。为了解决这些问题，西湖区在全省率先制定了土地全域整治规划，重新整合了山、水、城、村、景等资源，采取了总量锁定、流量弹性的管理方式。在土地利用上，按照宜农则农、宜建则建的原则，盘活了现有的集体建设用地，打破了阻碍城乡各类要素有序流动的壁垒，形成了农田集中连片、建设用地集中集聚、空间形态高效节约的全新土地利用格局，重塑面向未来的生态新空间，创造性地实现了都市地区城乡等值化发展目标，打造了多主体互利共赢的"全域整治＋"生态圈。[①]

（二）废弃矿山修复模式

废弃矿山修复模式是指通过一系列技术和措施，对废弃矿山进行环境恢复和生态重建，旨在修复矿山地区的生态环境，提升土地资源的可持续利用能力。首先，废弃矿山修复模式有助于恢复和保护生态系统。矿山开采活动通常对土地、水体和植被造成严重破坏，导致生态系统的

---

① 《杭州市4个全域土地综合整治项目获省精品工程激励》，https://www.zj.gov.cn/art/2022/5/5/art_1554469_59696195.html。

破碎化和退化。废弃矿山的修复工作，可以恢复土地的稳定性和肥力，修复受损的水体和植被，重建完整的生态系统，提升乡村地区的生态功能和生态服务能力。

废弃矿山修复模式对土地资源的再利用具有重要意义。废弃矿山通常具有较为丰富的土地资源，经过修复后可以成为可持续利用的土地资源，修复后的废弃矿山地区可以用于发展农业、林业、生态旅游等领域，推动乡村经济的多元化和可持续发展。

废弃矿山修复模式还有助于改善乡村地区的人居环境。废弃矿山常常会带来土壤污染、水污染和空气污染等问题，对周边居民的健康和生活造成威胁。修复废弃矿山有利于清除污染物和改善环境质量，对农村地区的人居环境和生活质量提升具有重大而深远的意义。

综上所述，废弃矿山修复模式通过恢复生态系统、再利用土地资源和改善生活环境，为乡村生态振兴作出了重要贡献。这种模式有助于实现生态与经济的协调发展，推动乡村的可持续发展和绿色转型。

案例6　鼠尾山废弃矿山生态修复治理项目是浙江省海宁市深入贯彻实施"绿水青山就是金山银山"理念、专注推进矿山生态环境治理的具体实践。位于海宁市尖山新区黄湾镇的鼠尾山，海拔为57.9米，距离海宁市城区约22千米。早在2005年，海宁市就启动了鼠尾山废弃矿山的生态修复治理工程。该项目占地面积超过15万平方米，总投资达1680万元，于2010年12月竣工，并建成了鼠尾山休闲公园。2017年，尖山新区（黄湾镇）再次投入950万元对鼠尾山公园进行改造，新增了欧式钟楼、景观墙、儿童乐园等设施。海宁市通过对鼠尾山的改造和治理，在显著改善了当地生态环境的同时，也让当地居民过上了富裕的生活。如今，鼠尾山已成为当地居民和企业员工休闲娱乐的理想去处，也成为海宁市的新旅游景点。[①]

[①]《百年潮涌　信念永恒｜生态潮：绿水青山润潮城》，http://www.haining.gov.cn/art/2021/7/5/art_1229519873_59018691.html。

案例7 20世纪80年代中后期，浙江省湖州市安吉县走上工业立县之路，余村也不例外，村里灰尘漫天、岩石裸露、山林失色。2002年起，安吉县开始逐渐意识到生态环境的重要性，逐步关闭了矿山。2017年，安吉县封存并保留了冷水洞矿山遗址，并严格遵循真实性和完整性原则，在矿山遗址上铺设了满满的砾石，布置了景观小品，建立了矿山遗址公园，以记录历史并警示后人。而自2013年起，余村就开始对村庄内部进行生态修复，例如，让48家工业企业全部停产，实施了污水分流纳管措施。随着乡村振兴战略的提出，余村进行了全面规划和统筹，着力建设乡愁产业和品牌农业，逐渐形成了宜学、宜居、宜旅的生态旅游大格局的初步雏形。在过去的15年里，余村努力将"生态资本"转化为"富民资本"，成为生态文明建设的模范村、样板地和先行者。[1]

（三）山水林田湖草沙综合治理模式

山水林田湖草沙综合治理模式是指综合利用山地、水体、林地、农田、湖泊、草地和沙地等自然资源，通过综合治理措施，实现对乡村生态系统的恢复和保护，促进生态环境改善和乡村可持续发展。

山水林田湖草沙综合治理模式有助于保护和修复生态系统，可以恢复和改善山地、水体、林地、农田、湖泊、草地和沙地等生态系统的功能，修复破碎化和退化的生态环境，提升生态系统的稳定性，实现生态系统的可持续利用。

山水林田湖草沙综合治理模式对水资源管理和防灾减灾具有积极作用。该模式注重对水资源的综合管理和保护，通过调整水土保持措施、实施水源涵养和水域修复等手段，提升水资源的供给能力和水环境的质量，减少水灾和水土流失的风险，提高乡村的抗灾能力。

山水林田湖草沙综合治理模式对农业可持续发展和生态农业具有重

---

[1]《从"千万工程"到"安吉模式"》，http://www.huzhou.gov.cn/art/2021/9/6/art_1229213489_59044130.html。

要意义。通过优化农田利用、推广节水灌溉和有机农业等措施，促进农业的绿色转型和可持续发展，保护农田生态环境，提高农产品的质量和安全性，进而提升农民收入。

山水林田湖草沙综合治理模式对乡村旅游和休闲产业的发展起到积极推动作用。通过整治和恢复山水林田湖草沙等景观资源，改善环境质量，丰富乡村旅游资源，提升乡村旅游的吸引力和竞争力，促进乡村经济的多元化和可持续发展。

综上所述，山水林田湖草沙综合治理模式能够在保护和修复生态系统、优化水资源管理、促进农业可持续发展和乡村旅游的发展等方面作出巨大贡献，不仅改善了乡村的生态环境，还提升了乡村的经济发展和居民的生活品质，为乡村生态振兴提供了重要的支持和推动力。

案例8　浙江省杭州市淳安县目前是国家级重点生态功能区，于2018年被列入"山水林田湖草"试点县。淳安县政府坚持以千岛湖水资源保护和生态环境保护为核心，以区域资源环境承载力为基础，以转变发展方式为主线，以保障和改善民生为出发点，致力于成为全国重点生态功能区建设的典范。淳安县制定了相关实施方案，并规划了整体保护、综合治理和系统修复的措施，涵盖山上山下、地上地下、岸上岸下以及流域上下游等方面。县政府遵循"规划—康复，对点—修复，整治—恢复"的自然范式和绿色范式，聚焦"修山扩绿、整地复活、治污清河、护湖洁水、转型发展"五大工程，通过试点项目取得了令人欣喜的成效。淳安县以此为引领，不断推动生态文明建设和可持续发展，为全国其他地区提供了宝贵的经验和示范。①

案例9　云南省抚仙湖流域山水林田湖草生态修复工程试点是基于自然的解决方案（NBS）实施中取得显著成效的典型案例。抚仙湖流域生态保护修复工作以整个流域为范围进行规划，旨在优化流域的生态环境、

①《未来15年美丽浙江怎么建？规划纲要＋16个案例来了》，澎湃新闻网，2020年8月17日。

农业布局和城镇空间布置。该规划包括农村居民点和工矿企业的搬迁、畜禽养殖场的关闭、污水管网和污水处理厂的建设，以及入湖河流污染治理等先导项目。在实施这些项目的基础上，当地政府还结合现实情况，针对山区、水坝区、湖滨带和水体等不同区域，采取修山扩绿、水污染防控、污染过滤和保护治理等措施，以综合改善流域的生态环境。以上一系列措施扭转了当地生态系统的退化趋势，构建了生态服务功能良好的社会—经济—自然复合生态系统，成为山水林田湖草生命共同体的活样板。[1]

（四）地质环境资源保护与开发利用模式

地质环境资源保护与开发利用模式主要关注乡村地区的地质环境资源，通过保护和合理利用这些资源，促进乡村的可持续发展和生态恢复。首先，对地质环境资源进行保护有助于维护乡村生态系统的完整性。通过科学规划和管理土壤、水源、矿产等地质资源，避免乡村地区的地质灾害和环境污染，保护乡村的自然环境。

地质环境资源的开发利用为乡村经济发展提供了支撑。乡村地区往往蕴藏着丰富的地质资源，如矿产资源、地热能源、地下水资源等。通过科学地开发利用，这些地质资源可以促进乡村经济的多元化和可持续发展，同时合理开发矿产资源、开展地热能源利用和发展生态旅游等都能为乡村经济带来新的增长点（姚慧，2020）。

地质环境资源保护与开发利用模式还为乡村生态振兴提供了可持续发展的路径。在保护地质环境资源的前提下，通过合理利用和开发，可以实现资源的循环利用和节约利用。

综上所述，地质环境资源保护与开发利用模式对乡村生态振兴的贡献体现在保护自然环境、促进经济发展和实现可持续发展等方面，为乡

---

[1]《基于自然的解决方案：云南抚仙湖流域山水林田湖草生态修复》，http://www.urbanchina.org/content/content_8360184.html。

村提供了可持续发展的关键路径。

案例10　白雁坑村位于浙江省嵊州市西南，海拔约800米的山腰上，地处偏远且经济相对落后。然而，该村庄与嵊州市最高峰西白山主峰毗邻，是被列为"全球重要农业文化遗产"的会稽山古香榧群核心区之一。受益于地质文化村建设项目和当地政府的支持，白雁坑村以地质遗迹调查成果为基础，有效整合各类资源，进行了集地质遗迹资源保护、特色农产品生产、地质文化与旅游资源开发为一体的开创性探索。这不仅推动了美丽乡村建设，还促进了农民增收致富；这既是地质调查和规划设计成果落地生根、开花结果的过程，也是地质文化助推乡村振兴可复制、可推广的成功案例。①

案例11　安徽省淮北市是一座遭受采煤沉陷破坏比较严重的城市。截至2020年底，全市累计采煤沉陷土地达41.54万亩，占全市土地总面积（411.15万亩）的10.1%。为改善被破坏的生态环境，恢复土地利用价值，淮北市从20世纪80年代初起就探索实践采煤沉陷区综合治理。自党的十八大以来，淮北市坚定地树立和践行了"绿水青山就是金山银山"的理念，加大了对采煤沉陷区的综合治理力度，并实施了一系列治理工程。其中，绿金湖矿山地质环境治理项目就是其中的典型代表。该项目采用PPP模式，吸纳社会资本，成功融资22.2498亿元，解决了资金难题；且通过实施超前式治理，解决了沉陷土地因未稳沉而长期荒废的问题。这一治理项目的成功经验为矿区的生态修复和煤炭资源型城市的可持续发展提供了重要参考。②

（五）造林模式

造林模式对乡村生态振兴有着重要贡献。一方面，造林模式可以促

---

① 姚慧：《地质文化助推乡村振兴——嵊州市白雁坑村地质环境资源保护与开发利用的实践与思考》，《浙江国土资源》2020年第8期，第34—35页。

② 杨赛君：《淮北：土地再生的奇迹》，人民网，2022年9月15日。

进生态恢复。通过合理的造林规划和管理，增加植被覆盖率，造林模式能够显著恢复和改善乡村地区的生态系统，提高生态系统健康度。具体而言，林木能够防止水土流失，保持土壤湿度，同时净化水源，维护水域生态平衡，并为不同种类生物提供栖息地以保护生物多样性；林木还可以吸收大气中的有害物质，减少空气污染，帮助降低大气中的温室气体，改善空气质量。另一方面，造林模式能够带来经济效益。具体而言，基于森林资源开发的生态旅游可促进乡村经济的发展；当地农民进行经济林木或果树的种植可为其提供稳定的收入；林木产生的"碳汇"也能产生一定的经济价值。

综上所述，造林模式既能够改善和保护生态环境，又能够促进经济发展，在乡村生态振兴中发挥着重要的作用。

案例12　2017年，浙江省衢州市柯城区充分利用农村的边角地、废弃地、荒山地、拆违地、庭院地"五块地"见缝插绿，创新启动了种植规模达村均10000棵、户均10棵的"一村万树"乡村绿化美化行动。三年来，全区种植珍贵树、彩色树113.3万余株，盘活1万余亩闲置农村土地，打造117个示范村。"一村万树"种出了风景、种出了财富、种出了文化，为乡村振兴注入绿色动力。柯城区首创的"一村万树"行动和绿色期权认购模式，对提升乡村人居环境，打造特色美丽乡村，带动产业兴旺、农民富裕、乡风文明都具有重要意义。"一村万树"绿色期权被评为2019年度衢州市改革创新最佳实践案例、浙江省改革创新优秀实践案例。浙江省委、省政府在《关于高质量推进乡村振兴确保农村同步高水平全面建成小康社会的意见》中，大力推广"一村万树"绿色期权模式。①

案例13　广东省湛江市红树林国家级自然保护区是我国红树林面积最大的自然保护区。近年来，该保护区管理局在加强现有红树林保护工作的同时，积极推进红树林的种植工作，逐步增加红树林的面积，并与

①《浙江衢州柯城以林长制护航绿水青山》，http://www.forestry.gov.cn/main/102/20230406/091029693914816.html。

相关部门合作探索建立红树林生态产品的价值实现机制。2019年，自然资源部第三海洋研究所与保护区管理局合作，将2015—2019年在保护区范围内种植的380公顷红树林所吸收的碳汇，开发成了我国首个符合核证碳标准（VCS）和气候社区生物多样性标准（CCB）的红树林碳汇项目。2021年6月8日，保护区管理局、自然资源部第三海洋研究所和北京市企业家环保基金会正式签署了首笔核证的5880吨碳减排量的转让协议。这一举措进一步推动了红树林保护和可持续利用工作的开展，为生态环境保护和碳减排工作作出了积极贡献。①

---

① 《红树林：特殊珍贵的滨海湿地》，http://www.forestry.gov.cn/main/5462/20221108/093243318651567.html。

第七章

国外乡村生态振兴的
实践案例与参考价值

乡村生态振兴是一个全球性的议题，各国都在积极探索可行的解决方案。在这一方面，一些发达国家已经开展了实践，如日本千年村、韩国新村运动、德国生态村和美国绿色村等。通过分析这些实践，我们可以了解到不同国家在农村发展、生态保护和可持续农业等方面的创新性做法，为我国乡村生态振兴提供启示。同时，由于各国面临的问题和挑战各不相同，了解其他国家情况有助于我们看到问题的多样性和复杂性，从而激发创新思维，找到解决问题的新途径新办法。所有这些，对加快我国乡村生态振兴步伐均具有一定的启示借鉴和指导价值。

第一节　国外乡村生态振兴的实践案例

一、日本的千年村

（一）案例背景介绍

千年村（Satoyama）是指在日本乡村地区中存在的传统农业、森林、水田和山地之间相互依存的生态系统（Takeuchi et al., 1998）。在过去的几个世纪中，日本乡村地区的农民和村民通过对土地的持续管理和利用，促成了一种与自然相互依存的生态系统的形成。该系统涵盖了农田、山地、水源、森林及湿地等多种土地类型。农民在此系统中，以种植农作物、养殖动物、砍伐木材及采集天然资源等方式，紧密地与自然环境相联系。

随着时间推移，人们逐渐认识到乡村地区的生态系统对于维护生态平衡和人类福祉的重要性。在20世纪后半叶，随着工业化和城市化的快速发展，许多乡村地区面临着环境破坏、人口流失和农业衰退等问题。为了保护这些乡村地区的自然资源和文化传统，并实现可持续发展，千年村的概念开始受到关注。20世纪80年代，这一概念开始被广泛讨论和研究。研究者和环保组织强调乡村地区生态系统和文化传统的重要性，并提出保护和恢复千年村的方案。这些方案包括推动可持续农业实践、保护生物多样性、促进社区参与、发展生态旅游等。其后，千年村逐渐被纳入日本政策规划中，政府、学术机构、非政府组织等多类主体均以各种方式，积极参与该项目以支持乡村地区生态保护的可持续发展。

千年村强调了人类与自然的和谐共生，通过持续的农业和森林管理来保护环境、维护生态平衡和传承传统文化（刘邑等，2005）。作为日本乡村生态振兴的一个成功案例，千年村展示了如何通过保护自然环境、传承传统农耕和林业实践，以及促进社区合作和参与，实现乡村地区的生态保护和可持续发展。其特点如下：

1. 生态多样性。由于农田、森林、湿地和水域之间的自然连接，以及古老的农耕和林业实践，千年村地区通常拥有丰富的物种，包括多种植物、动物和昆虫，呈现出良好的自然生态景观。

2. 古老的农耕和林业传统。千年村保留了几百年来的农耕和林业传统，这些传统的农业和林业实践与当地的生态系统密切相关。农民通过传统的农田管理、森林砍伐和植树造林等活动来维持生态平衡。

3. 社区合作和参与。千年村的居民通常以社区为单位组织，共同参与农业和森林管理。他们通过合作伙伴关系和群体协调一致，共同实施可持续的农业和生态保护措施。

4. 传统文化的传承。千年村重视传统文化的传承，包括传统农耕技术、宗教节日和民俗活动。这些传统与自然环境紧密相关，是社区认同和可持续发展的重要组成部分。

5. 生态旅游的发展。千年村借助其独特的自然和文化资源，逐渐发展起生态旅游业。游客可以欣赏到美丽的自然风景、参与传统农耕活动，并体验当地的文化传统。

（二）乡村生态振兴方面的经验和教训

中国和日本在农耕文化背景和农业经营结构方面具有一定的相似性。因此，日本在乡村生态振兴方面积累的经验对于完善中国乡村生态振兴制度框架和政策体系具有一定的借鉴意义（曹斌，2018）。在中国实施乡村生态振兴过程中，日本千年村的经验和教训可以提供以下几个方面的启示：

1. 保护和利用自然资源。千年村的经验表明，保护和合理利用自然资源是乡村生态振兴的关键。中国在推动乡村生态振兴时可以借鉴千年村的经验，制定并执行科学的环境保护政策，保护水源、森林、湿地和农田等重要生态资源。

2. 强调乡村社区的参与。千年村的成功依赖于乡村社区的合作和参与。在中国实施乡村生态振兴时，可以重视乡村社区的自主管理和参与，促进农民和居民的积极参与，形成共同推动乡村发展和生态保护的合力。

3. 传承乡土文化和传统知识。千年村注重传承乡土文化和传统知识，将农耕和林业技术与当地的自然环境相结合。中国在乡村生态振兴中可以重视对农耕文化和传统知识的保护和传承，鼓励农民继承和创新农业技术，推动农业的可持续发展。

4. 发展乡村生态旅游产业。千年村通过发展生态旅游产业，实现了经济和生态的双赢。中国可以借鉴千年村的经验，通过开发乡村旅游资源、推动特色农产品和农村手工业的发展，在保护生态环境的前提下实现乡村经济的振兴。

5. 推进乡村生态振兴立法和顶层设计。实施立法保障相关政策有步骤地阶段性推进，是日本乡村得以振兴的关键手段之一。中国在乡村生态振兴中可以借鉴千年村的经验，立足于本国国情，完成乡村生态振兴战略的顶层设计。要将"农业现代化建设""农业农村优先发展""工业反哺带动乡村振兴"等发展理念通过立法手段使之发挥实效，为乡村生态振兴战略的全面实施提供法律法规及政策保障。

总之，借鉴日本千年村的实践经验，在推动我国乡村生态振兴过程中，我们必须注重自然资源的保护和利用，促进乡村社区的参与，传承乡土文化和传统知识，发展乡村生态旅游产业，并积极推动政策和制度创新。

二、韩国的新村运动

（一）案例背景介绍

20世纪70年代，韩国政府发起"勤勉、自助、协作"的国民运动，即韩国新村运动，该运动覆盖了全韩国34000个村庄（朴振焕，2005；韩道铉和田杨，2019）。该运动的目标是通过社区参与、基础设施改善、农村产业发展和社会凝聚力的提升，实现农村现代化、农民脱贫增收和经济发展（安虎森和高正伍，2010）。主要内容包括：（1）大力发展生产，增加农民收入，帮助农民脱贫；（2）改善农村基础设施和农村生活条件，开展人居环境整治，提升居民居住条件；（3）通过综合治理教育、医疗、文化等社会基础结构，改变落后农村地区的状况；（4）倡导和发扬"勤勉、自助、协作"的民族精神，建设和谐、道德素养高的社会。

新村运动伊始，韩国正面临着农村贫困、经济落后和社会分化等诸多挑战。政府认识到农村现代化对于国家整体发展的重要性，因此开始推动一项以农村社区为核心的发展计划。新村运动的主要目标是改善农村基础设施、提高农民生活水准、推动农业产业发展、加强社区凝聚力和促进社会和谐。它秉持自力更生、共同参与和共同发展的原则，鼓励农村居民主动参与社区建设和发展，通过合作和互助来推动农村现代化。韩国的新村运动具有以下特点：

1. 政府主导与村民参与。新村运动强调广大村民的参与和合作精神。政府鼓励农村居民积极参与乡村建设和发展计划，通过共同努力来改善生活条件和推动农村现代化。在政府主导的前提下，新村运动以激发农民的内在动机与主动性为重点，通过对村庄全体居民的充分动员，促使村民克服消极落后的思想，增强主观能动性，形成了"勤勉、自助、协作"的社会责任感，进而提高全社会的整体人力资本质量和国民素质。

2. 注重基础设施改善。新村运动注重改善农村基础设施，包括道路、供水系统、电力网络等。通过修建和改善基础设施，提高了农村居民的生活条件和交通便利性，促进了农村现代化的进程。

3. 培养农村人才和改善医疗服务。新村运动十分重视农村地区教育和医疗服务的改善。新村运动期间，韩国政府在农民培训和教育工作方面投入了大量的财政支持，尤其注重对政府政策的宣传推广和农业技术的培训。这一举措，一方面推动了农民文化素养的提高；另一方面，促使政策实施和技术推广的成效不断增强，形成了良性循环的发展态势。同时，新村运动还改善了农村地区的医疗设施和服务，提高了农村落后的医疗保障水平，改善了农民的健康状况。

4. 鼓励农业产业发展。政府通过提供农业技术培训和贷款支持，促进农村产业的多样化和农民收入的增加。通过引入先进的农业技术和知识，农民能够提高生产效率，提高农产品的质量和产量。同时，政府的贷款支持为农民提供了扩大农业生产规模和发展其他农村产业的资金来源。

总体而言，韩国的新村运动在主体参与、基础设施改善、教育医疗服务改善以及农业产业发展等方面具有鲜明的特点。这一运动的实施有助于推动农村社区的发展和乡村现代化，提高农民的生活水平和社会凝聚力。

（二）乡村生态振兴方面的经验启示

韩国的新村运动是国际社会公认的农村开发的成功案例（韩道铉和田杨，2019）。在新型城镇化时代背景下，实施乡村生态振兴战略以改善农村的生产生活环境，促进农村经济和生态环境协调发展，是实现城乡一体化发展的必由之路。20世纪70年代，韩国通过开展新村运动实现了"三农"的转型发展，为缩小城乡差距和推动社会和谐发展奠定了坚实的基础。中国和韩国的经济模式与文化传统相似、在地理位置上又属于近邻，因此可以学习和借鉴韩国新村运动改善农村基础设施建设、提高村民主体参与作用、增加村民收入等方面的经验（陈业宏和朱培源，2020）。在我国实施乡村生态振兴过程中，韩国的新村运动可以提供以下几个方面的启示：

1. 加强政府扶持与引导。新村运动具有鲜明的政府资源自上而下输入的模式特征。特别是在基础设施改善、公共产品供给和社会服务等领域，政府部门向农村投入大量资金和人员，通过国家力量扶持农村社会的改造，以此消除农业社会化和资本化生产对小农发展机会的挤压，解决农村发展面临的资源要素不足的瓶颈问题（苏毅清和王志刚，2018）。对此，中国政府应进一步加强乡村基础设施建设，特别是注重改善道路、供水、电力和通信等方面，为乡村发展提供必要的基础条件。

2. 发挥村民主体作用。农民是乡村生态振兴的参与主体和主导力量，新村运动注重社区居民的参与和合作，倡导农村居民积极参与决策和行动。新村运动成功的经验表明，村民积极主动的发展意识和独立自主的自助精神，才是推动乡村发展的根本动力。对此，中国可以借鉴韩国的经验，鼓励农村居民参与乡村生态振兴计划的制订和实施。拓宽村民的参与渠道，充分运用互联网、手机 App、电话咨询等途径，对村民参与乡村生态振兴的方式、内容、步骤给予建议。调动村民的参与热情，通过走访摸排、调研问卷、电话询问等方式广泛征集村民意见，以"小村规"撬动"大治理"，引导村民自治，努力实现乡村的可持续发展。

3. 强化农民教育。加强对农民的教育、培养农村人才是新村运动的另一核心启示。韩国的乡村教育在培养基层领导者和现代农民方面发挥了重要作用。这一方面提升了新村运动的管理水平；另一方面，也帮助农民改变思想观念，客观促进了新村运动在农村的发展。对此，中国政府应进一步加强社会主义新农村的文化建设，尤其要注重对农民的教育培训和实践指导。充分利用现有的教育资源和设备，培养和组建具有公益心、组织能力和领导能力的农民骨干队伍，提高其文化素养和生态认知水平，让他们在农民群体中发挥引领和示范作用。

总体而言，韩国新村运动在政府引导扶持、农民主体参与、农民教育等方面提供了宝贵的经验和教训。中国在实施乡村生态振兴战略时可以借鉴这些经验，结合中国的国情和实际情况，制定相应的政策和措施，推动乡村的生态保护和可持续发展。

三、德国的生态村

（一）案例背景介绍

德国生态村（Eco Village）概念源自 20 世纪 70 年代的环境保护和社会运动。这一时期，德国社会对环境问题的关注逐渐增加，人们开始认识到传统的城市化和工业化模式对环境和社会造成的负面影响。在这种背景下，一些倡导者认为传统的城市设计和生活方式需要改变，以减少对环境的压力，于是开始探索可持续发展和生态友好的社区模式，以寻找一种更和谐、更可持续的生活方式（张蔚，2010），生态村的概念应运而生。德国生态村的发展得到了不同领域人士的积极参与和支持，包括环保组织、研究机构、政府部门和社区居民（Dolores & Achim，2004）。他们共同推动塑造可持续发展和社区参与的理念，寻找并实践创新的社区模式。

德国首批生态村可以追溯至20世纪70年代末和80年代初。最早的一批生态村项目包括文化实验（ZEGG）生态村、七棵椴树（Sieben Linden）生态村、生命花园（Lebensgarten）生态村。这些生态村以其可持续的建筑、可再生能源利用、有机农业、社区参与和自我管理等特点而闻名。随着时间的推移，德国生态村的数量和规模不断增加（袁镔，2002）。如今，德国拥有数十个生态村项目，分布在全国各地。这些生态村具有不同的特点和发展模式，有的是重新开发已有社区，有的是全新建设的绿色社区。德国生态村的发展也得到了政府的支持和鼓励。政府为此出台了一系列的政策和法规，为生态村的发展提供了包括资金、法律认可和技术指导等方面的支持。通过各界人士的积极参与和支持，德国生态村逐渐形成了一种可持续发展和社区参与的生活模式，并成为乡村生态振兴的重要实践范例。

德国的生态村建设具有以下特点：

1. 生态建筑和可再生能源利用。德国的生态村注重采用生态建筑和可再生能源技术。生态建筑基于先进的设计理念，使用环保材料和节能设备，以最小化能源消耗和环境影响。此外，生态村普遍采用太阳能、风能和生物质能等可再生能源，以满足村庄的能源需求。

2. 有机农业和农业多样性。德国的生态村鼓励有机农业的发展，以减少化学农药和化肥的使用，保护土壤和水源的质量。生态村还致力于保护农作物和畜禽的遗传多样性，重视地方特色品种的种植和养殖，以促进可持续农业的发展。

3. 社区参与和村民自治。德国的生态村强调社区的参与和自治。村民参与村庄事务的决策和管理，共同制定乡村发展规划和环保政策。这种参与形式增强了社区凝聚力，提高了居民对生态保护和可持续发展的责任感。

4. 社会和经济的多样性。生态村追求社会和经济的多样性，鼓励小型企业和创新型产业的发展，以减少对外部资源的依赖。生态村通常支持当地手工业、农产品加工和生态旅游等产业，提供就业机会，促进经济的可持续发展。

5. 教育和文化传承。德国的生态村注重教育和文化传承，通常设有环境教育中心和培训机构，提供关于可持续发展和环境保护的教育课程和培训项目。此外，生态村也重视传承乡村文化和传统技艺，保护和弘扬当地的文化遗产。

德国的生态村模式在乡村生态振兴方面取得了显著成果，给其他国家提供了重要的经验和价值启示。其强调了可持续发展、生态建筑及可再生能源利用、有机农业、社会参与及村民自治、社会经济多样性以及教育和文化传承的重要性，这些经验对于中国乡村生态振兴的实践具有积极的借鉴意义。

（二）乡村生态振兴方面的经验启示

在我国实施乡村生态振兴过程中，德国生态村建设可以带来以下几点启示：

1. 可持续建筑和能源利用。德国生态村在建筑和能源利用方面具有丰富经验。中国可以借鉴其做法，推广生态建筑设计、制定建设标准，采用环保材料和节能设备，促进低碳和节能的乡村建设，并加大可再生能源的利用，如太阳能和风能等，以减少对传统能源的依赖。

2. 促进社区参与和村民自治。德国生态村注重村民的参与和自治，通过村庄居民的合作与参与，推动乡村发展和生态保护。中国可以鼓励乡村居民积极参与决策和管理，形成多元化的决策机制，增强居民的环保意识和责任感，实现可持续发展的村庄自治模式。

3. 培育农业多样性和有机农业。德国生态村重视农业多样性和有机农业的发展，保护农作物和畜禽的遗传多样性，减少对化学农药和化肥的依赖。中国可以借鉴德国的经验，推动有机农业发展，促进农业生态化、循环农业和可持续农业的转型，保护农田和生态环境的健康。

4. 发展多元经济和创新产业。德国生态村鼓励发展多元经济和创新产业，减少对传统工业的依赖。中国可以推动乡村的产业结构优化，支持当地特色产业、农产品加工和生态旅游等新兴产业的发展，提供多样化的就业机会，促进经济的可持续发展。

5. 加强教育和文化传承。德国生态村注重环境教育和文化传承，通过教育培训和文化活动，增强居民的环保意识和环境素养，传承乡村的文化遗产。中国可以加强乡村环境教育，培养乡村居民的环保意识和绿色生活方式，保护和传承乡村的文化和传统知识。

德国的生态村建设经验表明，在我国乡村生态振兴的过程中，我们需要注重可持续建筑及能源利用、社区参与与村民自治、农业多样性、创新产业和教育文化传承等方面的发展。这些成功经验可以为中国乡村生态振兴提供有益的指导和启示。同时，我们还需要结合中国的国情和实际情况，探索适合中国乡村发展的生态村模式和路径。

四、美国的绿色村

（一）案例背景介绍

绿色村的概念源于对环境保护和可持续发展的关注。随着全球环境问题的日益突出，美国社会逐渐意识到传统的城市化和工业化模式对环境和社会造成的负面影响。在这种背景下，一些倡导者开始探索一种更可持续、更环保的生活方式和社区模式，绿色村应运而生。美国的绿色村（Green Village）是指以可持续发展和环境友好为核心理念的社区，旨在通过整合绿色建筑、可再生能源、资源回收利用、社区参与等措施，实现对环境的保护和可持续发展的目标。[①]

美国绿色村的发展得到了不同领域人士的积极参与和支持，包括环保组织、研究机构、政府部门和社区居民。他们共同努力推动绿色建筑和可持续发展的理念，并实践绿色村项目，以在社区层面促进环境保护和可持续发展。早期的绿色村项目，如伊萨卡生态村（Eco Village at Ithaca）和跳兔生态村（Dancing Rabbit Ecovillage）等，致力于探索和实践可持续发展的理念。随着时间的推移和实践的探索，绿色村的概念逐渐被广泛接受，并被应用于更多的社区。如今，美国有许多绿色村项目，分布在不同的州和城市，每个具体实施的项目都有自己的独特之处。

美国政府对绿色村的发展予以高度关注，并采取了一系列的支持政策和措施。例如，通过提供资金支持、制定相关的法律法规和标准，鼓励绿色建筑和可持续发展的实践。此外，由于不同领域社会人士的广泛参与和支持，绿色村的概念逐渐发展并得到应用推广。这些绿色村项目在推动环境友好型社区的建设和可持续发展方面发挥着重要作用，为其他国家和地区实施乡村生态振兴提供了有益的经验和启示。

美国绿色村建设的主要特点如下：

1. 积极推广绿色建筑。绿色村中的绿色建筑在设计时，充分考虑了室内外的空气质量、能源效率等因素，注重采用环保建材和安装太阳能电池板、风力发电设备和地源热泵等节能设备，减少碳排放和能源消耗，从而创造出一个健康舒适且具有良好环保效应的生活环境。

2. 资源回收利用。绿色村倡导生活废弃物资源的回收和循环利用，通过建立垃圾分类和回收系统，最大限度地减少居民生活过程中的垃圾产生，并将可回收物资转化为可利用的资源。这包括回收废纸、塑料、玻璃和金属等材料，并采用有机废物堆肥和生物气化等技术来处理有机废弃物。

---

① 美国绿色建筑委员会网站，https://www.usgbc.org。

3. 鼓励社区居民参与。绿色村在建设过程中，积极鼓励社区居民的广泛参与和合作。居民能够参与到社区决策、规划和管理工作中，共同制定可持续发展的目标和措施。另一方面，社区居民还可以参与环保项目、教育活动和志愿者工作，以推动环境意识的提高和可持续行动的实施。

4. 环境教育和生态意识培养。绿色村注重环境教育和生态意识培养。通过开展环境教育活动、举办研讨会和讲座等方式，向居民传授环保知识，进而培养其环保意识和可持续发展的价值观。此外，绿色村还鼓励居民采用绿色生活方式，如节约能源、减少废物和推广可持续交通方式等。

美国的绿色村项目不仅为社区提供了一个实践可持续生活的平台，还通过创新的方法和技术推动环境友好型社区的发展。这些经验对于其他国家和地区实施乡村生态振兴战略，推动可持续发展具有重要的参考价值。

（二）乡村生态振兴方面的经验启示

在中国实施乡村生态振兴过程中，美国绿色村建设可以在以下几个方面为我们提供有价值的经验启示：

1. 环境保护与可持续发展。美国的绿色村注重环境保护和可持续发展的结合。我国可以借鉴其在环境友好建筑、可再生能源利用和资源回收利用等方面的经验，推动乡村建设和发展的绿色化和可持续化，减少对自然资源的消耗和环境的破坏。

2. 社区参与和自治。绿色村鼓励社区居民的参与和自治，通过居民合作与参与推动乡村发展和环境保护。中国可以加强社区居民的参与和决策权，建立多元化的决策机制，鼓励居民对乡村生态振兴发展提出意见和建议，实现可持续发展的社区自治。

3. 环境教育与意识培养。美国的绿色村注重环境教育和意识培养，通过教育和宣传活动增强居民的环保意识和环境素养。这一做法对我国具有借鉴意义，可以加强乡村环境教育，培养居民环保意识和绿色生活方式，推广低碳环保的生活习惯，促进环境保护与可持续发展深入人心。

总的来说，美国的绿色村经验为中国乡村生态振兴提供了重要的借鉴和启示。通过关注环境保护、社区参与、教育意识培养等方面的发展，中国可以实现乡村生态振兴的可持续发展。然而，在实践过程中，我们需要结合中国的国情和实际情况，适度调整和创新绿色村模式，以符合中国乡村的特点和需求。

第二节 国外乡村生态振兴过程中存在的主要问题

一、欧洲农业补贴政策引发的贸易争端

（一）问题产生的背景及关键驱动因素

欧盟是由27个成员国组成的政治和经济联盟，该联盟拥有一个名为共同农业政策（Common Agricultural Policy，简称CAP）的农业政策框架。该政策框架旨在规定欧盟对农业的支持和保护措施，其中包括价格干预、直接补贴、农村发展以及质量标准等方面（芦千文和姜长云，2018）。

CAP始建于1962年，当时欧洲正面临农产品短缺和农民贫困等问题。提高农业生产、保障农民收入、稳定市场供应以及保护消费者利益等是CAP建立和运行的核心目标。在随后的时间里，CAP也经历了多次改革，以适应欧洲和全球农业发展的变化。这些改革包括1992年的麦克萨利改革、2003年的脱钩改革以及2013年的绿色改革等。改革的主要目的是减少政府对市场的干预程度，增加对环境和社会目标的考虑，提高欧洲农业的竞争力和可持续性。

然而，CAP也受到了美国等国家的强烈批评和抗议。这些国家认为CAP扭曲了国际贸易规则，损害了其他国家的出口机会，并违反了世界

贸易组织（World Trade Organization，简称WTO）的原则和协议。美国等国家和欧盟曾就农产品贸易争端在WTO多次进行诉讼和仲裁，其中包括香蕉争端、激素牛肉争端、转基因食品争端以及飞机补贴争端等。双方虽已进行多轮谈判和协商，但尚未达成根本性的解决方案。这些贸易争端主要涉及以下几个方面：

1. 高额关税和进口配额。欧洲对农产品实施高额的关税和进口配额，限制了其他国家农产品进入欧洲市场，对其他国家的农产品出口利益造成了损害。

2. 高额出口补贴。欧洲对农产品实施高额的出口补贴，降低了其他国家农产品在国际市场上的竞争力，扰乱了世界市场价格。

3. 高额直接补贴。欧洲对农产品实施高额的直接补贴，增加了欧洲农业生产者的生产积极性，导致农产品的生产过剩，不利于资源的配置效率提升，并对农业生态环境造成不良影响。

4. 高标准的卫生和安全规则。欧洲对农产品实施高标准的卫生和安全规则，提高了其他国家农产品进入欧洲市场的门槛要求，影响了其他国家的市场准入门槛。

这些问题使得欧洲的农业补贴政策成为国际贸易中的争议焦点。双方持续进行着谈判和协商，旨在找到解决方案，然而，迄今为止尚未取得实质性的进展。解决这些争端需要各方之间的合作和妥协，以促进全球农产品贸易的公平和可持续发展。

（二）对乡村生态振兴的影响和启示

在农业农村发展过程中，发达国家的政策与实践经验为后发国家展示了未来的发展图景。因此，借鉴发达国家的基本经验，再结合本国国情进行创新性的借鉴、改造、转化和提升，这对我国建立健全乡村生态振兴战略的政策体系具有重要意义。对此，欧洲的农业补贴政策引发的贸易争端对我国乡村生态振兴产生的影响和启示如下：

1. 完善市场竞争机制与市场准入标准。欧洲农业补贴政策使其农产品在国际市场上具有竞争优势，但给其他国家的农产品出口带来了不公平的竞争压力。这对我国乡村生态振兴的启发是，我们应认识到国际市场竞争的激烈性，在提高农产品的品质和竞争力的同时，要争取做到市场准入的公平和平等。

2. 科学评估农业补贴的效果。欧洲农业补贴政策引发的贸易争端也引起了对农业补贴政策效果的评估和讨论。我国可以借鉴这一经验，深入评估和监测乡村生态振兴战略的效果，确保政策的目标与实际成效相符，避免出现扭曲市场竞争的问题。

3. 提升农产品附加值。欧洲农业补贴政策注重提升农产品的附加值和质量标准，推动农产品的升级转型。我国乡村生态振兴可以借鉴这一经验，注重农产品加工、品牌建设和质量控制，提升农产品的附加值，满足消费者对高品质、安全、环保产品的需求，增加农民收入。

4. 坚持均衡发展与公平竞争原则。欧洲农业补贴政策引发的贸易争端凸显了均衡发展和公平竞争的重要性。我国乡村生态振兴需要在政策制定和实施过程中注重均衡发展，避免地区间和农民间的差距扩大，同时营造公平的市场竞争环境，确保乡村产业的健康发展。

欧洲农业补贴政策所引发的贸易争端，为中国乡村生态振兴提供了宝贵的经验和启示。其中包括加强竞争力与争取市场准入的重要性，科学评估补贴政策的效果，提升农产品的附加值以及追求均衡发展和公平竞争的原则。通过借鉴欧洲的经验并结合中国的国情，我们能够更好地推进乡村生态振兴，实现农业的可持续发展和保护生态环境的目标。

二、非洲农业发展与环境保护的矛盾

（一）问题产生的背景及关键驱动因素

非洲是全球最贫困、最不发达的大陆之一，同时亦是受气候变化影响最为严重的地区之一。农业作为基础性产业，在非洲地区具有明显的经济支柱作用，在居民生计中也承担着重要功能，农业产值约占非洲国内生产总值的15%，并为超过60%的人口提供就业机会。[1]然而，非洲的农业发展面临着多重挑战。气候变化、自然灾害、冲突和贫困等问题，均严重威胁着非洲国家的粮食安全和农民收入。[2]这些挑战为非洲的农业生产带来了巨大的不确定性和风险。此外，非洲的农业发展亦给生态环境造成了一定的压力，导致土地退化、水资源短缺、生物多样性丧失等问题。这些环境问题不仅威胁着农业生产的稳定性和可持续性，亦对生态系统的健康和人类的福祉产生了负面影响。因此，解决非洲农业发展所面临的挑战，不仅是提升粮食安全和农民收入的关键所在，还是保护环境以及推动社会经济可持续发展的必然选择。

非洲的农业发展与环境保护之间存在矛盾的关键因素包括以下几个方面：

1. 人口增长和农业需求。非洲大部分地区人口增长迅速，农业需求也随之增加。为了满足其对粮食和农产品的需求，农民需要扩大农田面积、增加农业生产和使用农业化肥等，但这会给土地和环境资源带来压力。

2. 土地资源的压力。非洲的农业大都依赖传统的农业种植方式，而大规模的农业扩张和耕地的过度利用导致土地资源的退化和贫瘠化。过度放牧、森林滥砍滥伐和土地侵蚀等问题也严重影响了生态系统中土地资源的稳定性和可持续性。

3. 水资源的限制。非洲大部分地区面临着水资源的短缺和不均衡分布的问题。农业需要大量的水资源用于灌溉和养殖，但水资源的过度利用和污染问题严重影响了水生态系统的健康和水资源的可持续利用。

4. 气候变化的影响。非洲是全球气候变化的重灾区之一，面临干旱、洪涝、风暴等极端气候事件的威胁。这些气候变化现象对农业产量和农

---

①《非洲：气候变暖程度超过全球平均水平，水资源压力和危害严峻》，https://news.un.org/zh/story/2022/09/1108971。

②吕强：《非洲多国全力保障农业生产（国际视点）》，人民网，2020年11月12日。

民的生计造成了巨大影响。为了适应气候变化，农民有时会采取破坏性的土地利用方式，更是加剧了环境问题。

5. 森林砍伐和碳排放。农业活动往往需要大量的木材和森林资源，导致非洲森林面积减少。森林的砍伐不仅导致了生物多样性的丧失，还释放了大量的碳，加剧了全球气候变化的问题。

6. 缺乏可持续的农业实践。在一些地区，农民缺乏可持续农业实践的知识和技能，未能采用可持续的农业生产方式。这包括合理耕作、农田水利设施的建设与改进、土壤保护和有机农业等，这些做法有助于减少对环境的负面影响。

上述因素共同导致了非洲农业发展与环境保护之间的矛盾。为了解决这个问题，非洲需要采取综合的政策和措施。首先，可以推广可持续农业实践，通过使用有机农业技术和合理施肥，减少对环境的负面影响。其次，加强土地保护和水资源管理，确保农业活动对土地资源和水资源的可持续利用。此外，通过制定合理的森林保护政策和采取有效的措施，提高森林和生物多样性的保护力度，防止森林破坏和生物多样性丧失。同时，推动低碳农业发展，减少温室气体排放和能源消耗，促进农业的低碳化。最后，国际社会也应加强对非洲的技术转让、资金支持和容量建设，帮助非洲实现农业可持续发展和环境保护的双重目标。

（二）对乡村生态振兴的影响和启示

中国和非洲的农业生产方式都是以小规模经营模式为基础，并且同样面临着农业发展和环境保护的挑战。其中，非洲的环境问题包括土地退化、森林砍伐、生物多样性丧失和气候变化等，这对中国乡村生态振兴具有一定的影响和启示，主要体现在以下几个方面：

1. 增强环境意识。非洲农业发展面临的矛盾提醒我们，在推进我国乡村生态振兴中，我们必须加强环境保护意识。这意味着在推动农业发展的同时，要重视保护土地、水资源和生态系统，采取可持续的农业实践，避免过度开发和污染，确保乡村生态的可持续性。

2. 促进可持续农业。农业生产与环境保护之间失衡，是非洲农业发展的关键制约因素。由此给我国带来的启示是，我们要推广可持续的农业实践，包括有机农业、水稻综合种植、精细施肥等，减少对土地、水资源和生态环境的负面影响，提高农业生产的可持续程度和农民的收入水平。

3. 水资源管理与保护。非洲目前面临着水资源短缺及分布不均的挑战，同样地，这一问题也在中国乡村生态振兴的工作中引起了广泛关注。基于对非洲发展模式的反思，我国在乡村生态振兴中，应重视强化水资源管理与保护，推广节水灌溉技术，改善农田水利设施，保护水生态系统，确保水资源的可持续利用和农业的稳定发展。

4. 加强国际合作。加强国际合作是解决非洲发展问题的有效途径。实际上，加强国家间的农业协作与经验分享，对于我国应对农业发展和环境保护的挑战，实现乡村生态振兴同样具有积极意义。实施策略包括技术转让、资金支持和人员培训等，推动可持续农业发展和乡村生态振兴，实现共同的可持续发展目标。

非洲农业发展与环境保护之间的矛盾为我国乡村生态振兴提供了有益启示。基于非洲国家的发展案例，我国可以在乡村生态振兴中注重环境保护，推广可持续农业实践，强化水资源管理与保护，并加强国际合作，共同实现农业发展与环境保护的平衡。

三、南美洲农业转基因技术发展的争议

（一）问题产生的背景及关键驱动因素

南美洲作为世界上重要的农业区，也是转基因作物种植和消费的主要地区。仅在2022年，南美洲的巴西、阿根廷、巴拉圭三个国家，其种植转基因作物的面积居于全球前十，分别处于全球的第二、第三和第六位，种植面积达到0.904亿公顷，占全球转基因作物种植面积的44.7%。

种植的作物主要是大豆、玉米、棉花和油菜籽。①

南美洲农业转基因技术的发展受到多方面的推动和影响。其中，国际市场对农产品的需求是重要的推动力之一，主要是由于转基因作物在提高产量和改善抗虫抗病性方面具有优势，能够满足全球对食品和饲料的需求。此外，南美洲国家的政府政策也对农业转基因技术的发展起到重要作用，一些国家鼓励和支持转基因作物的种植和研发。同时，科技创新的进展也为农业转基因技术的应用提供了技术支持和推动力。此外，社会对农业转基因技术的认知和接受程度也对其发展起到一定影响。

然而，南美洲农业转基因技术的发展面临着诸多争议和挑战，涵盖了经济效益、环境风险、社会公平和伦理道德等多个方面。在经济效益方面，转基因作物的种植可以提高农产品产量和质量，增加农民收入，但也存在与种子公司的合同关系和市场垄断的问题。在环境风险方面，转基因作物的基因流动可能对野生物种和生态系统造成难以预测的影响。此外，转基因技术的应用也引发了一些社会公平和伦理道德方面的讨论，包括农民种植权益、食品安全和消费者知情权等问题。

南美洲的农业转基因技术争议涉及以下关键因素：

1. 经济利益与食品安全的关系。南美国家在采用转基因技术时，主要考量经济利益。这是因为转基因技术能够显著提高农产品产量，增强作物的抗病虫害能力和耐旱性，进而增加农民收入和国家出口收入。然而，争议的核心是转基因作物对食品安全的影响。一些人担心转基因作物可能对人体健康产生负面影响，或对生态系统和生物多样性造成不可预见的损害。

2. 作物种植与生态环境之间的关系。转基因作物在种植过程中可能对生态环境产生影响。例如，转基因作物可能引起杂草的抗药性演变，导致杂草控制更加困难。此外，转基因作物的基因可能在自然环境中传

① 李浩辉等：《2022年度全球转基因作物产业化发展现状及趋势分析》，《中国农业科技导报》2023年第12期，第6—16页。

播，对野生物种造成影响，甚至破坏生物多样性和生态平衡。

3. 知识产权与农民权益之间的关系。转基因作物的种植通常涉及知识产权和专利保护。种植者需要购买转基因种子，并遵守相关协议和合同。一些人认为这可能限制了农民的选择权和农业自主权，使其更依赖大型种子公司，对传统的农业实践造成了不利影响。

4. 公众参与和信息透明度。转基因技术争议中，公众参与和信息透明度也是关键因素。一些人认为，政府和决策者在推广转基因技术时应更加重视公众的意见和需求，并提供充分的信息和科学依据，以便公众能够做出明智的决策。

南美洲的农业转基因技术争议涉及经济利益与食品安全、作物种植与生态环境、知识产权与农民权益以及公众参与和信息透明度等关键因素。在我国乡村生态振兴过程中，了解和平衡这些因素，有助于转基因技术应用的政策制定和实践。

（二）对乡村生态振兴的影响和启示

中国的乡村生态振兴计划旨在通过发展生态产业、保护生态环境和提高农民收入来促进乡村经济发展（张俊飚和王学婷，2021）。中国乡村生态振兴与南美洲的农业转基因技术争议问题，从表面层次看，两者之间似乎没有直接联系，但不可忽视的是，转基因作物可能会对生态环境造成负面影响。因此，应充分关注转基因技术对乡村生态振兴的影响。南美洲的农业转基因技术争议事件对我国乡村生态振兴可能带来以下影响和启示：

1. 审慎科学评估。南美洲的农业转基因技术争议提醒我们，在推广和采用转基因技术时，需要进行审慎的科学评估。中国在乡村生态振兴政策推广实施过程中应加强对转基因技术的研究和评估，确保其安全性和对环境影响的可控性。科学评估应包括对食品安全、生态环境和社会经济影响的全面分析，以制定明智的决策和政策。

2. 生态风险管理。南美洲的农业转基因技术争议凸显了转基因技术对生态环境带来的潜在风险。鉴于这一风险，中国乡村生态振兴需要高度重视生态风险管理，确保采用转基因技术的农作物不会损害当地的生物多样性和生态平衡。定期监测和评估转基因作物的环境影响是必要的，以便我们及时采取措施进行调整和管理。

3. 农民参与和权益保护。南美洲的争议反映了农民参与和权益保护的重要性。在我国的乡村生态振兴中，农民应积极参与决策过程，表达意见和需求，并得到充分的信息和培训支持。同时，我们应加强农民权益保护，确保他们在转基因技术应用中的权益得到充分尊重和保护。

4. 公众沟通和透明度。南美洲的争议强调了公众沟通和信息透明度的重要性。透明度和信息公开可以帮助建立公众信任和减少公众不必要的疑虑。中国在乡村生态振兴中需要积极与公众进行沟通，解释转基因技术的风险和好处，提供科学知识和相关数据，以便公众能做出明智的决策。

南美洲的农业转基因技术争议对我国乡村生态振兴的影响和启示主要体现在科学评估、生态风险管理、农民参与和权益保护以及公众沟通和透明度等方面。通过借鉴南美洲经验，我国可以在乡村生态振兴中更加全面地考虑和平衡转基因技术的利弊，实现可持续发展和生态保护的目标。

第三节　国外乡村生态振兴的实践对我国的启示与借鉴意义

一、国外的实践做法对我国乡村生态振兴的启示

全面提高农业和农村发展水平对于中国实现全面建成小康社会和现代化进程具有重要的意义（赵广帅等，2018）。在乡村生态振兴的过程中，国际经验可以为我国提供诸多有益的启示和参考价值。以下是一些

主要方面的具体措施和实践：

（一）发挥政府的综合规划和组织调控作用

国际上成功的乡村生态振兴案例表明，充分发挥政府的综合规划和组织调控作用是推进乡村生态振兴发展的关键。政府应该通过制定长期发展规划，统筹考虑农业、生态环境、产业发展和社会服务等因素，确保各个领域的协调发展，避免碎片化和孤立化的发展。

（二）注重多元化农业发展

借鉴日本、韩国等发达国家的经验，我们应注重推动农业的多元化发展。在传统农作物种植的基础上，还应积极发展特色农业、有机农业、生态农业等新型农业模式，以提升农业的附加值和可持续性。同时，注重保护农业生态环境，提高农业的生态效益。

（三）强调农民参与和权益保护

国际经验表明，农民参与是乡村生态振兴的内在动力和重要因素。然而，在我国的长期实践中，农民的主体意识相对较弱。这种现象主要表现在村民的公共意识不强、乡村生态环保知识缺乏、生态文明意识薄弱和乡村治理能力不足等方面。对此，我国应该发挥多元主体的力量，鼓励农民积极参与决策过程，加强农民组织和合作社建设，提高农民的议价能力和增强利益保障。同时，加强农民培训和技术支持，提升其在乡村生态振兴中的重要性和能力。

（四）推动科技创新和可持续发展

国际上的成功案例表明，科技创新是乡村生态振兴的关键。应该引入新技术和科学方法，提升农业生产效率，减少生态环境负荷，推动可持续发展。例如，利用信息技术提升农业管理水平，推广高效节水灌溉技术，发展农业废弃物资源化利用等。

（五）强调社会共治和公众参与

乡村生态振兴需要社会共治和公众参与。因此，有必要采取一系列措施来鼓励社会组织、非政府组织、企业和公众参与乡村生态保护和发展。首先，政府可以加强宣传教育，提高公众对乡村生态环境保护的意识。其次，出台相关政策，对参与乡村生态保护和发展的企业和个人给予一定的奖励和支持，并且通过提供资金和技术支持，帮助企业和个人开展生态保护和可持续发展项目。除了政府的支持，社会组织、非政府组织和企业也可以在乡村生态保护和发展中发挥重要作用，形成共建共治的良好局面。

（六）倡导可持续旅游和文化保护

国际上一些成功的案例表明，可持续旅游和文化保护可以为乡村生态振兴提供重要支持。应该通过保护乡村的自然景观和文化遗产，并在此基础上发展旅游业，促进乡村经济发展。同时，需要注意控制旅游对环境的影响，实现生态、经济和社会的协同发展。

国际经验为中国乡村生态振兴提供了丰富的启示。在实施乡村生态振兴战略的过程中，我们应综合考虑多个方面的因素，包括政府的综合规划和组织调控作用、多元化农业发展、农民参与和权益保护、科技创新和可持续发展、社会共治和公众参与等。综合考虑这些方面的因素，中国可以实现乡村生态振兴的可持续发展目标。

二、国外的实践做法对我国乡村生态振兴的借鉴意义

生态振兴是乡村振兴的内在要求，也是乡村产业振兴、人才振兴、文化振兴、生态振兴和组织振兴的重要内容和关键支撑。[1]在全面推进我国乡村生态振兴的过程中，我们可以借鉴日本、韩国和欧美发达国家在

---

[1] 鲁阳：《围绕"五个振兴"全面推进乡村振兴》，人民网，2022年12月27日。

乡村生态建设、农业绿色发展和农村社会治理等方面的实践做法。在我国未来的乡村生态振兴实施与实践过程中，以下的重点发展方向与路径举措值得注意：

（一）加强顶层设计和战略规划引导

为了实现乡村生态振兴，应从以下五个方面进行顶层设计和战略规划：

一是制定综合性规划。根据发展目标、战略方向和政策措施，制定全面、系统的乡村生态振兴规划。规划应综合考虑农村生态、经济、社会和文化等各个方面的因素，选择可行性强、可持续性高的发展路径。规划过程应充分借鉴国际经验，并结合我国实际情况，确保规划的科学性和可实施性。

二是强化政策支持。建立和完善乡村生态振兴的政策体系，包括财政支持、税收优惠、土地政策、产业扶持等方面的政策措施。政策支持应着眼于激发农民的积极性和创造力，引导农村经济结构的调整和升级，推动可持续的生态发展。

三是建立协同机制。强调各部门之间的协同合作和跨界整合，形成合力推动乡村生态振兴。乡村生态振兴涉及多个领域和利益相关方，需要建立跨部门、跨地区的协同机制，加强信息共享、资源整合和政策衔接。

四是强化监测评估。建立科学、准确的乡村生态振兴监测评估体系，对政策实施效果进行监测和评估。定期评估，可以及时发现问题和不足，为调整和改进政策提供依据，确保乡村生态振兴战略的顺利实施。

五是提高农民的参与度。加强农民和社区居民的参与，将他们纳入顶层设计和战略规划的过程中。鼓励农民参与决策，倾听他们的声音和诉求，使乡村生态振兴的规划和实施更加符合实际情况和基层需求。

（二）构建以产业生态化和生态产业化为主导的生态经济体系

乡村振兴的重点是发展产业，而生态宜居则是关键保障。构建以产业生态化和生态产业化为主体的生态经济体系，有利于生态产业反哺生态保护，实现机制活、产业优、百姓富、生态美的有机统一。具体包括以下措施：

一是提升生态系统的质量和稳定性。要严格遵循主体功能区制度，守住生态保护红线、永久基本农田、城镇开发边界三条控制线，保护好自然生态安全边界。坚持系统观念，强调问题和目标导向，科学设计和组织实施生态系统修复项目，按照生态系统的完整性和系统性及其内在规律，对自然生态的所有要素进行综合处理，实施整体保护、系统修复和综合管理；将乡村生态系统保护和修复领域作为支持的重点，建立健全投融资担保体系，吸引社会资本参与生态修复。

二是推进传统农业产业的生态化改造。推进农业结构调整，优化农业生产力结构，加大数字技术的推广应用，促进农业朝着绿色、有机、生态方向发展；依靠技术和管理创新，对乡村服务业进行绿色生态化转型，大力发展生态商业、生态物流等现代服务业新业态。

三是优化和拓展农村绿色产业链。培育壮大龙头企业、农民合作社等新型经营主体，发展生态农场、有机肥厂等特色产业；立足乡村特色资源，面向市场需求，推动生态产业向前端和后端、上游和下游拓展延伸。

（三）保护和利用农村优秀传统文化和自然遗产

乡村生态振兴是一个复杂的系统工程，需要多方面协调推进。参考国际乡村生态振兴的经验，我们可从以下几个方面保护和利用农村优秀传统文化和自然遗产：

一是挖掘和保护传统文化。尤其是要深入研究乡村优秀传统文化发展的历史渊源、发展脉络和基本走向，加强对乡村村史和相关历史资料档案的编修工作，并结合地方志，充分挖掘和阐释乡村优秀传统文化的内涵，为乡村文明发展提供精神支撑。

二是宣传和弘扬优秀传统文化，增强村民传承发展中华优秀传统文化的主体意识。应发挥村党支部的领导作用，强化村干部的责任意识，把传承发展中华优秀传统文化作为专项工作，抓紧落实；加大宣传力度，深入千家万户，让村民在潜移默化中树立传承发展中华优秀传统文化的意识。

三是搭建传统文化传承弘扬平台。促进乡村传统文化的传承与发展，包括传统艺术、手工艺品、文化讲座等，为村民提供教育与培训，实现中华优秀传统文化的弘扬和传承。

四是充分利用现代科技手段。如借助互联网和移动应用程序，建立虚拟平台，让更多的人了解、参与和传承中华优秀传统文化。通过在线教育、数字文化展示等方式，将乡村的优秀传统文化和自然遗产推向更广阔的舞台，增强其影响力和传播力。

（四）打造乡村特色旅游和生态农业产业

产业生态化是乡村振兴的"绿色底蕴"。借鉴国际经验，我们可以通过发展乡村特色旅游、生态农业等多元化产业，提高农民收入，推动农村经济发展，并减少对传统农业的依赖。为实现这一目标，需要在以下几个方面做出努力：

一是保护自然资源，实现生态保护与开发并重。在发展乡村旅游和生态农业产业的过程中，我们要坚持"绿水青山就是金山银山"理念，遵循自然规律，避免过度开发和污染，保护好自然资源。

二是深入挖掘文化内涵，精心塑造特色品牌。在推动乡村旅游和生态农业产业发展的过程中，我们要充分挖掘和利用当地珍贵的历史文化和民俗风情资源，通过丰富多彩的文化活动和设施建设，为游客带来更为丰富、深刻的体验。具体来说，可以通过举办民俗文化节、传统手工艺展示、农家乐体验等活动，让他们在享受大自然美景的同时，也能感受到当地独特的历史文化和民俗风情。这样可以增强游客的归属感和黏性，提高旅游业的吸引力和竞争力。

三是完善基础设施建设，提升服务质量。在发展乡村旅游和生态农业产业的过程中，要加大基础设施建设力度，包括修建公路、改善通信网络、完善住宿条件等，以提高游客的出行便利性和住宿舒适度，从而提升旅游和生态农业产业的服务质量。

四是强化市场拓展和品牌推广。在推动乡村特色旅游及生态农业产业发展的过程中，积极吸引投资方及合作伙伴，引入先进的管理经验和技术手段，以提升乡村产业的竞争力和影响力。同时，加强品牌形象的塑造和推广，打造乡村特色旅游和生态农业产业的知名度和美誉度。

五是强化产业链的协同发展。在推动乡村特色旅游和生态农业产业发展的过程中，应建立乡村产业联盟、合作社等组织形式，促进各利益相关者的合作与协调，实现资源优势互补、利益共享。同时，应拓展农产品加工和销售渠道，增加产品的附加值，提高乡村产业链的整体效益。

（五）加强对农村基层组织和社会组织的培育和支持

农村基层组织和社会组织是激发乡村活力的重要源泉。国际成功经验可总结为以下几个方面：

一是建立培训机制。设立培训机构或项目，提供培训课程和资源，帮助农村基层组织和社会组织提升管理和运营能力。培训内容可以涵盖组织管理、项目策划与执行、资金管理、社区动员等方面的关键知识和技能。

二是提供财务支持。设立专项资金，为农村基层组织和社会组织提供财务支持，包括启动资金、项目资金、运营经费等。同时，建立透明的申请和审批机制，确保资金使用的合理性和效益。

三是搭建交流平台。建立农村基层组织和社会组织之间的交流平台，促进信息共享、经验交流和合作。可以通过组织培训班、举办研讨会和论坛等形式，提供互动交流的机会，让各组织相互学习借鉴，并形成合力。

四是政策支持与倡导。制定相关政策和法规，明确对农村基层组织和社会组织的支持和保护。政府可以提供税收优惠、减免行政审批、简化登记手续等支持措施，同时倡导社会各界对农村组织的重视和支持。

五是建立网络平台。建设在线平台或网络社区，为农村基层组织和社会组织提供信息发布、资源共享、合作对接的便利。通过互联网技术的应用，加强组织之间的联系和合作，提升工作效率和影响力。

六是优化政府服务。改善政府服务的质量和效率，为农村基层组织和社会组织提供便利和支持。建立完善的咨询和指导机制，提供专业化的服务，解决组织在运作过程中遇到的问题和困难。

（六）建立健全乡村生态振兴的社会共治模式和机制

社会共治模式可以有效减少公共资源浪费，提高治理效率和治理水平。借鉴乡村生态振兴的国际经验，我国在探索农村生态治理模式方面可从以下几个方面入手：

一是多元参与机制。建立多元参与的社会共治机制，鼓励广泛的利益相关方参与乡村生态振兴。政府部门、农民、社区组织、环保组织、企业和专业机构等，通过定期的研讨会、公众听证会等形式，共同制定决策和解决问题，确保各方利益得到平衡和协调。

二是信息公开与透明。建立信息公开和透明的机制，确保决策过程和决策结果对公众可见。政府应主动向公众提供相关信息，包括政策文件、计划和项目执行情况等，倡导政务公开和保障公民信息权利，让公众能够了解和参与到乡村生态振兴中。

三是法律法规保障。建立健全法律法规体系，明确乡村生态振兴的责任主体、权益保护和违法违规的处罚机制。依法保障公众的参与权利，对环境破坏行为进行严厉打击，促使各方遵守规则和承担责任。

四是激励机制与奖惩措施。建立激励机制，鼓励积极参与乡村生态振兴的行为。例如，通过给予优惠政策、奖励基金、荣誉称号等激励方式，鼓励农民、社区组织和企业参与生态保护行动。同时，建立奖惩措施，对环境破坏、违法行为进行严厉处罚，形成约束和威慑。

五是资金投入与分配机制。建立科学合理的资金投入与分配机制，确保资金被用于乡村生态振兴的重点领域。政府应加大对乡村生态振兴的财政支持，鼓励社会资本参与，通过建立专项基金、项目评估机制等方式，优先支持生态保护、农业可持续发展、生态旅游等关键领域。

六是监督和评估机制。建立监督和评估机制，对乡村生态振兴的实施过程及效果进行监督和评估。设立独立的监督机构，定期对政府、企业和社会组织的行为进行评估，确保政策执行的公正性和有效性。同时，鼓励公众监督和举报，建立投诉处理机制，加强对环境违法行为的打击。

第八章

实现乡村生态振兴的
政策思路与路径方向

生态振兴是实施乡村振兴的重要环节，是推进美丽乡村建设的实践举措，同时也是落实生态文明建设的核心依托。从实践角度来看，当前乡村生态振兴在主体参与、生态产品价值实现、生产方式转换等方面的工作陷入困境。据此，本研究在分析乡村生态振兴现状、评估乡村生态振兴社会经济效益、借鉴国内外先进经验的基础上，提出符合我国现实情境的乡村生态振兴总体思路。这一思路可以从以下三个维度出发：乡村生态振兴的主体协同机制、乡村生态产品的价值实现和乡村生态振兴的生产方式转变。

第一节　实现乡村生态振兴的政策思路

习近平生态文明思想为乡村生态振兴提供了根本遵循和科学指引。要坚持以"绿水青山就是金山银山"理念为引领，在习近平生态文明思想指导下，遵循乡村生态系统运行规律和内在特点，因地制宜、分类指导、协调推进、创新驱动，不断提升乡村生态治理能力、完善乡村生态振兴制度体系、提高乡村基础设施和公共服务水平、激发乡村生态振兴创新活力，逐步形成乡村生态振兴的政策体系、治理体系和保障体系。

一、树立系统观念，提升乡村生态治理能力

乡村生态是一个由多个要素组成的自然系统，涵盖水、气、土、生物等，它们相互依存、紧密联系，构成了一个生命共同体（杨美勤，2019）。系统发展受到自然、经济、社会、技术等多方面因素的影响。从这个角度看，乡村生态系统的治理必须是综合性的方法，而非单一因素的调节。为实现乡村生态系统的综合治理，就要求在生产实践过程中树立系统观念，集多种手段为一体，全方位、全过程提升乡村生态治理能力。

（一）统筹山水林田湖草沙系统治理

乡村发展具备独特的比较优势，这一优势主要源于其丰富的生态资源。乡村地区同样也是维护生态平衡、涵养生态的重要区域（王山林，2022）。因此，我们应将乡村视为一个完整的生态系统，并遵循系统性原则，全面规划和管理山、水、林、田、湖、草、沙等自然资源。在实施过程中，应打破行政区划、行业管理、部门管理和生态类别的界限，统筹考虑山水林田湖草沙系统保护和治理的实际需要，进行整体保护和综合治理，反对条块分割和地方主义。聚焦山水林田湖草沙系统保护和治

理中的重点、难点问题，运用联系的观点，有针对性地对该系统予以治理和保护，尽快恢复其生态功能。健全完善山水林田湖草沙系统保护和治理的体制机制，不断提高系统保护和治理能力，强化绩效评估和考核，形成生态保护长效机制，避免"头痛医头、脚痛医脚"、顾此失彼的碎片化思维模式。

（二）提升乡村生态综合治理能力

提升乡村生态综合治理能力需要依托乡村自然资源条件。一是加强生态保护修复。这包括对自然保护区、种质资源保护区、生态功能区、重要湿地和饮用水水源地重要生态区域的系统保护，以提高乡村生态系统的生产力、恢复力和活力。同时，需要对受污染水体、退化草原、水土流失区、沙化和石漠化地区等生态脆弱区进行重点修复。这可以通过水源涵养、休耕、轮作等方式来实现。二是提高农业资源综合利用效率。推广农作物秸秆利用、畜禽粪便资源化利用、农田水资源循环利用、生物质能源利用和农业废弃物资源化利用技术，提高资源利用率和产出率。三是推进农业环境污染治理。通过科学的方法来预防和控制农业面源污染，包括化肥和农药的合理使用、农作物和畜禽养殖的优化管理、农田水土保持以及农业防护地带的建设等。通过这些措施，减少农业生产过程中的污染物排放，以实现更加可持续的农业发展。四是开展农村人居环境整治。加强农村厕所的日常管理，定期进行清洁和消毒，及时修复和维护设施，防止厕所污染和设施损坏；加强垃圾分类收集和处理，建立垃圾处理设施，推动农村垃圾减量化、资源化利用；加强农村污水治理，建设污水处理设施或采用湿地处理等方式，提高农村污水处理率。

二、加强顶层设计和全局规划，完善乡村生态振兴制度体系

建设美丽乡村，需注重规划先行。科学规划可以明确发展的重点领域和优先任务，确保各项工作有序开展，避免出现盲目性和随意性。完善的制度体系能够为乡村发展提供稳定的政策环境和制度保障，为乡

生态振兴提供明确的法律依据和操作指南，保证乡村生态振兴工作有序推进。

（一）全面推进乡村生态建设规划工作

提高思想站位，全面推进乡村生态建设规划工作。坚持乡村产业规划和生态规划相协调，避免只谈生态建设不谈产业发展，或只谈产业发展不谈生态建设的单一规划理念。建立以发展建设型和保护传承型为主体的规划模式，实现生态产业化和产业生态化融合发展。坚持标准统一化和差异特色化相协调。一方面，对乡村生态规划的必备要素进行标准化量定，坚持一张蓝图绘到底的思想，为各地实施生态振兴战略提供前瞻性、纲领性、可行性、专业化引导。另一方面，按照"一村一品、一村一业"的思路，充分挖掘乡村原真性生态资源禀赋，探索乡村生态规划的差异化、特色化发展模式。坚持局部试点和全覆盖推广相协调。在部分重点区域开展试点规划实验，根据实施效果总结生态振兴示范村的先进经验，并结合各地发展条件分类推进、有序推广，逐步实现生态振兴规划全覆盖。

（二）不断完善乡村生态振兴制度体系

乡村生态资源与环境禀赋具有明显的公共物品属性，强有力的制度保障是推进乡村生态振兴的必要条件（张俊飚和王学婷，2021）。一要完善生态法规。推进耕地质量保护、农村人居环境整治、生态环境监测等立法工作，并结合实际情况制定地方性法规，以确保法律框架涵盖生态保护的各个方面。例如，针对土壤污染防治、废弃农膜回收利用、农村生活垃圾分类处理、农村污水处理设施管理等方面制定相应的法规。二要健全多元化的生态补偿机制。明确受损生态系统的补偿要求和补偿对象，通过多种渠道筹措生态补偿资金，包括政府拨款、环境税收、碳市场交易、环境损害赔偿、乡村生态系统服务付费等。三要建立生态监督和评价体系。将乡村生态治理推进情况纳入政绩考核指标，定期对生态监督工作进行总结、分析和评估，并通过建立信息共享平台、跨部门合作等方式，提升信息透明度和公正性，确保乡村生态振兴工作有规有矩推进。

三、加强乡村基础设施与乡村公共服务体系建设

历史和实践经验证明，加强农村基础设施建设与提高农村公共服务质量和水平，是全面推进我国乡村生态振兴的必要条件，也是满足村民对高品质生活的迫切需求、激发村民参与生态振兴行动内生动力的关键因素（李忠斌和陈小俊，2020）。然而，当前我国城乡之间基础设施和公共服务不平衡的问题仍然较为突出，一些农村地区在基础设施和公共服务享有方面，与城市地区相比仍存在较大差距。推进乡村生态振兴需要与实施乡村建设行动同步发力，特别是要注意从城乡一体化角度统筹考虑，努力加大对农村地区环境、卫生相关设施和服务的投入力度，补齐农村基础设施和公共服务短板，进一步提升农村环境的舒适性和生产生活的便利性。

（一）加强乡村基础设施建设

充分发挥和不断提升乡村生态系统功能，完善基础设施条件是关键。首先，在乡村基础设施建设规划中，要考虑生态保护和生态修复的需要，划定生态用地，确保重要生态区域和生态功能区的保护，合理布局乡村基础设施，避免对生态环境造成不必要的损害。其次，大力完善乡村水、电、路、气、网等基础设施建设，如通过雨水收集、生态湿地、农田水利工程等建立合理的水资源利用系统和排水系统，实现农田灌溉和农业生产的生态化、可持续化发展。再次，在乡村基础设施建设中，推广绿色节能设施和可再生能源的利用，采用环保材料、节能设备和可再生能源技术，建设充电桩、太阳能灯具等设施，减少对传统能源的依赖，促进乡村的绿色能源发展。最后，在乡村设置环境监测站点，依据空气质量、土壤质量、水质状况、生物多样性等指标形成监测报告和评估结果，

为相关部门的决策提供科学依据。

（二）提高乡村公共服务水平

乡村公共服务尤其是乡村生态基础设施的健全程度是评估乡村生态系统发展质量的重要指标。良好的公共服务水平能够使乡村居民切实感受到乡村振兴的益处，提高其对生态环境保护的诉求。首先，要加强乡村教育和医疗设施的建设，建设现代化的学校和医疗机构，引进高水平的教育和医疗人才，满足乡村居民的教育和医疗服务需求。其次，设立便民服务中心或综合服务站，提供多种便民服务，如办理证件、支付水电费、咨询政策等，方便居民办事，鼓励和支持电子商务、物流等新型便民服务模式的发展。再次，建立健全社区治理机制，加强社区参与和提高居民自治意识，组织居民参与决策和管理，提高公共服务的针对性和满意度。最后，加强公共服务人员的培训和队伍建设，提高其专业素养和服务水平，引进优秀的人才到乡村从事公共服务工作，同时留住优秀的服务人员。

四、探索因地制宜的乡村生态振兴道路

首先，要做好生态评估与分类。对各乡村地区进行生态资源评估，了解其生态环境、自然资源优势及潜力，确定每个地区的发展定位，如生态保护区、生态脆弱区、生态修复区、生态农业区等。在此基础上，结合区域社会经济发展情况，因地制宜地设计适应性强的乡村生态振兴方案。其次，制定差异化的政策措施。针对不同地区的需求和问题，提供包括财政扶持、税收优惠、金融服务、技术培训等多方面的政策倾斜和激励措施。最后，合理进行产业布局。根据地方禀赋条件，发挥乡村自然景观、人文特色和传统文化等优势，确定乡村产业布局和发展方向，推动产业多元化和农业现代化持续发展。

对于农业面源污染问题突出的乡村，要贯彻落实绿色低碳发展理念，制定严格的农业生态环境保护政策，规范农业面源污染排放标准，实时

监测农业面源污染排放情况，加大乡村环境监管和执法力度，推广高效率、低污染的农业生产技术和管理模式。针对生态系统脆弱的地区，要划定生态保护红线，统筹山水林田湖草沙生态系统的保护与修复，明确禁止开发和建设的区域，保护关键生态功能区、生态重点保护区和生态破碎带，严格控制用地规模和用途，确保生态系统的完整性和稳定性。针对农业生态资源丰富的区域，一方面，要依托农业资源，发展有机农业、生态农业和特色农业，推广现代农业技术和管理模式，鼓励农业生产向全产业链、高附加值方向转型升级。另一方面，要合理开发生态旅游资源，加强文物保护和考古工作，保护历史建筑、古村落和传统手工艺的完整性和独特性，打造具有地方特色的旅游产品和体验项目。

五、激发乡村生态振兴科技与人才活力

第一，应当致力于推动科技创新在乡村生态振兴中的引领作用。加大生态环境领域科技创新投入，通过设立专项科研基金、组建科技创新基地等，鼓励科研机构、高校和企业开展前沿科技研究，支持乡村生态振兴相关的科研项目和技术研发，提高乡村生态振兴的科技含量。

第二，加强人才培养和引进力度。健全乡村生态振兴人才培养体系，积极培养本地人才和引进专业人才，依托技术研发中心、创业孵化器、科技园区等创新创业平台，培养农业生态技术、乡村生态管理、乡村规划设计等多领域、多层次的科研人员、技术工程师、政策决策者等，满足乡村生态振兴的人才需求。

第三，打造良好的创新创业生态环境。鼓励创新创业，通过设立生态创新基金、生态保护贷款、绿色债券等金融工具，开展生态教育、绿色技能培训、创新创业咨询等活动，为生态振兴提供资金、技术和管理等方面的支持，激发乡村生态振兴创新活力和创业潜力。

第四，提供数据和信息支持。建立乡村生态振兴的数据和信息支持系统，收集和整理乡村生态环境监测数据，提供决策和管理的依据。利用信息技术和互联网，搭建数字乡村平台，提供在线培训、数据分析、

市场对接等服务。

第五，加强国际交流和跨学科合作。一方面，通过与其他国家和地区的合作项目、农业企业等开展广泛交流，引进国际先进技术和经验。同时，加强与科研机构、高校、企业和社会组织的合作研究，开展生态技术研发合作和成果转化。另一方面，加强不同领域的跨学科合作，鼓励环境科学、生物学、工程技术、信息技术等专业的交叉融合，组织多学科的研究团队，推动科技创新和技术集成，为乡村生态振兴提供综合解决方案。

第二节　建立乡村生态振兴的主体协同机制

推进乡村生态振兴工作，必须整合所有相关要素，凝聚各方的力量，并充分调动全体人员的积极性，最大限度激发乡村生态的活力，盘活乡村生态资源。乡村生态振兴的参与主体影响着乡村生态振兴的主导力量，要明确各类主体在生态振兴中的定位和职责，形成政府、市场、农民与社会组织多元合作的生态治理模式。因此，在乡村生态振兴过程中，我们应聚焦于如何不断增强集体认同感和提高参与主体的素质，最终实现多元主体的共建共治共享。

一、发挥政府在乡村生态振兴中的主导作用

政府是推动乡村生态振兴的主导力量。它利用规制手段有效约束各类经济主体可能出现的私利行为和外部不经济行为，同时引导和保障经济主体参与乡村生态产业化发展以及激励农民的生态保护行为。各级政府部门要积极作为，担负起生态振兴的"第一责任"，有效发挥政府在政策制定和资源调配方面的优势，建立有利于乡村生态振兴的政策体系、投入体系、责任体系和监督体系。

（一）制定整体策略和规划，完善政策法规体系

政府应充分考虑乡村的地理、环境、社会经济特征，制定乡村生态振兴的长期战略规划，明确发展目标、政策导向和具体举措，确保乡村生态振兴的方向和目标的一致性。一是完善土地利用、环境保护、农村发展等方面的政策法规体系，合理分配土地资源，鼓励保护农田和生态用地，提高农地集约利用程度，限制乱占耕地和自然资源的行为。二是制定和完善环境保护政策，进一步细化《中华人民共和国乡村振兴促进法》中关于生态振兴、环境保护的相关规定，促进农业废弃物资源化利用，加强对环境污染的治理和防控。三是推动农业可持续发展，通过农业补贴、信贷支持、奖惩制度等鼓励农民以有机肥代替化肥、以生物农药代替农药、以喷灌滴灌代替大水漫灌，并设立专门的乡村生态振兴机构或责任部门，贯彻落实战略规划和政策措施。

（二）加大资金投入和支持力度

一是增加资金投入，通过预算拨款、专项资金、贷款支持等方式，为乡村生态振兴项目提供充足的资金保障，确保项目的顺利推进和实施。二是制定专项政策，通过实施税收优惠、土地政策激励、补贴和奖励等，鼓励和引导各级政府、企事业单位和个人加大对乡村生态振兴的投入。三是建立投融资机制，设立乡村生态基金、风险补偿机制等，吸引社会资本流向乡村生态振兴领域。四是通过构建协作机制、推动项目联合等方式促进多方合作，尤其是科研机构、社会组织等主体间的紧密协作，共同支持乡村生态振兴的资源投入，实现资源共享、优势互补，提高投入的效率，增强投入效果和影响力。

（三）构建完善的生态治理责任体系

首先，明确乡村生态治理的责任主体，制定包括生态环境质量改善、自然资源保护、生态产业发展、生态文明建设等的乡村生态振兴的考核

指标，并根据实际情况确定其在县（区）考核中的权重。其次，建立健全乡村生态振兴督查考核程序和考核机制，相关部门可以定期通过现场考察、数据核查、听取意见等方式对各县（区）进行督查，确保考核结果的准确性和客观性。再次，对乡村生态振兴的督查考核结果进行公示，增加信息透明度，旨在提高各县（区）政府对生态振兴工作的责任感，同时引导社会各界对考核结果进行监督和评价。最后，还需建立激励和约束机制，将乡村生态振兴的督查考核结果与干部考核、奖惩机制相结合。对于生态振兴工作成绩突出的县（区）和个人，可以给予表彰和奖励；对于存在问题、工作不力的县（区）和个人，则应加强督促和整改，甚至采取相应的惩处措施。

（四）强化对乡村生态振兴工作的监督和管理

其一，要设立监督机构或部门，负责监督乡村生态振兴工作的实施情况。这个机构可以是独立的环境保护监察机构，也可以是政府内部的专门部门，要确保监督工作的独立性和专业性。其二，要通过采取定期检查、抽查核查、现场督察等多种监督手段和措施，对乡村生态振兴项目和措施进行监督。监督机构可以与相关部门协作，共同开展监督工作，确保监督工作覆盖全面和监督力度的提高。其三，加强对乡村生态振兴工作的信息公开，确保相关数据、规划、政策等信息透明化。建立信息公开平台，向公众提供环境数据、项目进展、资金使用等信息，增强社会监督力量。其四，建立健全问责机制，对监督中发现的问题和违法违规行为进行及时处理和追责。对于监督发现的失职渎职、环境破坏等问题，依法追究责任，并进行相应的处罚和纠正。

二、重视市场在资源配置中的基础功能

在推动乡村生态振兴的过程中，政府主要发挥规划制定、政策引导和示范带动的作用。而市场应发挥在产业选择、要素配置、主体行为以及价格形成等方面的决定性作用。将乡村生态资源的优势科学合理地转

化为经济发展的优势，是深入践行习近平总书记"绿水青山就是金山银山"发展理念的关键，是实现生态优先、绿色发展的核心要义。一方面，优良的自然生态资源是人类高品质生活不可或缺的资源，市场需求广泛。但另一方面，大多数自然生态资源具有消费排他难、价值度量难和空间流动难的特点，难以直接进入市场交易。因此，在乡村振兴实践中，既要探索如何保护好自然生态资源，又要通过建构转化机制来实现其价值度量。

（一）实现生态资源的价值转化

将生态资源价值转化为经济社会价值的过程中，主要存在两条市场路径，一是生态产业化路径，二是产业生态化路径。一方面，通过对生态资源的产权主体认定和市场价值评估，直接对生态资源进行市场交易，实现生态产业化。例如，通过水权交易、碳汇交易、排污权交易等，促进生态资源的价值转化。另一方面，通过嵌入生态或关联性产业的发展和市场化交易来实现产业生态化。例如，与优良生态密切关联的高效生态农业、休闲旅游康养业等产业的发展，能帮助产业实现生态溢价。在我国广袤的地理空间范围内，不同区域具有各自独特的生态资源和"绿水青山"优势，要坚持和深化"绿水青山就是金山银山"的发展理念，充分发挥市场转化的协同作用，加快资源生态产权制度改革，逐步实现生态优先并富民、绿色发展并兴旺的乡村生态振兴目标。

（二）利用市场路径推进乡村人居环境治理

乡村的生态宜居性不仅取决于其自然环境的宜居性，而且还取决于村庄人居环境设施的建设与宜居的生态环境相匹配。因此，生态宜居本质上是自然生态与人居环境设施的相互交融，两者缺一不可。在实现生态宜居的过程中，我国应充分发挥市场机制的作用。从投资角度讲，可以考虑将再生资源利用与经营权赋予相关企业，同时由企业负责相关设施的建设与投入。从村庄环境管护角度讲，可以赋权农户从事与产业生态化有关的服务业，例如民宿、农家乐、乡村康养等产业，进而通过市场机制激励经营者对相关垃圾与污水处理、厕所整洁、道路设施以及村容村貌等人居环境进行改善与管护，使其成为宜居、宜业、宜游的美丽乡村。

（三）充分发挥市场对接的核心优势

第一，建立健全生态产品市场信息对接机制，确保乡村生态产品供给方与需求方信息保持一致，保证双方在生态产品质量、性能、价格等方面的信息获取对称，以避免低质量产品将高质量产品驱逐出市场的现象。同时，充分发挥市场信息对生产行为的导向作用，帮助村民作出生产决策并及时调整生产规模，从而实现生态产品的最优生产。第二，建立以村民为核心的市场利益联结机制，通过土地流转、统销代销、资金入股等方式与专业合作社达成合作，增加生态产品供给并使其精准对接终端消费市场。由此，帮助村民减少中间商、批发商等市场环节，进而降低市场交易费用和增加村民市场收益。通过利益联结机制增强乡村弱势村民的市场经营能力，使其从乡村生态产业化中获利并实现个人可持续发展。第三，建立生态产品市场消费反馈机制。以乡村为村级消费空间，建立生态产品消费数据库并获取生态产品消费评价，了解游客对乡村生态产品的消费意愿以及消费问题，据此提出乡村生态产品消费改进方案，让消费者进入乡村体验高品质生态产品并收获丰富的生态消费符号。该机制通过人与人之间的象征性互动改变社会成员的生态认知，有利于调整人与自然之间的互动关系。

三、激励和引导农民主体参与的积极性

农民是推动乡村生态振兴的原动力，应鼓励村民积极参与乡村生态振兴，这不仅有利于他们保护环境，还能对生态破坏和环境污染行为进行监督。为贯彻落实乡村振兴为农民而兴、乡村建设为农民而建的要求，一方面，通过文化宣传等"软手段"，潜移默化地培养和提升农民群众的

环保意识和主人翁意识，让广大农民认识到乡村生态振兴是为了让自己拥有更加美好生活的有益事业，激发其参与乡村生态振兴的积极性和主动性。另一方面，通过人居环境整治行动等"硬措施"，为广大农民营造良好的生产生活环境，增强其在乡村生态振兴中拥有的获得感、幸福感、安全感，以实实在在的工作成效引导农民群众广泛参与到乡村生态振兴的工作中来，逐步使其从单纯的被动型参与者转变为主动型的事前制定者、事中参与者、事后监督者。

（一）增强事前制定能力

提高村民的主体意识和参与度，设立农民代表组织或农民委员会，通过定期会议、座谈会等形式，加强引导、宣传、动员工作。进一步地，切实践行乡村民主，落实村民自治的各项机制，将村民自治领域逐渐扩展至乡村生态振兴。具体而言，完善村民自由表达生态诉求、追求维护生态权益的沟通渠道，在制定乡村生态振兴指导方案时真正听取村民想法，在具体实施过程中充分考虑村民意见，致力于让广大村民充分意识到自身的价值，并使其在实际参与中体会到成就感，坚定生态自治的自觉性和自信心。

（二）提高事中参与程度

首先，鼓励和引导农民参与乡村的生态保护和修复工作，包括植树造林、草地恢复、湿地保护等项目。其次，通过参与农作物的种植管理、水肥利用和害虫防治等工作，使农民参与到农业生产的管理和决策中来，以确保农业生产符合生态要求和可持续发展的原则。再次，农民还可以参与到学习培训活动中，比如通过担任村庄环卫工、乡村生态宣传员、环境督导员等，切实提升其生态参与践行度和生态文明素养，深入推进乡村生态振兴工作。最后，农民也应积极参与到生态旅游和农业观光的开展和管理中，如通过提供农家乐、民宿、农业观光景点等服务，向游客介绍乡村的自然和文化资源，并分享自己的生活和农业经验，提升旅游体验，推动乡村生态振兴的可持续发展。

（三）完善事后监督措施

第一，农民主体应积极参与乡村生态环境的监测和报告工作。让农民通过观察、记录和采样等方式，及时发现环境问题并向相关部门报告。第二，推动农民通过反馈和投诉机制，向政府和相关部门提出对乡村生态振兴工作的意见和建议。如果发现违法行为、环境破坏或项目执行不力等问题，农民可以投诉，要求相关部门采取行动并进行调查处理。第三，鼓励农民自发组织成立监督小组或合作社，对乡村生态振兴工作进行自我管理和监督，结合自律和外部监督，以确保自身行为符合环境保护和可持续发展的原则。

四、发挥新型农村社会组织的示范与带动作用

新型农村社会组织在乡村生态振兴中扮演着重要角色。通过组织农民参与生态保护、提供农业技术培训、推动社区参与和治理等方式，充分发挥农村社会组织在整合资源和提供服务方面的独特优势和作用，助力乡村生态振兴。

（一）组织农民参与生态保护

基于新型农村社会组织促进农民参与生态保护。第一，开展宣传教育活动。通过举办讲座、发放宣传资料等方式，向农民普及乡村生态振兴的重要性和好处，传递生态保护的知识和信息，提高农民的环境意识和生态意识，激发参与乡村生态振兴的热情。第二，建立良好的沟通渠道。通过定期召开会议、开展座谈会、设立意见箱等方式，收集农民的意见和建议，与农民建立良好的沟通渠道，促使农民参与决策和规划过程。第三，强化组织建设。通过成立农民专业合作社、农民互助组织、农村环保组织等方式，凝聚农民力量，组织和动员农民参与乡村生态振兴行动，推动乡村生态振兴项目的实施。

（二）提供农业技术培训

第一，基于新型农村社会组织，建立农业技术示范基地，展示先进的农业种植、养殖、管理等技术，帮助农民在实践中掌握技能。第二，通过组织专题培训课程，针对不同的农业领域和技术需求，开展有针对性的培训活动。例如，邀请农业领域的专家和技术人员围绕某一作物的种植技术、农业机械操作技术、农业资源保护技术，向农民分享最新的农业技术知识和经验，将先进的农业技术推广到农民中间，并针对农民的问题提供实用的建议和指导。第三，建立农民技术交流平台，促进农民之间的交流和学习。不定期组织开展农民座谈会、经验分享会、技术交流活动等，为农民提供互相学习和借鉴的平台，提高整体的农业技术水平。第四，制作和发布农业技术手册、指南等资料，为农民提供种植技术、养殖技术、农产品加工技术等学习材料，帮助农民掌握相关技术。

（三）推动社区参与和治理

新型农村社会组织通过建立信息共享平台，能够促进社区居民之间的信息交流和互动。一是通过社交媒体、网站、公告栏等途径，发布政策法规、社区活动、参与机会等相关信息，提高农民参与乡村生态振兴的意愿。二是通过组织社区讲座、座谈会、文化娱乐活动等，增进农村居民之间的交流和合作，激发其对生态振兴的关注和参与。发挥新型农村社会组织的利益协调功能，促进共识的形成和问题的解决。三是通过提供中立的调解平台，协助农村居民进行对话和谈判，帮助解决社区内部的矛盾和纠纷。同时，新型农村社会组织可以代表农村居民的利益，向政府和其他利益相关者表达社区的需求和诉求。四是通过与政府部门的对接、参与决策流程等方式，为农村居民争取更好的发展条件和福利，进而激发其积极性和创造力，为促进乡村生态振兴的可持续发展奠定基础。

第三节 创新乡村生态产品价值实现方式

生态产品价值实现是通过不断更新换代产品，以创造新的经济增长点，从而实现"金山银山"的创造（高珊，2022）。通过夯实生态产品价值实现的制度基础，积极探索生态产品价值实现的途径和方式，清晰界定自然资源要素的产权以及健全生态补偿标准，从而更好地完善"绿水青山"到"金山银山"的转化机制。

一、夯实生态产品价值实现的制度基础

第一，建立健全自然资源资产产权制度。一方面，通过确权程序和权属登记，将自然资源的产权归属清晰化，并明确自然资源使用权、转让权的界定范围，为产权交易和保护提供依据。另一方面，建立市场化交易机制，鼓励自然资源的有偿使用和转让，促进自然资源产权的流转和有效配置。第二，完善资源有偿使用制度。建立科学合理的资源定价机制，坚持使用自然资源必须付费的原则。根据资源稀缺程度、市场需求、环境成本和修复效益等因素确定资源的价格，并利用市场供求关系调节资源价格，引导资源的有效配置和可持续利用。第三，完善环境公益诉讼制度。明确环境公益诉讼的适用范围、程序和责任主体，鼓励公益组织参与环境公益诉讼，增强公益组织对环境保护的监督和维权作用，确保环境公益诉讼案件能够得到公正、高效和专业的审理。

二、深化农业供给侧结构性改革

推动乡村生态振兴，要以深化农业供给侧结构性改革为工作重点，坚持质量兴农、绿色兴农。通过加快构建现代农业产业体系、生产体系、经营体系，推进农业由增产导向转向提质导向，从主要追求产量增长和拼资源、拼消耗的粗放经营模式，尽快转到数量质量效益并重、注重提

高竞争力、注重农业技术创新、注重可持续的集约发展上来，走产出高效、产品安全、资源节约、环境友好的现代农业发展道路。一方面，通过减少农业生产领域和生产过程中的污染，实现农产品的绿色化和农村环境的生态化；另一方面，通过优化农业生态产品和服务供给，满足人民群众日益增长的对优质生态产品的需要，使农业供需关系在更高水平上实现新的平衡。

（一）调整农业产业结构

调整农业产业结构是推动农业供给侧结构性改革、实现乡村生态振兴的重要任务。一是培育特色农业。通过确定特色农产品，如绿色有机农产品、地理标志农产品等，提高农产品的市场竞争力，发展具有差异化优势的农业产业。二是发展高效农业。通过推广和引导农民采用节水灌溉、精准施肥、智能化农机等现代农业技术，提高农业生产的规模化、标准化和精细化水平，进而提高农业生产的产出效率。三是扶持农产品加工业。在特色农产品、优质安全农产品、功能性食品上大力扶持发展农产品深加工和精细加工产业，延长农产品的产业链，提高产品的附加值和抗风险能力。

（二）加强农产品质量安全监管

第一，健全农产品质量安全的相关法律法规和标准体系。明确农产品质量标准和安全要求，确保农产品生产、加工、销售和使用的各个环节符合法律法规和标准的要求。第二，加强监管机构建设。设立专门的农产品质量安全监管机构，明确职责和权限，加强监管机构的人员培训和能力建设，提高监管能力和水平。第三，加强农产品质量检测。建立健全农产品质量检测体系，对农产品进行定期和随机抽检。加强对农产品中有害物质、农药残留、重金属等方面的监测和检测，确保农产品安全和合格。第四，建立农产品追溯体系，追溯农产品的生产、加工、流通等信息。通过追溯系统，可以快速准确地找出农产品的来源和流向，对问题产品进行追溯和召回，维护农产品质量安全。第五，完善农产品市场准入制度。禁止未通过质量安全检测的农产品进入市场销售，加强市场监管和执法力度，严厉打击农产品质量安全的违法行为。

（三）建立生态产品认证体系和标准

首先，明确认证标准和技术规范。根据生态产品的特点和市场需求，制定涵盖生产环境、生产工艺、原料使用、质量控制、环境保护的认证标准和技术规范，确保生态产品符合一定的生态、环境和质量标准。其次，设立认证机构和程序。建立具备独立性、公正性和专业性的认证机构，负责生态产品的认证和监管工作。同时，确立包括申请、评估、审核、认证证书颁发的认证程序和流程，确保认证过程的规范性、透明性和公正性。再次，开展认证评估和检测。评估可以包括生产现场的检查、记录审核、产品抽样检测等环节，以验证生态产品是否符合认证标准和技术规范。评估过程应有明确的操作指南和标准化的检测方法。最后，颁发认证证书和标识。对通过认证的生态产品颁发认证证书，并授权使用认证标识。认证证书可以作为生态产品质量的凭证，认证标识可以用于产品的宣传和区分。认证证书和标识应具有统一的标准和识别性，以提高消费者对生态产品的认可度和信任度。

（四）加大品牌建设和市场推广力度

高质量的产品和优质的服务是品牌建设的基础。因此，首先，应确保生态产品的质量和安全，提供优质的售后服务，以赢得消费者的信任和口碑推荐。其次，打造具有辨识度和美誉度的生态产品品牌形象。通过标志、名称、包装设计等方面的呈现，传递产品的价值观念和品质形象。同时，注重品牌的一致性和专业性，提升消费者对品牌的认知和信任；加强对品牌使用的监督和维护，防止盗版和侵权行为，保护品牌的声誉和权益。最后，利用广告、电视、网络、社交媒体等多种渠道进行市场宣传和推广，提高产品在目标消费者心目中的知名度和认可度；同时，通过与相关行业协会、零售商、餐饮企业等建立合作伙伴关系，扩大产品的销售渠道和市场覆盖。

三、建立生态产品的价格形成机制和补偿机制

生态产品的价格形成机制是指将生态产品对环境资源的消耗和保护纳入价格中，通过环境成本内部化来准确反映生态产品真实价值的一种制度安排。生态产品补偿机制是指为提高农业生产主体参与生态保护和提供生态服务的积极性而合理给予其经济补偿的一种制度安排。建立生态产品的价格形成机制和补偿机制有助于促进资源的可持续利用，提升社会对生态产品的认识和重视程度。

（一）建立生态产品的价格形成机制

其一，通过市场供求关系来决定生态产品的价格，允许市场竞争发挥作用。其二，将生态成本纳入产品价格的考量，包括生态环境修复和保护成本，从而使生产者和消费者都承担生态责任。其三，考虑到生态产品的附加价值和环境效益，设定相应的价格溢价或补贴机制，以激励生态产品的生产和消费。

（二）建立生态产品的补偿机制

其一，设立生态补偿基金，对生态产品生产者给予经济补偿，以鼓励他们采取生态友好的生产方式和措施。其二，提供补贴和奖励，鼓励相关主体从事生态产品的生产，提高其收益和竞争力。其三，建立农民合作社、生态农业联盟等组织，通过共享成本、资源和市场渠道，提高生态产品的生产效益和经济回报。其四，引入绿色金融机制，提供低息贷款、风险补偿和融资保障等金融支持，促进生态产品的发展。

四、推进乡村生态特色产业全面发展

各地的乡村生态建设应将美丽乡村建设与经济发展相融合，在生态

环境建设中带动生态产业同步发展。基于这一思路，在乡村生态振兴的进程中，广大乡村地区要因地制宜，坚持乡村生态、人文美的发展战略，在力争大部分生态环境指标达标的同时，带动乡村生态特色产业同步开展，使生态产业化道路与生态环境治理协同发展。

（一）以"绿水青山就是金山银山"理念为指引发展特色生态产业

发展乡村特色生态产业是将"绿水青山"转化为"金山银山"的有效途径。在考虑市场需求的基础上，要结合乡村的自然资源和人文特色，明确乡村特色生态产业的定位和发展方向。一方面，以乡村独特的自然风光、农产品、文化传统等为依托，发展特色农业、生态种植、生态养殖、生态林业等，形成具有地方特色和市场竞争力的产业。另一方面，将特色生态产业与乡村旅游相结合，推动农旅融合发展。发展农家乐、农产品体验、乡村民宿等乡村旅游业态，吸引游客参与农业生产和乡村体验，增加农民收入和乡村经济活力。

（二）以农业为基础发展多样化生态产业

农业资源仍然是乡村主要的资源禀赋，发展乡村生态特色产业需以现有农业资源为依托。因此，要对水、土地等资源要素进行科学管理和合理利用，实现农业的可持续发展。具体而言，加强农田水利设施建设和水资源管理，推广高效节水灌溉技术，减少水资源的浪费，发展雨水收集、水源涵养、水循环利用等水资源管理措施，提高水资源利用效率；鼓励农民实施多样化种植，通过轮作、间作、休耕等方式，提高土地的生产力和生态系统的稳定性，注重农作物、果树、草地等的轮作，实现土壤养分的平衡和资源的最大化利用。在保障农业可持续发展的前提下，不断促进农业与其他产业的有效融合，实现多样化生态产业的发展。例如，推动农业产业与旅游产业的融合，利用农业资源开展休闲观光、野生果蔬采摘、草药养生等活动，增加乡村经济效益。

（三）以专业市场体系为依托发挥生态农业产业综合效应

构建专业市场体系是发挥乡村生态特色产业综合效应的关键所在。第一，建立生态农产品交易市场，提供统一的交易平台和销售渠道，通过市场化运作，促进生态农产品的流通和销售，增加市场竞争力。第二，强化市场信息服务，建立生态农业产业信息服务平台，及时发布生态农产品的市场行情、供求信息和销售渠道等信息，帮助生态农业生产者优化决策。第三，支持和培育一批具有规模和品牌影响力的生态农业龙头企业，通过整合资源、提高产品附加值和市场推广，促进生态农业产业链的协同合作和产业集群的形成，实现资源的优化配置和效益的最大化。

第四节　加快乡村生态振兴方式转变

绿色是中国经济高质量发展的底色，乡村生态振兴蕴含着绿色转型的内在特征，把握着乡村动向的活力脉搏。改革开放以来，我国乡村发展的基本路线是以经济建设为中心，工业化、城镇化、信息化、农业现代化是经济增长的核心引擎。然而，这也带来了生态系统退化、自然环境恶化、资源消耗趋紧等发展"后遗症"问题。传统农业发展方式已无法满足新时代乡村全面振兴的新要求，因此，破解这些"后遗症"须以绿色发展理念为价值取向，以绿色发展引领乡村生态振兴。重点在于，发展有机农业、休闲农业、观光农业等多功能农业，推广智慧农业、精准农业、数字农业等现代农业技术，提高农业资源利用效率和生产效益。

一、以绿色发展理念引领乡村生态振兴

绿色发展引领乡村振兴是一场深刻革命，亟须形成农业绿色生产方式，实现产业模式生态化，提高农业可持续发展能力。目前，我国畜禽养殖场面临粪污处理和资源化利用方式不规范的挑战，而种植业也面临

化肥、农药使用量偏高，部分地区地膜残留量大等问题。因此，要坚持绿色发展理念，以"钉钉子精神"推进农业面源污染防治，抓好化肥农药减量、畜禽粪便和秸秆资源化利用。通过实施果菜茶有机肥替代化肥行动，因地制宜推广"果—沼—畜"生态循环农业、果园种植绿肥、"有机肥＋配方肥"等绿色发展模式。

（一）转变发展理念，推动形成绿色生产方式和生活方式

以绿色发展引领生态振兴，关键在于转变发展理念，推动形成绿色生产方式和生活方式。一是要践行"绿水青山就是金山银山"理念，正确处理经济发展和环境保护的关系，推动实现生产、生活、生态协调发展，做到经济效益、社会效益、生态效益同步提升，使产业和生态相得益彰，实现百姓富、生态美的有机统一。二是要把绿色发展理念贯彻到农村生产生活各环节，坚持走低碳、循环、绿色发展之路，坚决摒弃高消耗、高污染、高浪费的粗放型发展方式。三是要统筹山水林田湖草沙系统治理，加强农村突出环境问题综合治理，打好农业面源污染治理攻坚战，还农村一个山清水绿的健康生态环境。四是要抓紧完善保护耕地、森林等自然资源的法规和制度，让制度为绿色发展保驾护航，还要建立市场化、多元化生态补偿机制，让努力践行绿色发展理念、坚持保护生态环境的主体得到相应的回报，从而吸纳更多力量加入推动绿色发展的队伍中来，守护和拓展乡村绿色空间。

（二）探索农林牧渔融合循环发展模式

首先，鼓励农民和涉农企业开展多样化经营，通过多元种养，充分利用土地、水资源和劳动力，提高资源利用效率，降低风险。其次，推动农业废弃物和农产品加工剩余物的循环利用。例如，将农作物秸秆用于生物质能源的生产，将畜禽粪便用于有机肥料的制作，提高农业资源的综合利用效率。最后，打破传统农林牧渔业间的界限，探索农林牧渔一体化的示范项目。在考虑地理条件、气候特点、资源禀赋的基础上，

试点推广可行的经验和模式，充分发挥农林牧渔业之间的互补效应，形成产业链的融合与协同发展。

（三）实施农业节能减排工程

实施农业节能减排工程是基于"开源节流"的观念来贯彻绿色发展理念。一方面，通过"节流"减少资源消耗。例如，采用滴灌、喷灌等技术，通过合理的灌溉管理和控制系统，提高水资源的利用效率；实现智能化精准施肥，根据作物的需求，精确控制施肥量和施肥时间，避免过度施用导致的资源浪费以及产生环境污染。另一方面，通过"开源"降低环境污染。例如，采取有效的农业废弃物处理措施，如沼气池发酵处理、堆肥等，将废弃物转化为能源或有机肥料，实现资源的循环利用，减少环境污染；鼓励农村地区开发和利用可再生能源，如太阳能、风能和生物质能源等，以替代传统的化石燃料，减少污染气体的排放。

二、加大农业多元功能发掘

产业融合发展可以创新农村产业形态，使乡村在更高层次上实现经济与生态的良性互动。随着我国经济发展进入新阶段，农业也拥有了更多复合型价值和功能。除了第一产业，第二、第三产业正蓬勃发展，三产融合程度正逐步加深。在新的时代条件下，健全农业全产业链和拓展农业多种功能，培育新兴产业，促进农村三产融合的重要性日益上升，也为推进农业农村现代化和乡村生态振兴提供了新的动力和契机。同时，要依托乡村田园风光、良好生态、优美环境发展有机农业、休闲农业、观光农业等多功能农业。

（一）推动农村三产融合，为乡村生态振兴注入新动能

制定全面的乡村生态振兴战略规划，明确农业、工业和服务业的融合发展目标，形成相互支撑、协同发展的产业链和价值链。第一，要建立生态农业示范区，积极推广生态友好的农业生产方式，通过科学种植、

循环利用农业废弃物、发展有机农业等方式，培育现代生态农业园区，提高农产品的生态价值。第二，要打造乡村生态工业聚集区，鼓励清洁生产技术共享，引导工业企业实施节能减排措施，推动生产方式由高污染、高耗能向绿色低碳转型。第三，需要加强乡村生态服务业建设，积极发展农村电商、物流配送、金融服务、教育和医疗，以提升乡村生活品质。第四，以生态旅游业为抓手，合理利用乡村自然和人文资源开发农家乐、农业观光、乡村度假等，吸引游客来乡村观光、体验农业生活，"以一业带百业"促进农村服务业的多元化发展。

（二）坚持科学规划，保持乡村风貌

第一，构建科学的土地利用规划体系。基于乡村的自然环境、人口规模和可持续发展需求，合理确定乡村建设用地的总体规模和布局，科学分配不同功能区域的用地规模和密度，避免过度扩张和无序开发；与此同时，发挥土地的多功能性，提升土地综合利用效益。第二，鼓励修缮和保护历史建筑、传统村落等文化遗产，注重传统建筑与现代建筑的融合，引导建筑物的外观、色彩、材质等与乡村的环境和传统风貌相协调，确保乡村风貌的传承和延续。第三，合理规划乡村道路和交通设施。注重保护农田景观和道路两旁的绿化带，确保交通便利性的同时减少对乡村风貌的破坏，以连接不同的生态节点和自然景观。第四，鼓励居民参与乡村风貌保护和乡村发展规划的决策过程。加强社区组织建设和自治能力，形成共同参与、共同治理的乡村发展机制。

（三）挖掘特色文化资源，重视乡村文化建设

生态文化是乡村生态振兴的灵魂（曹立和徐晓婧，2022）。第一，要积极开展乡村文化资源的调研工作，了解乡村的历史、传统、民俗等特色文化元素，对于具有重要历史、艺术、民族等价值的文化遗产进行保护，确保其得到合理利用和传承。第二，支持乡村文化产业发展，培养乡村文化产业的从业人员，鼓励当地村民通过文化创意设计、手工艺品

制作、文化艺术表演等，将乡村的特色文化资源转化为经济价值，推动文化与经济的深度融合。第三，组织丰富多样的文化活动和节庆活动，展示乡村的特色文化和民俗风情，打造独具特色的节庆品牌，提升乡村的知名度和影响力。第四，注重乡村文化遗产的传承和教育工作，组织文化传统的培训班、讲座和工作坊，传授传统手艺和技能，培养年轻一代对乡村文化的兴趣和热爱。

三、加强现代农业技术研发与人才培养

以智慧农业、精准农业、数字农业为代表的现代农业技术是现代农业创新发展的内生过程和战略方向，也是实现乡村生态振兴的重要驱动力。然而，现代科技与传统农业的深度融合是一个循序渐进的过程，尤其需要综合考虑各地区社会经济条件和农业生产发展水平的差异，因地制宜发展现代农业技术，不断推进基础性技术产品的研发、建立健全农业数据管理体系、加大高素质人才培养力度。

（一）推进基础性技术产品的研发

农业传感器是现代农业发展的关键核心技术，能够感知和采集各种环境信息及其参数，例如土壤、光照、温度、风速、雨量等，实现农业信息的实时监测和数据分析。将数据采集系统、互联网和农业管理软件结合，可帮助农民进行农作物的精细化管理。然而，中国目前使用的主要是国外提供的传感器基础元件，自主研发农业传感器的能力较弱。因此，有必要采取一系列措施来推动这一领域的发展。一方面，应鼓励科研机构、高校和涉农企业加大对农业传感器等基础性技术产品的研发投入，开发出适应不同农业场景和需求的农业传感器类型，提高各类农业传感器的稳定性和精准性。另一方面，要加强产学研合作，将科研成果转化为实际产品，与农业企业合作进行实地试验和示范，共同开展农业传感器的应用及推广。此外，利用智能手机普及率高、操作便捷、信息传递成本低等优势，开发与智能手机有关的农业技术产品和应用程序，

提高现代农业先进技术的普及率和农民运用信息技术的能力。

（二）建立健全农业数据管理体系

在数字经济时代，数据已经成为重要要素，对现代农业发展具有引擎作用。现代农业先进技术的实践既有赖于平台搭建和技术研发，又需要建立完善的农业数据管理体系。首先，要建立农业大数据中心，集中存储和管理农业相关的数据资源，通过数据分析平台，对农业数据进行深度挖掘，并将其转化为利于指导生产决策的信息情报，实现数据的真正价值。其次，采用统一的数据格式和编码，规范数据采集标准，确保农业数据的准确性、一致性和可比性，方便数据的交换和集成。再次，制定相关政策法规，明确数据管理的原则、权限和责任。同时，鼓励数据共享和开放，提供开放的数据接口和应用编程接口，促进农业数据的跨部门和跨机构整合、流动和互通，激活农业农村数据要素潜能。最后，采用数据加密、身份认证和访问控制技术，建立数据访问权限和安全审计机制，保障农业数据的合理使用。

（三）加大高素质人才培养力度

人才培养是发展现代农业先进技术的重要内容，能够为现代农业的可持续发展提供新鲜血液和后备力量支持。一要采取多样化的培养方式，完善农业领域教育体系。具体而言，在理论学习中为学生提供系统的农业知识讲解，进一步通过实践和实习等形式，让学生亲身参与到现代农业的实际操作和管理中，提高其解决实际问题的能力。二要促进不同学科之间的交叉与融合，培养具备综合能力的人才。提供研究基金和创新奖励，鼓励农业专业学生学习经济学、管理学、信息技术、环境科学等相关学科知识，拓宽研究视野和创新能力。三要推广行业导师制度。邀请农业领域的专家、企业家等作为学生的导师，传授实际经验和行业知识，组织实地考察、企业参观等活动，让学生了解现代农业先进技术的实际运作和挑战。

主要参考文献

白瑞雪、白暴力、王国成、程艳敏：《新时代中国特色社会主义生态经济思想及其重大意义研究》，《当代经济研究》2022年第1期。

蔡雪雄、苏小凤、许安心：《基于AHP-熵值法的乡村生态宜居评价研究——以福建省为例》，《福建论坛（人文社会科学版）》2021年第9期。

曹斌：《乡村振兴的日本实践：背景、措施与启示》，《中国农村经济》2018年第8期。

曹立、徐晓婧：《乡村生态振兴：理论逻辑、现实困境与发展路径》，《行政管理改革》2022年第11期。

陈成忠、林振山：《中国1961—2005年人均生态足迹变化》，《生态学报》2008年第1期。

陈国生、丁翠翠、郭庆然：《基于熵值赋权法的新型工业化、新型城镇化与乡村振兴水平关系实证研究》，《湖南社会科学》2018年第6期。

陈宏坤、王志刚：《我国复合肥产业发展现状、机遇与挑战》，《磷肥与复肥》2018年第12期。

陈俊梁、林影、史欢欢：《长三角地区乡村振兴发展水平综合评价研究》，《华东经济管理》2020年第3期。

陈秧分、黄修杰、王丽娟：《多功能理论视角下的中国乡村振兴与评估》，《中国农业资源与区划》2018年第6期。

陈业宏、朱培源：《从韩国"新村运动"解锁乡村振兴新思路》，《人民论坛》2020年第2期。

成金华、陈军、易杏花：《矿区生态文明评价指标体系研究》，《中国人口·资源与环境》2013年第2期。

程馨莹、卢黎歌：《论习近平生态文明思想的时代性贡献》，《理论学刊》2023年第3期。

邓玲、顾金土：《后扶贫时代乡村生态振兴的价值逻辑、实践路向及治理机制》，《理论导刊》2021年第5期。

邓玲、王芳：《乡村振兴背景下农村生态的现代化转型》，《甘肃社会科学》2019年第3期。

杜宇、刘俊昌：《生态文明建设评价指标体系研究》，《科学管理研究》2009年第3期。

段永蕙、严佩、张乃明：《生态文明建设评价指标体系的探索与实践》，《环境与可持续发展》2014年第5期。

高红贵、赵路：《探索乡村生态振兴绿色发展路径》，《中国井冈山干部学院学报》2019年第1期。

高吉喜、孙勤芳、朱琳：《实施乡村振兴战略　推进农村生态文明建设》，《环境保护》2018年第7期。

高珊：《生态振兴视域下脱贫乡村人居环境整治提升路径》，《广西社会科学》2022年第11期。

顾传辉、陈桂珠：《生态城市评价指标体系研究》，《环境保护》2001年第11期。

韩道铉、田杨：《韩国新村运动带动乡村振兴及经验启示》，《南京农业大学学报（社会科学版）》2019年第4期。

何星：《乡村振兴背景下民族地区旅游扶贫中的生态化建设——以阿坝州为例》，《云南民族大学学报（哲学社会科学版）》2019年第2期。

胡锦涛：《坚定不移沿着中国特色社会主义道路前进　为全面建成小康社会而奋斗——在中国共产党第十八次全国代表大会上的报告》，《求是》2012 年第 22 期。

黄祖辉：《准确把握中国乡村振兴战略》，《中国农村经济》2018 年第 4 期。

贾晋、李雪峰、申云：《乡村振兴战略的指标体系构建与实证分析》，《财经科学》2018 年第 11 期。

姜亦炜：《数字化平台推动乡村多元主体参与》，《中国社会科学报》2022 年 8 月 10 日第 5 版。

金媛媛、王淑芳：《乡村振兴战略背景下生态旅游产业与健康产业的融合发展研究》，《生态经济》2020 年第 1 期。

孔祥智、卢洋啸：《建设生态宜居美丽乡村的五大模式及对策建议——来自 5 省 20 村调研的启示》，《经济纵横》2019 年第 1 期。

雷明、于莎莎：《乡村振兴的多重路径选择——基于产业、人才、文化、生态、组织的分析》，《广西社会科学》2022 年第 9 期。

李繁荣：《中国乡村振兴与乡村功能优化转型》，《地理科学》2021 年第 12 期。

李慧民、段品生、郭海东：《区域生态宜居度评价及其影响因素分析——以西安市为例》，《生态经济》2019 年第 10 期。

李立清、李明贤：《社会主义新农村建设评价指标体系研究》，《经济学家》2007 年第 1 期。

李松睿、曹迎：《"乡村振兴"视角下生态宜居评价及其对农村经济转型发展的启发——以川西林盘四川都江堰精华灌区为例》，《农村经济》2019 年第 6 期。

李坦、徐帆、祁云云：《从"共饮一江水"到"共护一江水"——新安江生态补偿下农户就业与收入的变化》，《管理世界》2022 年第 11 期。

李志慧、张玥、彭璐、吴锋：《尼泊尔社会经济—生态复合系统恢复力评价及影响因素辨识》，《生态学报》2023 年第 2 期。

李忠斌、陈小俊：《特色村寨文化产业高质量发展与乡村生态振兴》，《青海社会科学》2020 年第 4 期。

梁志会、张露、张俊飚、刘勇：《基于MOA理论消费者绿色农产品溢价支付意愿驱动路径分析——以大米为例》，《中国农业资源与区划》2020年第1期。

刘皂、张军连、吴文良：《发达国家城郊生态村发展模式分析》，《生态经济》2005年第2期。

刘慧：《我国农村发展地域差异及类型划分》，《地理学与国土研究》2002年第4期。

刘淼、胡远满、常禹、张文广、张薇：《基于能值理论的生态足迹方法改进》，《自然资源学报》2008年第3期。

刘世梁、安南南、王军：《土地整理对生态系统服务影响的评价研究进展》，《中国生态农业学报》2014年第9期。

刘志博、严耕、李飞、魏玲玲：《乡村生态振兴的制约因素与对策分析》，《环境保护》2018年第24期。

芦千文、姜长云：《欧盟农业农村政策的演变及其对中国实施乡村振兴战略的启示》，《中国农村经济》2018年第10期。

鲁洋、沈宜菁、黄素珍、杨晓英、李小港：《基于生态足迹理论的休宁县可持续发展评价研究》，《复旦学报（自然科学版）》2019年第6期。

罗昆燕、周国富：《喀斯特地区城乡生态经济复合系统耦合机制及对策——以贵州省黔西南州为例》，《中国生态农业学报》2011年第4期。

罗斯炫、何可、张俊飚：《增产加剧污染？——基于粮食主产区政策的经验研究》，《中国农村经济》2020年第1期。

落志筠：《乡村生态振兴及其法治保障》，《贵州民族研究》2020年第1期。

吕承超、崔悦：《乡村振兴发展：指标评价体系、地区差距与空间极化》，《农业经济问题》2021年第5期。

马晓旭、华宇佳：《乡村生态振兴成效评价指标体系构建研究——基于江苏省、浙江省、安徽省的对比》，《中国农业资源与区划》2021年第1期。

闵师、王晓兵、侯玲玲、黄季焜：《农户参与人居环境整治的影响因素——基于西南山区的调查数据》，《中国农村观察》2019年第4期。

莫纪宏：《论习近平新时代中国特色社会主义生态法治思想的特征》，《新疆师范大学学报（哲学社会科学版）》2018年第2期。

欧阳静：《乡村振兴背景下的"三治"融合治理体系》，《天津行政学院学报》2018年第6期。

欧阳志云、王如松、赵景柱：《生态系统服务功能及其生态经济价值评价》，《应用生态学报》1999年第5期。

潘丹、应瑞瑶：《中国农业生态效率评价方法与实证——基于非期望产出的SBM模型分析》，《生态学报》2013年第12期。

彭文启：《流域水生态承载力理论与优化调控模型方法》，《中国工程科学》2013年第3期。

齐红倩、王志涛：《生态经济学发展的逻辑及其趋势特征》，《中国人口·资源与环境》2016年第7期。

茹少峰、马茹慧：《黄河流域生态环境脆弱性评价、空间分析及预测》，《自然资源学报》2022年第7期。

沈剑波、王应宽、朱明、王恳：《乡村振兴水平评价指标体系构建及实证》，《农业工程学报》2020年第3期。

宋洪远、金书秦、张灿强：《强化农业资源环境保护　推进农村生态文明建设》，《湖南农业大学学报（社会科学版）》2016年第5期。

苏毅清、王志刚：《农业结构调整中的市场演进与政府支持——来自韩国的经验启示》，《华东经济管理》2018年第10期。

粟一帆、李卫明、艾志强、刘德富、朱澄浩、李金京、孙徐阳：《汉江中下游生态系统健康评价指标体系构建及其应用》，《生态学报》2019年第11期。

谭伟文、文礼章、仝宝生、沈佐锐、高觅：《生态足迹理论综述与应用展望》，《生态经济》2012年第6期。

唐洪松：《农村人居环境整治中居民垃圾分类行为研究——基于四川

省的调查数据》，《西南大学学报（自然科学版）》2020年第11期。

王爱琴、高秋风、史耀疆、刘承芳、张林秀：《农村生活垃圾管理服务现状及相关因素研究——基于5省101个村的实证分析》，《农业经济问题》2016年第4期。

王富喜：《山东省新农村建设与农村发展水平评价》，《经济地理》2009年第10期。

王奎峰、李娜、于学峰、王岳林、刘洋：《基于P-S-R概念模型的生态环境承载力评价指标体系研究——以山东半岛为例》，《环境科学学报》2014年第8期。

王秦：《雄安新区生态承载力评价指标体系研究》，《生态科学》2023年第2期。

王山林：《西部乡村生态振兴的理论逻辑与协同机制》，《社会科学家》2022年第10期。

王曦晨、张平：《整体性视域下的习近平关于乡村生态振兴重要论述探析》，《湖南农业大学学报（社会科学版）》2022年第3期。

王晓君、吴敬学、蒋和平：《中国农村生态环境质量动态评价及未来发展趋势预测》，《自然资源学报》2017年第5期。

魏后凯、郜亮亮、崔凯、张瑞娟、檀学文：《"十四五"时期促进乡村振兴的思路与政策》，《农村经济》2020年第8期。

魏慧、赵文武、张骁、王新志：《基于土地利用变化的区域生态系统服务价值评价——以山东省德州市为例》，《生态学报》2017年第11期。

魏晓晶：《数智赋能助力乡村振兴的路径研究》，《农业经济》2023年第5期。

武永霞：《乡村振兴战略背景下生态宜居评价指标体系构建与实证研究》，《生产力研究》2022年第3期。

肖若晨：《大数据助推乡村振兴的内在机理与实践策略》，《中州学刊》2019年第12期。

许胜晴：《论我国乡村振兴的生态化发展及其法治保障》，《西北大学学报（哲学社会科学版）》2021年第2期。

　　闫周府、吴方卫：《从二元分割走向融合发展——乡村振兴评价指标体系研究》，《经济学家》2019年第6期。

　　颜奇英、王国聘：《乡村生态振兴的实然之境与应然之策——基于江苏美丽乡村建设的研究》，《江苏农业科学》2021年第23期。

　　阳盼盼：《乡村生态振兴：理论逻辑、历史演进与实现路径》，《重庆理工大学学报（社会科学）》2019年第12期。

　　姚慧：《地质文化助推乡村振兴——嵊州市白雁坑村地质环境资源保护与开发利用的实践与思考》，《浙江国土资源》2020年第8期。

　　姚树荣、周诗雨：《乡村振兴的共建共治共享路径研究》，《中国农村经济》2020年第2期。

　　于法稳：《“十四五”时期农村生态环境治理：困境与对策》，《中国特色社会主义研究》2021年第1期。

　　于法稳：《乡村振兴战略下农村人居环境整治》，《中国特色社会主义研究》2019年第2期。

　　袁镔：《注重技术、讲究实效、崇尚自然——德国生态村建设的启示》，《世界建筑》2002年第12期。

　　张帆、王丹：《马克思恩格斯绿色发展思想及其当代价值》，《学术探索》2022年第7期。

　　张军：《乡村价值定位与乡村振兴》，《中国农村经济》2018年第1期。

　　张俊飚、王学婷：《乡村生态振兴实现路径的对策思考》，《中国地质大学学报（社会科学版）》2021年第2期。

　　张平、王曦晨：《习近平乡村生态振兴重要论述的三维解读——生成逻辑、理论内涵与实践面向》，《西北农林科技大学学报（社会科学版）》2022年第1期。

　　张锐、刘友兆：《我国耕地生态安全评价及障碍因子诊断》，《长江流域资源与环境》2013年第7期。

张挺、李闽榕、徐艳梅：《乡村振兴评价指标体系构建与实证研究》，《管理世界》2018年第8期。

张挺、徐艳梅、李河新：《乡村建设成效评价和指标内在影响机理研究》，《中国人口·资源与环境》2018年第11期。

张薇、张宝仁：《论韩国新村运动及其对我国的几点启示》，《延边大学学报（社会科学版）》2013年第6期。

张蔚：《德国生态村可持续实践——ZEGG生态村建设》，《工业建筑》2010年第10期。

张晓玲：《可持续发展理论：概念演变、维度与展望》，《中国科学院院刊》2018年第1期。

张颖聪：《基于PCA-DEA模型的农村生态环境评价研究》，《农业技术经济》2011年第6期。

赵广帅、刘珉、高静：《日本生态村与韩国新村运动对中国乡村振兴的启示》，《世界农业》2018年第12期。

赵金科、李娜：《乡村生态振兴的价值逻辑与践行路径——基于生态安全视角的思考》，《长白学刊》2020年第5期。

赵树迪：《毛泽东生态文明思想的当代启示》，《湖南科技大学学报（社会科学版）》2010年第3期。

赵雪雁、刘霜、赵海莉：《基于能值分析理论的生态足迹在区域可持续发展评价中的应用——以甘肃省为例》，《干旱区研究》2011年第3期。

赵颖文、吕火明：《农村全面小康建设评价体系的构建及区域差异性研究》，《农业经济问题》2016年第4期。

郑家琪、杨同毅：《乡村振兴评价指标体系的构建》，《农村经济与科技》2018年第17期。

郑兴明：《基于分类推进的乡村振兴潜力评价指标体系研究——来自福建省3县市6个村庄的调查数据》，《社会科学》2019年第6期。

朱斌斌、冯彦明：《乡村生态振兴的长效机制探析》，《农村金融研究》2019年第1期。

［韩］安虎森、高正伍：《韩国新农村运动对中国新农村建设的启示》，《社会科学辑刊》2010年第3期。

刘天添：《新时代我国乡村生态振兴研究》，硕士学位论文，山东大学马克思主义中国化研究系，2022年。

恩格斯著：《自然辩证法》，人民出版社2018年版。

《江泽民文选》第1卷，人民出版社2006年版。

《江泽民文选》第3卷，人民出版社2006年版。

《马克思恩格斯全集》第3卷，人民出版社2002年版。

《马克思恩格斯文集》第7卷，人民出版社2009年版。

《马克思恩格斯选集》第1卷，人民出版社2012年版。

《毛泽东文集》第3卷，人民出版社1996年版。

《毛泽东文集》第6卷，人民出版社1999年版。

《毛泽东文集》第7卷，人民出版社1999年版。

习近平著：《之江新语》，浙江人民出版社2007年版。

习近平著：《论"三农"工作》，中央文献出版社2022年版。

萧淑贞著：《生态乡村》，河北人民出版社2019年版。

［韩］朴振焕著，潘伟光、［韩］郑靖吉、魏蔚等译：《韩国新村运动——20世纪70年代韩国农村现代化之路》，中国农业出版社2005年版。

［美］芭芭拉·沃德、勒内·杜博斯著，《国外公害丛书》编委会译校：《只有一个地球——对一个小小行星的关怀和维护》，吉林人民出版社1997年版。

［美］赫尔曼·E.达利、小约翰·B.柯布著，王俊、韩冬筠译：《21世纪生态经济学》，中央编译出版社2015年版。

世界环境与发展委员会著，王之佳、柯金良等译，夏堃堡校：《我们共同的未来》，吉林人民出版社1997年版。

Asongu S. A., Odhiambo N. M., "Inclusive development in environmental sustainability in sub-Saharan Africa: insights from governance mechanisms," *Sustainable Development*, Vol. 27, No. 4(2019), pp. 713–724.

Bogdanov, N., Meredith, D., Efstratoglou, S, "A typology of rural areas in Serbia." *Economic Annals*, Vol. 177, No. 53(2008), pp. 7−29.

Carson, Rachel. *Silent Spring*, Houghton Mifflin Company, 1962.

Cloke P. J., "An index of rurality for England and Wales," *Regional studies*, Vol. 11, No. 1(1977), pp. 31−46.

Conway, G. R., *The doubly green revolution*, UK: Penguin, 1997.

Cortes-Vazquez J. A., "The end of the idyll Post-crisis conservation and amenity migration in natural protected areas," *Journal of Rural Studies*, Vol. 51, 2017, pp. 115−124.

Dasgupta P., Heal G., *Economic Theory and Exhaustible Resources*, Cambridge University Press, 1980.

Dolores R., Achim E., "Preparations for a New World: An Experiment in Community in Germany," *Permaculture Magazine*, Vol. 39, 2004, pp. 27−30.

Erkman S., "Industrial Ecology: An Historical View," *Journal of Cleaner Production*, Vol. 5, No. 1−2(1997), pp. 1−10.

Finco, M. V. A., "Poverty-environment trap: A non linear probit model applied to rural areas in the north of Brzail," *American-Eurasian Journal of Agricultural & Environmental Sciences*, Vol. 5, No. 4(2009), pp. 533−539.

Foroozesh, F., Monavari, S., Salmanmahiny, A., Robati M., Rahimi R., "Assessment of Sustainable Urban Development Based on A Hybrid Decision-Making Approach: Group Fuzzy BWM, AHP, and TOPSIS−GIS," *Sustainable Cities and Society*, Vol. 76, 2022, p. 103402.

Georgios, C., Nikolaos, N., Michalis, P., "Neo-Endogenous Rural Development: A Path toward Reviving Rural Europe," *Rural Sociology*, Vol. 86, No. 4(2021), pp. 911−937.

Goe W. R., Green G. P., *Amenities and change in the well-being of nonmetropolitan localities*, Edward Elgar, 2005, pp. 95−112.

Gülümser A. A., Baycan-Levent T., Nijkamp P., "Mapping rurality:

analysis of rural structure in Turkey," *International Journal of Agricultural Resources, Governance and Ecology*, Vol. 8, No. 2–4(2009), pp. 130–157.

Harrington, Dan O' Donoghue, "Rurality in England and Wales 1991: A Replication and Extension of the 1981 Rurality Index," *Sociol ogia Ruralis*, Vol. 38, No. 2（1998）, pp. 178–203.

Hoang, L. K., "Fuzzy-AHP Application in Analyzing the Factors Affecting Quality of Rural Labor," *The Journal of Asian Finance, Economics and Business*, Vol. 8, No. 7(2020), pp. 715–721.

Huber J., "Towards Industrial Ecology: Sustainable Development as a Concept of Ecological Modernisation," *Journal of Environmental Policy & Planning*, Vol. 2, No. 4(2000), pp. 269–285.

Janicke M., "Preventive environmental policy as ecological modernization and structural policy," *Berlin International Institute for Environmental and Social Studies*, 1985.

Madu, "The structure and pattern of rurality in Nigeria," *Geo Journal*, Vol. 75, No. 2(2010), pp. 175–184.

Martin Jänicke, "Ecological modernization: new perspectives," *Journal of Cleaner Production*, Vol. 16, No. 5(2008), pp. 557–565.

McNeely, J. A., & Scherr, S. J., *Eco agriculture*, Island Press, 2003.

Meadows D. H., Meadows D. L., Randers J., et al. *The Limits to Growth*, Universe Books, 1972.

Ocana-Riola, R., Sanchez-Cantalejo, C., "Rurality index for small areas in Spain," *Social Indicators Research*, Vol. 73, No. 2(2005), pp. 247–266.

Paul R. Ehrlich, Anne H. Ehrlich., *The population Bomb*, Buccaneer Books, Reprint edition, 1968.

Pepper, D., *Eco-Socialism: From Deep Ecology to Social Justice*, Routledge, 1993.

Ray, C., "Endogenous development in the era of reflexive modernity,"

Journal of Rural Studies, Vol. 15, No. 3(1999), pp. 257-267.

Takeuchi, K., Namiki, Y., Tanaka, H., "Designing eco-villages for revitalizing Japanese rural areas," *Ecological Engineering*, Vol. 11, No. 1-4 (1998), pp. 177-197.

Ullman E. L., "Amenities as a Factor in Regional Growth," *Geographical Review*, Vol. 44, No. 1(1954), pp. 119-132.

Waldorf, B., *A continuous multidimensional measure of rurality: moving beyond threshold measures*. Agricultural and Applied Economics Association (AAEA), 2006.

Woods M., *Rural Geography: Processes, Responses and Experiences in Rural Restructuring*, Sage, 2005, pp. 279-290.

后　记

在农业农村发展过程中，资源环境是最重要的支撑要素。因为农业是第一产业，也是农村的核心，更是经济社会发展的基础。只有当光、热、水、气、土五大资源被协调运用，以及人的劳动能够很好地迎合之而"不误农时"，我们才可以预期农业五谷丰登与农村社会祥和，经济社会向上发展。讨论和研究农业农村问题时，绝对不可以忽视资源环境的功能与作用，这也是我长期以来高度关注的研究重点——农业资源环境经济。

研究农业资源环境经济，有时需要从"生态"这一更高维度、更宽视野出发来深入思考，我们才会形成更加系统性的认识与判断。因此，当看到由浙江人民出版社策划的"中国式农业农村现代化研究丛书"，并受邀参与其中的"农村生态振兴"这一主题的研究任务时，我便欣然应诺。这不仅是因为我觉得乡村振兴战略与农业农村现代化建设是当前党和国家"三农"领域的重大战略，自己应该参与和投身其中；更重要的是，生态振兴是乡村振兴的重要内容，是支撑农业农村发展尤其是可持续发展所必需的基础条件，而自己也长期从事着与之高度关联的研究工作。并且，我此前已先后主持承担了国家社科基金重点项目"基于经济高质量发展的农业自然资源高效利用研究"和浙江省社科基金重大项目"中国农业产业绿色转型与发展研究"等课题，积累了许多基础资料。在某种程度上，承担和开展"农村生态振兴"这一主题的研究工作，也可以说是对前期既有研究的接续与深化。因此，从2023年4月起，我便带领团队展开了对"农村生态振兴"的系统性思考。

由于整套丛书的定位是问题导向，要求将学理性与政策性融为一体，还要通俗易懂和深入浅出，经过认真思考，我确定了"乡村生态振兴及其实现路径"这一书稿名称，并梳理形成了乡村生态振兴的研究背景、研究现状、现实基础、现状评价、主要模式、实践案例以及政策路径的框架结构；也尽可能展现出较完整的内容体系。

在具体撰写的过程中，我按照"体系统一搭建，内容各有分工，统合有机融结"的总—分—总方式，实现了效率与效果的良好匹配。在各个工作节点上，华中农业大学的何可教授参与了书稿框架的讨论与建构，并审阅了部分书稿内容；中南财经政法大学的梁志会副教授参与撰写第四、第五章；武汉商学院的魏新彦讲师参与撰写第三章；河南财经大学的朱润讲师参与撰写第六章；北京师范大学的王泽惠博士研究生参与撰写第七章；重庆市南川区农业农村委员会的张开琼参与撰写第一章；华中农业大学的彭子怡、谢添任分别参与了第二章、第八章的撰写；西华师范大学的何培培讲师、湖北第二师范学院的王璇讲师以及华中农业大学的秦江楠、王安邦博士研究生参与了书稿的校对。对此，我表示一一感谢！

当然，本书出版的过程中，丝毫离不开责任编辑的辛勤付出。作为本书的责任编辑，周思逸的认真负责与精益求精的工作态度，深深感动了我，也敦促了我要以更高水准来认真完成本项工作。虽然态度到位，但依然免不了本书在结构、方法、语言等方面的瑕疵，这些都是在未来工作过程中，需要不断改进的地方。

面对乡村生态振兴的宏大议题，在漫漫研究之路上，唯有锲而不舍，才能不断深化、不断提升自己的认识，才能为我国的乡村振兴与农业农村现代化建设事业，贡献出自己的绵薄之力。

2024 年 10 月 10 日于杭州临安